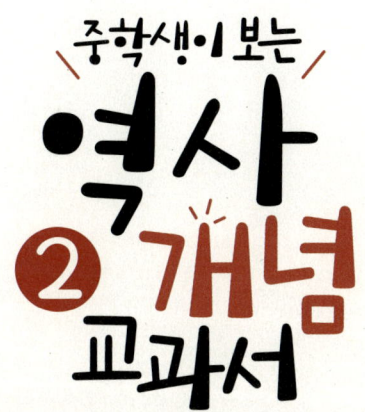

중학생이 보는
역사 ❷ 개념
교과서

중학생이 보는

역사 개념 교과서 ❷

1판 1쇄 발행 2013년 7월 20일

집필	사각사각 논술연구소 연구진
기획	이봉순
편집	디박스
디자인	디박스
일러스트	강은옥(blog.naver.com/hayama84)
발행인	이연화
발행처	아주큰선물

주소	서울시 용산구 이촌동 한가람 Ⓐ 214-1002
대표전화	02-796-7411
대표팩스	02-796-7412
등록번호	106-09-23890

중학생이 보는

역사 ❷ 개념 교과서

조선시대~근현대사

이정미, 김세정, 서유리 공저

아주큰선물

목차

1

역사개념교과서

2
역사개념교과서

학창시절에 선생님은 역사를 참 싫어했어요. 역사는 그저 다른 과목보다 몇 배나 더 노력해야 점수를 잘 받을 수 있는 암기과목쯤으로 생각했거든요. 역사가 얼마나 중요한지, 왜 배워야 하는지도 모른 채 외워야 할 내용을 무조건 머릿속에 집어넣으려고 애를 썼던 것 같아요.

그 시절에는 역사를 접할 수 있는 유일한 길이 국사 교과서밖에 없었어요. 궁금한 점이 있어도 찾아볼 책이 별로 없었지요. 몇 권 안 되는 참고서를 샅샅이 뒤져도 원하는 설명이 없으면 그것으로 끝이었어요. 그러다 보니 잠시 가졌던 의문과 호기심도 곧 생각 저편으로 사라지기 일쑤였지요.

학교를 졸업하고 한참 지난 후에 아이들에게 논술을 가르치면서 역사책을 다시 펼쳤어요. 그런데 단순한 암기라고 생각했던 낱낱의 역사적 사실들이 실은 거대한 인과 과정의 법칙성 안에 촘촘히 연결되어 있다는 것을 발견했어요. 역사가 지루하고 따분한 과목이 아니라 광대한 지식과 생각거리, 무한한 상상력을 자극하는 지혜의 보물창고라는 것을 알게 되자, 그때부터 본격적으로 역사 공부에 빠져들기 시작했어요. 한 번 빠지면 결코 헤어 나올 수 없는 역사의 늪에 빠져버린 것이지요.

아이들과 함께 역사 논술 수업을 하면서 어떻게 하면 아이들도 나처럼 역사를 흥미진진한 것으로 느끼게 할 수 있을지 끊임없이 고민하게 되었어요. 역사를 공부하는 친구들이 좀 더 쉽고 재미있게 배울 수 있도록 도움을 주고 싶었으니까요. 이 책은 이런 고민에서 시작된 작은 결실이랍니다. 역사 공부를 하다가 의문이 생길 때, 전에는 분명히 알고 있었는데 갑자기 생각이 안 날 때, 어렴풋이 알고 있는 사실에 대해 정확하게 알고 싶을 때, 손만 뻗으면 찾을 수 있는 곳에 두고 친구에게 말을 걸듯 펼칠 수 있는 그런 책을 만들고 싶었어요.

역사 공부는 정확한 사실을 아는 데서부터 출발합니다. 그 위에 역사의 큰 줄기를 파악하면서 자신만의 관점을 세워나간다면 역사는 더 이상 책 속에만 존재하는 죽은 지식이 아니라 내 안에서 살아 숨 쉬는 거대한 생명체가 될 거예요. E. H. Carr가 말한 '과거와 현재의 끊임없는 대화'가 내 안에서 이루어지는 것이지요. 그 여정에 이 책이 늘 여러분과 함께 하기를 바랍니다.

- 사각사각 논술 연구소 집필진 -

조선

중 학 생 을   위 한   역 사 개 념 교 과 서

1

ㄱ

간경도감

1461년 6월 세조의 명으로 설치해 1471년 12월 성종 때 폐지한 것으로 불경의 국역과 판각을 관장했던 기관

세조는 왕자 시절부터 불교를 좋아했어. 그래서 아버지인 세종대왕의 불서 편찬과 간행을 도왔지. 왕위에 오른 뒤에는 조카인 단군을 쫓아내고 왕위를 찬탈한 것을 속죄하면서 불교에 더욱 심취했어. 또 왕세자가 병으로 죽자 왕세자의 명복을 빌기 위해 불경을 베끼고 다녔단다. 〈법화경〉 등 여러 불경을 활자로 간행하기도 했지. 이렇게 불경 간행의 업적을 쌓은 뒤 1461년에 설치한 것이 바로 간경도감이야.

간경도감에서는 **유명한 승려와 학자를 초빙하여 불경을 번역하고 간행하는 일**을 주로 했어. 또한 불서를 구입하거나 수집하고 왕실의 불사와 법회를 관장하기도 했단다. 하지만 간경도감은 1470년 세조가 왕위에서 물러나고 성종이 즉위한 후 그 다음해인 1471년에 폐지되었어.

간의

오늘날 각도기와 비슷한 구조를 가진 천문 관측 기기로 혼천의를 간소화한 것

간의는 **조선 시대에 만든 천문 관측 기기야.** 조선의 천문대에는 해시계, 물시계, 혼천의 등 중요한 관측 기기가 있었어. 그 중 하나가 바로 간의야. 간의는 오늘날의 각도기와 비슷한 구조로 된 기기로 혼천의를 간소화한 것으로 보면 돼. 즉, 적도 좌표계와 지평 좌표계를 조합해 천체의 위치 및 시각을 측정하는 천체 관측 천문 기기이지. 간의는 세종대왕이 다스리던 1437년에 완성되었단다. 경복궁 안의 간의대와 한양 북부 광화방에 있었던 서운관에도 설치되어 운영되었지. 또 임진왜란 이후 창경궁 안에도 설치되었는데 그 유적이 현재에도 남아 있어.

갑술환국

1694년 숙종 때 폐비 민씨 복위 운동에 반대하던 남인이 화를 입어 권력에서 물러나고 노론과 소론, 즉 서인이 재집권하게 된 사건

조선 숙종 때는 서인과 남인이 첨예한 대립을 하는 붕당 정치가 계속되었어. 이러한 상황에서 숙종은 왕권 강화를 위해 일방적으로 지배 세력을 교체하곤 했지. 이 일을 '환국'이라 하는데 숙종 때 환국은 모두 세 번 발생했지. 첫 번째는 1680년 서인이 집권하게 된 '경신환국'(숙종 6년), 두 번째는 1689년 남인이 집권하게 된 '기사환국'(숙종 15년), 마지막으로 1694년 다시 서인이 집권하게 된 '갑술환국'(숙종 20년)이야. 이 환국을 통해 많은 사람들이 목숨을 잃게 되고 붕당 정치는 서로를 인정하지 않는 당쟁으로 변질되었단다.

숙종 15년 기사환국으로 서인에게 있던 권력이 남인에게 넘어가게 되었어. 이는 당시 집권층이었던 서인에 대한 숙종의 혐오 때문이었어. 특히 궁녀였던 소의 장씨, 즉 숙종이 아꼈던 장희빈을 두고 서인과 숙종 사이의 갈등은 절정에 이르렀기 때문에 숙종은 서인 대신 남인을 선택한 거야. 하지만 자신의 힘이 아닌 다른 이유로 집권을 했던 남인은 권력을 잃게 될까봐 항상 불안함에 떨었지. 그런데 이때 당시 서인들은 폐출된 인현 왕후 민씨를 복위시키고자 했어. 이 사실을 안 남인은 이 사건을 기회로 삼아 서인 일파를 몰아내야겠다는 생각을 하고 민씨 복위 운동을 전개한 노론의 김춘택 등 수십 명의 서인들을 체포하였지. 하지만 이들은 이 당시 숙종의 심경에 변화가 일고 있음을 눈치 채지 못한 것 같아. 장희빈을 총애하여 아들을 낳자 왕비 자리에 앉히기도 했지만 장씨의 방자한 행동이 도를 넘어서면서 숙종은 장씨가 점점 싫어졌고 인현 왕후, 즉 민씨를 폐비시킨 일도 후회하게 되었어. 또 당시 장씨보다 무수리 출신인 후궁 최씨에게 더욱 마음이 기울었지. 이 후궁 최씨가 낳은 아들은 나중에 영조라는 왕이 되었단다. 아무튼 이렇게 숙종의 마음이 변해가고 있을 때 궁중에는 '최씨 독살설' 이라는 흉흉한 소문이 퍼져. 이 때문에 남인들은 정치적 위기를 맞게 되지. 마침내 숙종은 폐비 민씨 복위 운동을 지지하며 남인 세력의 일부를 유배 보내는 동시에 폐비 민씨의 지지자인 소론의 몇몇 인물들을 조정 요직에 등용하기에 이르렀단다. 또한 기사환국으로 왕비가 된 장씨를 중전 자리에서 다시 희빈으로 강등시키지. 이로 인해 서인 세력이 다시 정권을 장악함은 물론, 인현 왕후는 다시 중전으로 복위되었고, 장희빈은 사약을 마시게 되지. 이 사건을 갑술환국 또는 갑술옥사, 갑술경화라고 해. 이후 남인의 정치력은 급격히 쇠퇴해 다시 집권하지 못했고, 서인은 노론과 소론으로 나뉘어 당쟁을 계속했단다.

갑인자
1434년, 세종대왕 때 만든 청동 활자

글자의 체가 매우 바르고 부드러운 청동 활자야. 구리와 무쇠, 즉 동철을 이용해 만들었지. 갑인자라고 하는 이유는 이 활자를 만든 해의 간지가 갑인이었기 때문이야.

갑인자는 물론 세종대왕의 명으로 만들었지만 1420년에 만든 경지자의 글자체가 가늘고 빽빽해 보기 어려워지자 좀더 큰 활자의 필요성을 느낀 신하들이 제작을 요청한 것이라고 해. 이 활자를 만드는 데 관여한 인물들은 이천, 김돈, 김호, 장영실 등이야. 장영실뿐만 아니라 다른 인물들도 모두 당시의 과학자나 정밀한 천문기기를 만들었던 기술자였어. 그러니 활자의 모양이 아주 바르게 만들어졌던 거야.

우리나라의 활자 인쇄술은 이 갑인자에 이르러 급속도로 발전했지. 그리고 갑인자에 이르러 처음으로 한글 활자가 만들어져 함께 사용된 점도 큰 의미가 있어. 1446년에 죽은 소헌왕후의 명복을 빌기 위하여 이듬해 7월 석가모니의 일대기를 편찬하여 국역한 〈석보상절〉을 비롯해 세종이 〈석보상절〉을 읽고 지었다는 국한문본 〈월인천강지곡〉도 갑인자로 찍혔단다.

갑자사화
1504년 연산군의 생모 윤씨 복위 문제로 사림들이 화를 입은 사건

연산군의 어머니 윤씨는 질투가 심해 왕비의 체면에 어긋나는 행동을 많이 했다는 이유로 1479년 폐위되었다가 이듬해 사약을 받게 되었어. 그

런데 윤씨가 폐위된 까닭에는 윤씨의 잘못만 있는 것이 아니었어. 당시 왕이었던 성종의 사랑을 받던 첩 엄숙의와 정숙의, 그리고 성종의 어머니인 인수대비가 마음을 모아 윤씨를 몰아낸 것이지. 그렇게 비극적인 최후를 맞이한 윤씨의 아들인 연산군은 이러한 사실을 모른 채 조선의 왕이 되었어. 그런데 왕이 된 연산군의 사치와 낭비로 국고가 바닥이 났단다. 이에 연산군은 공신들의 재산 중 일부를 몰수하려 하였는데, 이때 임사홍이라는 신하가 연산군의 마음을 움직여 공신들을 배척할 음모를 꾸미지. 때마침 폐비 윤씨의 생모 신씨가 윤씨가 폐위되고 사약을 받게 되기까지의 경위를 임사홍에게 말했고, 임사홍은 이를 다시 연산군에게 일러바치면서 사건은 확대되었어. 모든 이야기를 듣고 화가 난 연산군은 이 기회에 어머니 윤씨의 원한을 푸는 동시에 공신들을 탄압하기로 마음을 먹게 된단다.

연산군은 어머니를 배척한 정숙의와 엄숙의를 죽이고 그들의 자식들도 귀양보낸 후 사약을 내렸지. 또 할머니인 인수대비에게도 난동을 부려 결국 인수대비도 세상을 떠나고 말아. 또한 성종이 윤씨를 폐위시킬 때 찬성한 많은 사람들을 귀양보내거나 사형에 처했지. 이때 수십 명의 사림들이 참혹한 화를 당했다고 해. 이를 '갑자년에 입은 사림의 화' 라는 뜻으로 갑자사화라고 하지.

갑자사화는 단순히 연산군의 어머니 복수 사건이라고 볼 수는 없어. 이 사건의 이면에는 조정 대신들 사이에 보이지 않는 권력다툼이 숨겨져 있지. 연산군의 극에 달한 향락과 사치로 인해 국가 재정이 바닥나자 이를 막으려는 신하와 연산군을 이용해 자신의 세력을 넓히려는 신하로 나뉘게 되었고 임사홍은 이를 잘 이용한 것이지. 안타깝게도 갑자사화 때 사형을 받았거나 부관참시의 욕을 당한 신하들 중에는 역사상 중요한 명신과 대학자·충신들이 많이 포함되어 있었다고 해. 이 사화로 성종 때 양성한 많은 선비가 수난을 당해 유교적 왕도정치가 침체되었지. 또한 연산군의 비행과 폭정을 비난하는 한글 방서 사건이 발생하자 글을 아는 사람들을 잡아들였고, 이를 계기로 한글 서적을 불사르는 등 이른바 언문 학대까지 시행되어 이후 국문학 발전에 악영향을 끼쳤다는구나. 이러한 연산군의 계속된 실정과 폭정은 새로운 정치를 꿈꾸는 중종반정으로 이어진단다.

강상죄
조선 시대에 삼강오륜에 어긋나는 행위를 한 죄

강상죄는 삼강오륜에 어긋나는 행위를 한 것으로 반역죄와 함께 가장 큰 범죄로 여겨졌단다. 신분질서가 무너지던 조선 후기에는 강상죄에 대한 처벌을 더욱 강화하는데 부모나 남편을 살해한 자, 노비로서 주인을 죽인 자, 관노로서 관서의 장을 죽인 자는 사형을 시켰다는구나. 여기에서 끝이 아니라 죄인의 부인과 자식은 노비로 삼고 집은 부수어 못을 파고 읍호(마을의 칭호)를 강등시키도록 했어. 조선 후기에는 천주교 신자들을 강상죄로 다스렸다는구나.

강화학파
숙종 말 강화도로 은퇴한 정제두의 학풍을 이어받아 강화도 지역을 중심으로 전개된 학파

당파 싸움이 치열했던 숙종 때 정제두는 자신과 가깝게 지내던 소론들

이 정치적으로 탄압을 받자 강화도로 물러나 은둔 생활을 하게 되었어. 이후 정제두의 친인척들과 소론 학자들이 모여 학문을 연구하고 혈연 관계를 맺어 약 200여 년 간 학맥을 이어갔지. 이렇게 정제두를 시조로 해 강화도 지역을 중심으로 전개된 학파를 강화학파라고 해. 이들의 학문적 경향은 양명학이었으나 양명학에서 그치지 않고 끊임없이 학문을 연구했고 나랏말인 정음 연구에도 힘을 썼단다. 이들은 조선 후기 실학파와도 손을 잡았는데 실학자들 중 북학파들이 특히 이들의 영향을 많이 받았지. 또한 갑오개혁 이후 신채호, 박은식 등 민족주의 학자들의 사상에도 영향을 주었어.

개성 상인
고려 시대와 조선 시대 때 개성을 중심으로 상업 및 교역을 담당했던 상인

개성 상인은 말 그대로 개성에서 활동한 상인으로 송도 상인 또는 송상이라고도 부르지. 고려 시대와 조선 시대 때 개성을 중심으로 국내 상업은 물론 국제 교역을 담당했지. 개성 상인의 활동은 경기도를 중심으로 북쪽으로는 황해도, 평안도 지방, 남쪽으로는 충청도, 경상도 지방까지 이르렀어. 이들은 각 지역에 송방이라는 지점을 설치해 단결했고, 외래 상인들을 배척해 이익을 취했지. 개성 상인들은 이러한 상업과 교역을 통해 축적된 자본을 바탕으로 인삼을 재배하고 홍삼을 제조하는 일을 하기도 했어. 이들은 정부의 허가 아래 공식적인 인삼 무역을 하기도 했지만 밀무역을 하기도 했단다.

개성은 우리나라에서 가장 일찍 금속 화폐가 유통된 지역으로 개성 상인들은 우리나라의 금융 거래 기법을 발달시키기도 했지. 이처럼 개성 상

인은 조선 시대 상업의 주도적인 역할을 했고, 일제 강점기까지 그 활동을 이어갔어. 개성 상인들은 많은 자본을 축적했지만 근대 기업가로 발전한 사람들은 많지 않았단다. 영신사, 개성전기주식회사, 고려삼업주식회사, 송고실업장 등은 이들이 세운 대표적인 근대 기업이야.

개시
조선 시대 두 나라의 협의 하에 국경 지대에서 공식적으로 행해지던 무역 시장

고려의 성종 때 여진과 교역을 하면서 시작된 무역시장이야. 조선 시대에는 임진왜란 중이었던 1593년에 전쟁에 필요한 말과 군량을 구입하기 위해 압록강의 중강에 시장을 열어 교역을 했던 것이 개시의 시초였어. 하지만 전쟁 후 폐쇄되었지. 이후 병자호란이 끝나고 청나라의 요청으로 경원과 회령 지역에 개시를 열었고, 중강에도 다시 개시를 열었지. 조선과 청나라는 매년 3월 15일과 9월 15일을 개시일로 정해 무역을 통제하였으며 개인적으로 무역을 하는 사무역을 엄격하게 금했어. 하지만 자유 상인들의 활동이 활발해지면서 몰래 무역(밀무역 또는 후시무역)을 하는 경우가 많아졌고, 국가는 이를 통제하기 어려워졌단다. 이에 조선 정부는 사무역을 인정하는 대신 세금을 받는 것으로 정책을 전환했어. 1603년 왜관에 개시가 설치되면서 청나라뿐만 아니라 일본과도 무역을 했어.

상품을 위탁받아 팔아주거나 매매를 주선하고, 그와 관련된 창고업, 화물 수송업, 금융업 등을 겸하던 중간 상인

객주는 **좁은 의미로는 행상, 넓은 의미로는 모든 행위의 주선인**이라는 뜻을 갖는 **객상 주인**을 말해. 이들의 주된 업무는 위탁자와 상대방 사이에 매매를 주선하고 그 대가로 돈을 받는 위탁 매매업이었어. 이외에도 위탁자에게 무상 또는 실제 비용으로 숙박을 제공하는 숙박업, 화물을 가진 사람이나 살 사람에게 돈을 빌려주는 금융업, 각종 화물을 보관해 주는 창고업, 화물을 운반하는 화물 수송업을 담당했지.

조선 시대에 특히 성황을 이룬 객주는 주요 업무에 따라 여러 종류로 나뉘었어. 중국 상인만 상대했던 만상 객주, 봇짐 장수인 보상이 등짐 장수인 부상과 함께 각 지역의 장을 돌아다니며 그 지방의 객주를 단골로 정해 오랫동안 거래하면서 형성된 보상 객주, 일반 보행자에 대한 숙박만을 담당했던 보행 객주, 금융 주선만을 전문으로 하는 환전 객주, 가정 용품만 취급하는 무시 객주 등이 있었지. 또한 취급하는 화물의 종류에 따라 채소와 과일을 취급하는 청과 객주, 어초, 해초 등 물에서 나는 산물을 취급하는 수산물 객주, 약재, 직물, 지물 등을 취급하는 객주도 있었어.

이러한 객주는 문호를 개방하기 전에는 포구와 같은 교통의 중심지에 있었지만 개항을 한 이후에는 각 개항장에도 생겨났어. 이를 개항장 객주라고 해. 개항장 객주는 국내 상인과 국외 상인들의 위탁 판매를 통해 양쪽 모두에게 보수를 받고 금융업을 하면서 자본을 축적했단다.

거중기
정약용이 만든 것으로 무거운 물체를 들어 올리는 데 사용된 기계

거중기는 움직 도르래를 이용해 무거운 물건을 쉽게 들어 올릴 수 있도록 고안된 기계로 정조 때 정약용이 설계해 만든 거야. 거중기는 1789년 한강에 배다리를 놓는 데 사용되었고, 수원 화성을 쌓는 데도 이용되었어. 특히 1794년부터 쌓기 시작한 수원 화성은 당시 10년을 예상했던 것과는 달리 거중기를 이용하여 2년 반만인 1796년 8월에 완성되었단다. 수원 화성 공사에는 왕실에서 직접 제작된 거중기 1대가 사용되었어.

정약용은 정조가 중국에서 들여온 《기기도설》(선교사 슈레크, 명나라의 왕징 저술)이란 책을 참고해 역학적 원리를 이용해 거중기를 개발하였단다.

견종법(골뿌림법)
조선 후기에 발달한 밭농사 법으로 밭을 갈아 이랑과 고랑을 내고 고랑에다 씨를 뿌리는 파종법

견종법은 조선 중기 이후 보급된 밭농사 방법으로 조선 전기의 농종법을 개량해 밭의 이랑과 고랑을 만들고 고랑에 씨를 뿌리는 파종법이야. 견종법으로 수확량이 증가했고, 노동력을 줄일 수 있었어. 당시 발달한 논농사의 이앙법(모내기법)과 함께 농업 생산량을 증가시켰고, 부자 농민이 등장하게 하는 등 농촌 사회에 많은 변화를 가지고 왔어.

결작

1751년 영조 때 시행한 것으로 토지에 매겨지던 부가세를 말함.

　　조선 영조 때 군역의 부담을 덜기 위하여 균역법이라는 납세 제도를 만들었어. 균역법은 1년에 2필씩 내던 군포를 1필로 줄여준 제도야. 백성들에게는 더할 수 없이 좋았겠지만 국가 재정은 부족해졌지. 균역법으로 인해 부족해진 재정 문제를 해결하기 위해 만든 것이 바로 결작이야. 1751년 영조는 평안도와 함경도를 제외한 전국의 토지 1결당 쌀 2두나 화폐 5냥씩을 거두었는데 쌀로 내는 것을 결미, 돈으로 내는 것을 결전이라고 했어. 개인 소유지는 물론 관청, 향교, 사찰 소유의 토지에도 결작이 부과되었고, 국가 공유지였던 적전을 제외한 왕실의 면세지까지도 결작의 대상이 되었어. 결작으로 많은 토지를 소유하고 있었던 양반층에게도 역의 일부를 분담시킨 것이지. 하지만 여러 가지 이유를 들어 실제 토지를 소유하지 않은 농민들에게도 결작을 징수하는 경우가 많았다고 해.

경강 상인

조선 후기 한강을 중심으로 세금을 수송하는 일을 했던 상인. '강상'이라고도 함.

　　조선 후기에 경강 지역, 즉 한강을 중심으로 국가가 거둔 세금(대동미 등)을 수송했던 상인이 바로 경강 상인이야. 이들은 주로 정부의 세곡과 양반층의 소작료를 운반하는 일을 했어. 그러다가 17세기 이후에는 곡물 도매상으로 발전했고, 자본의 규모가 커지면서 나라에서 특권을 주었던 시전 상인과 경쟁했단다. 이후 19세기에 들어서는 곡물의 매점매석을 통해 도고 상인으로 성장해. 도고 상인은 조선 후기에 성행한 독점 도매업을 하던 상인으로 이들은 독점 도매업으로 많은 부를 축적했어. 이렇게 축적된 부를 가지고 공명첩이나 납속책을 이용해 신분 상승을 이루기도 했지. 그 결과 조선 후기 신분 제도는 크게 흔들리게 돼. 박지원의 〈허생전〉에서 허생이 했던 장사 방법이 바로 '도고'란다.

경국대전
세조 때 집필하기 시작해 성종 때 완성한 조선 시대 기본 법전

경국대전은 조선 시대에 나라를 다스리는 기준이 된 최고의 법전이야. 세조 때 강희맹, 노사신, 최항 등이 집필을 시작해 성종 때 완성하고 1485년에 펴냈어. 조선을 건국한 태조는 고려 시대의 법령과 판례법, 관습법 등을 수집해 〈경제육전〉이라는 법전을 편찬했어. 이후 태종 때 〈경제육전〉을 수정한 〈속육전〉이 만들어졌고, 세종 때에도 법전을 지속적으로 보완했지. 하지만 국가체제가 확립되면서 좀더 조직적이고 통일된 법전이 필요했어. 이에 세조는 왕위에 오르자마자 당시까지의 모든 법을 전체적으로 조화시켜 후대까지 길이 전할 법전을 만들고자 했어. 이를 위해 육전상정소를 설치하고 강희맹, 노사신, 최항 등에게 법전 편찬을 명령했지. 이후 성종 때까지 수정작업을 거쳐 〈경국대전〉을 완성한 거야.

〈경국대전〉은 조선 왕조 초기의 정부 체제인 육전 체제에 따라 6전으로 구성되었어. 〈이전〉은 궁중을 비롯한 중앙과 지방의 직제, 관리의 임명과 해임, 사령에 관한 규정, 〈호전〉은 재정을 비롯해 호적·조세·녹봉·통화와 상거래 등에 관한 규정, 〈예전〉은 여러 종류의 과거와 관리의 의장, 외교, 의례, 공문서, 가족 등에 관한 규정, 〈병전〉은 군제와 군사에 관

한 내용, 〈형전〉은 형벌·재판·노비·상속 등에 관한 규정, 〈공전〉은 도로·교량·도량형·산업 등에 대한 규정을 담고 있어.

경세유표

조선 후기 실학자 정약용이 옳지 못한 정치 제도를 지적하고 행정 기구, 관제, 토지 제도, 부세 제도 등의 개혁 원리를 서술한 책

〈경세유표〉는 총 44권 15책으로 구성되어 있고 원래의 제목은 〈방례초본〉이야. 1817년, 순조 때 저술되었는데 완성하지는 못했어. 정약용의 사상을 대표하는 책들을 1표 2서라고 하는데 〈경세유표〉는 여기에서 1표에 해당하는 책으로 정약용의 사상을 대표하는 책 가운데 첫 번째 작품이야. 2서에 해당하는 나머지 두 작품은 〈목민심서〉와 〈흠흠신서〉야. 정약용은 천주교를 믿는다는 이유로 천주교 박해 때 강진으로 유배간 적이 있는데 그때 강진에서 지은 책이 바로 〈경세유표〉야. 정약용은 〈경세유표〉에서 정치 제도의 폐해를 지적하고 이를 개혁할 것을 주장했지. 이 책에서 정약용은 근본적인 개혁이 있어야 국가와 사회가 유지될 수 있다고 했어. 따라서 〈경세유표〉에서는 행정 기구를 바꾸는 것뿐만 아니라 관제, 토지 제도, 부세 제도 등 모든 제도를 개혁할 것을 이야기했어.

정치·사회·경제 제도를 개혁하고 부국강병을 이루는 것에 목표를 두고 〈경세유표〉를 저술했다는 정약용은 토지 제도의 개혁과 상공업 진흥을 주장했어. 기술의 발달과 상공업의 발전이 부국강병에 도움을 줄 것이라 생각한 거지. 또한 당시 사회의 모순을 한눈에 볼 수 있는 토지 문제 및 농업 문제에 대해서도 자영농의 경영을 기본으로 한 개혁안을 제시했

지. 이뿐만 아니라 당시 세력이 커져갔던 서얼, 중인, 부호층 등도 관료 기구에 흡수할 수 있는 과거제 개혁안을 제시하기도 했어.

경시서

고려 시대와 조선 시대 때 시전을 관찰하거나 국역의 부과 등을 맡아본 관청

경시서를 처음 설치한 사람은 고려의 문종이야. 문종은 수도 개경의 시전을 감독하기 위해 경시서를 설치했어. 이를 조선의 태조가 계승해 조선에도 경시서를 설치했지. 경시서는 시전을 관리해 물가를 조절하고 상인들을 감독해 세금 등에 관한 업무를 담당하는 한편 국역의 부과를 맡은 관청이야. 이뿐만 아니라 길이, 부피, 무게 따위를 재는 자, 되, 저울 등 도량형기를 단속하고 물가를 억제하는 등 시장의 행정 사무도 담당하면서 당시 종이 돈이었던 저화의 유통 촉진에도 힘을 썼다고 해.

경신환국

1680년 숙종 때 남인 세력이 정치적으로 지위를 잃고 서인 세력이 권력을 잡은 사건

조선 숙종 때는 서인과 남인이 첨예한 대립을 하는 붕당 정치가 계속되었어. 이러한 상황에서 숙종은 왕권 강화를 위해 일방적으로 지배 세력을 교체하곤 했지. 이 일을 '환국'이라고 해. 경신환국은 숙종 때 발생한 세 번의 환국 중 첫 번째로 일어난 사건이야.

1680년 남인의 우두머리인 영의정 허적의 집에서 조부의 시호를 맞이하는 잔치가 있었어. 그날 하필이면 비가 왔지 뭐니. 이에 숙종은 잔치에

쓰게 하려고 기름 먹인 천막인 유악을 허적의 집에 보내려고 했어. 유악은 임금만 사용하던 것이었어. 그런데 허적은 숙종의 허락도 받지 않고 이미 가져가서 사용하고 있었던 거야. 화가 난 숙종은 허적의 집을 염탐하게 했지. 염탐 결과 남인들은 모두 허적의 집에 모였으나 서인들은 몇 명밖에 오지 않았어. 이에 숙종은 남인들에게 화가 나 남인이 장악하고 있던 군대에 대한 권한을 서인에게 넘기는 등 인사 조치를 단행했지. 이로써 남인 세력은 정치적 지위를 잃고 서인 세력이 정권을 차지하게 돼. 이를 경신환국이라고 한단다. 이후 서인들은 남인들을 철저히 탄압하면서 상호 견제와 비판이라는 붕당 정치의 기본 원리를 무너뜨리고 모든 정권을 독차지했단다.

경연
임금에게 유학의 경서와 역사 등 학문을 가르치던 제도

한나라에서 황제에게 유교 경전을 강의하던 일이 있었는데 후에 당나라에서 이를 제도화했어. 고려 중기에 예종이 도입하면서 한국에 소개된 이 제도는 무신 정권 때 폐지되었다가 조선 시대에 이르러 경연이라는 이름의 제도로 발전하게 되었어. 경연은 왕에게 경서와 역사를 가르쳐 유교적 정치 이념을 실현하도록 만든 제도야. 3정승을 포함한 10명이 경연관이 되었고, 강의는 홍문관에서 주관하였어. 교재는 4서와 5경을 비롯한 성리학 서적이었어. 강의 후에는 나라의 문제에 대해 논의하기도 했고, 옛 선현들의 글에 대해 왕과 신하들이 토론하기도 했지. 경연은 이렇게 교육 제도였지만 실제로는 왕권을 규제하는 정책 협의 기구로서의 역할을 담당했어. 경연 후에 왕의 잘못을 고치도록 권하며 왕권을 견제하는 기능도 했던 거야.

경연은 1894년 갑오개혁 때 축소되었지만 대한제국이 멸망할 때까지 이어진 제도란다.

경재소

조선 시대에 각 지방의 유향소를 통제하기 위해 중앙에 설치한 연락 기구

조선 시대에는 유향소라는 지방 자치 조직이 있었어. 유향소는 지방의 세력가들이 스스로 결성한 모임으로 마을의 기강을 잡고 수령의 통치를 도와주는 역할을 했지. 이러한 유향소를 통제하기 위해 중앙에 설치한 연락 기구가 바로 경재소야. 고려 시대의 사심관 제도와 비슷하다고 보면 돼. 각 지방의 세력가 자제가 경재소를 관장했고, 그 지방에 설치되어 있는 유향소를 통제하며 중앙 정부와 지역 간의 연락 사항과 일을 주선했어. 경재소에서는 각 지역의 고을 이름 개칭과 읍호 강등, 승격에 관한 일, 국가에 올리는 공물을 관리하는 일, 각 지방의 풍속을 관리하는 일 등을 맡아서 했어. 하지만 각 지방 수령의 업무에 직접적으로 관여할 수는 없었지.

경재소는 수령의 일에 지나치게 관여할 경우 지방 수령의 통치력을 저해할 수 있다는 단점과 지방 수령의 권력 남용을 막을 수 있다는 장점이 있었어. 이 제도는 태종 때 실시되었는데 임진왜란 이후 지방의 수령권이 강화되면서 선조 때(1603년) 폐지되었어.

경제문감

조선 초기 정도전이 쓴 것으로 조선 왕조의 정치 조직에 대한 구상을 밝힌 책

조선 초기 정도전은 조선의 정치 조직에 대한 구상을 〈경제문감〉으로 정리했어.(1395년(태조 4년)) 〈경제문감〉은 총 2권으로 되어 있는데 권근이 주해를 붙이고 정총이 서문을 썼다고 해. 상권에는 중국 한나라와 당나라의 예를 들어 재상 제도의 역사적 변천 과정과 재상의 직책에 대해 기록했어. 하권에는 대간, 위병, 감사, 수령의 직책에 대해 기술했지. 이 책을 통해 정도전은 조선 시대의 정치 체제는 재상을 중심으로 한 중앙 집권 체제가 이루어져야 한다고 주장했단다.

경제육전

조선 건국 초기에 편찬하여 반포된 기본 법전

〈경제육전〉은 조선 시대 최고의 법전인 〈경국대전〉의 모체로 조선 건국 초기에 편찬하여 반포된 기본 법전이야. 1397년 12월 26일에 당시 영의정이었던 조준의 책임 아래 편찬하고 반포되었지. 1388년부터 1397년까지 10년간 시행된 법령과 장차 시행할 법령을 수집하고 편집하여 〈경제육전〉을 완성했다고 해. 비록 현재까지 원문이 전해지지 않아 구체적인 내용을 알 수는 없지만 조선왕조실록에 드문드문 기록된 내용으로 유추해 보면 이전, 호전, 예전, 병전, 형전, 공전 즉 육전과 각 전마다 조목을 나누어 편찬했음을 알 수 있어. 〈경제육전〉은 조선 초 태조의 법치주의 이념이 담긴 것으로 〈경국대전〉의 편찬에도 많은 영향을 끼쳤어. 법치 국가로서 조선 왕조의 기틀을 제공한 법전이야.

계
경제적인 도움을 주고받거나 친목을 위해 만든 우리나라 전통 협동 조직

계는 다른 말로 '계회' 또는 '회'라고 부르는데, 그 뜻은 '사람들의 모임' 혹은 '사람들의 결합'이야. 계는 우리나라 최초의 **자생적 농민 조직**으로 삼한 시대부터 시작되었어. 이후 신라 시대에는 더욱 발전해 여러 형태의 계를 조직해 혼례, 상례, 회갑 등 큰일이 있을 때 이웃끼리 서로 도왔다고 해. 즉 계는 **상부상조를 주된 목적으로 성립된 공동체**라고 볼 수 있어. 신라 시대 계의 예로는 아녀자들의 길쌈내기인 가배, 화랑들의 조직체인 향도 등이 있어. 조선 시대에 이르러서 계는 다방면으로 이용되었어. 물론 조직과 목적에 따라 일정하지는 않았지만 공동 생활에 중요한 구실을 했다는 것은 변함이 없었지. 조선 시대 계의 종류로는 친목과 단결을 위한 종계, 혼인과 장례 등 많은 돈이 드는 경우를 위해 만든 혼상계, 계의 수익으로 세금을 납부하고자 했던 호포계, 군포의 공동 납부를 위한 군포계, 농기구의 공동 구입·사용을 목적으로 만든 농구계 등이 있어. 이뿐만 아니라 영리를 목적으로 한 식리계, 지계, 금계, 삼계 등도 있었어.

계미자
1403년 태종 때 만든 조선 시대 최초의 구리 활자

조선은 고려에서 성행했던 불교 대신 유교를 정치 이념으로 선택했어. 즉 숭유억불 정책을 기본 정책으로 삼았던 거지. 이러한 조선 왕조가 유생들에게 유학을 권하기 위해서는 무엇보다 책이 필요했어. 이에 태종은 서적이 적다는 이유로 1403년 주자소를 설치해 활자를 주조하게 했어.

계미자는 동판과 밀랍을 이용한 활자인데 밀랍의 응고력이 약해 인쇄 도중 활자가 자주 흔들려 밀랍을 수시로 녹여 부어야 했다고 해. 이렇게 미숙한 활자였지만 1410년부터 책을 찍어 서적을 널리 보급하도록 했기에 문화사적 의의가 크지.

계축화옥(계축옥사)

광해군 때 사색당파 중 하나인 대북파가 영창대군을 비롯한 서인과 남인 세력을 제거하기 위해 일으킨 옥사

1608년 선조가 죽고 광해군이 왕위에 오르자 정인홍, 이이첨 등 대북파는 소북파의 우두머리이자 당시 영의정이었던 유영경을 죽이는 등 소북파를 몰아내고자 했어. 대북파는 소북파가 광해군의 이복 동생인 영창대군을 왕으로 추대하고자 했다는 것을 이유로 소북파를 몰아내고자 했어. 대북파는 여기에서 그치지 않고 선조의 계비이자 영창대군의 생모인 인목대비와 그의 아버지 김제남을 몰아내고 싶어했어. 때마침 문경의 새재에서 박응서, 서양갑, 심우영 등 서얼들이 출세 길이 막힌 데 불만을 품고 온갖 악행을 저지르다가 상인을 죽이고 은 수백 냥을 약탈한 사건이 벌어져. 대북파는 이들을 심문할 때 김제남과 함께 반역을 도모하였다는 허위 자백을 하도록 만들었지. 이 일을 계기로 대북파는 김제남을 죽이고, 영창대군을 강화도에 유배보내 결국 죽게 했어. 이렇게 대북파가 영창대군을 비롯한 서인과 남인, 즉 반대파 세력을 제거한 이 사건을 계축년에 일어난 옥사라 하여 '계축옥사' 또는 '계축화옥'이라고 해. 이 일을 통해 인목대비마저 폐위되고 대북파가 정권을 완전히 장악하게 되었어.

계해약조(계해조약)

1443년 일본 쓰시마 섬의 도주와 맺은 조약

1419년 조선은 쓰시마 섬을 근거지로 해 고려 말부터 우리나라 연안을 약탈하던 왜구의 뿌리를 뽑기 위해 쓰시마를 정벌했어. 그리고 조선과 일본 사이의 왕래가 중단되었지. 조선과의 교류가 끊기자 자체 생산을 할 수 없었던 그들은 많은 어려움을 겪었지. 이에 쓰시마 섬의 도주는 다시 교류할 것을 간청했고, 이로 인해 조선은 다시 삼포를 개항해 무역과 어획을 허락했지. 또한 삼포와 서울에 왜관을 설치해 이곳에서만 왜인들이 숙박하고 무역하도록 했고, 쓰시마 도주에게 입국 증명서를 만들어 주어 조선에 입국하는 왜인들은 이를 소지하도록 했어. 또한 사송선과 무역선의 수도 제한하였어. 이처럼 계해조약 당시에는 혹시라도 있을 후환에 염려해 기존에 비해 많은 제한을 두는 구체적 조약을 체결했지.(1443년) 세종대왕은 왜구들의 성품을 잘 알고 있었어. 그래서 먼저 정벌로 위세를 보여준 뒤 조약으로 온정을 베풀어 살 길을 열어 준 거야.

고려국사

1395년에 태조의 명으로 편찬된 고려 시대 역사책

1392년 태조의 명으로 조준, 정도전, 정총, 박의중, 윤소중 등이 만들기 시작해 1395년에 완성한 역사책이야. 고려의 역사적 사실을 연대 순으로 기록한 편년체를 선택했고, 총 37권으로 구성되어 있어. 〈고려국사〉는 조선 초기 사대부들의 성리학적 사상 경향을 잘 드러내

주는 책으로 〈고려사〉의 모체가 되었어. 현재까지 전하지는 않고 〈태조실록〉이나 〈동문선〉 등을 통해 〈고려국사〉에 대한 사실을 확인할 수 있어. 하지만 편찬 기간이 너무 짧고 편찬자인 조선 개국 공신들의 주관이 너무 많이 개입되어 조선건국 과정에 대한 기록이 부족하다는 문제점이 제기되었어. 그래서 이후 다섯 차례나 개찬되었다고 해. 태종 때는 고려 말의 태조에 관한 기록이 충실하지 못하다는 이유로 개정하게 했으나 (1414년) 개정을 주관했던 하륜이 죽자 완결하지 못했어. 세종 때는 〈고려국사〉의 내용이 〈고려실록〉과 다르다는 이유로 〈수교고려사〉를 편찬하게 했어.(1424년) 이후 김종서는 〈고려국사〉를 바탕으로 〈고려사〉와 〈고려사절요〉를 완성했단다.

고려사

조선 초기 세종의 명으로 김종서, 정인지 등이 만든 고려 시대 역사책

조선 전기에 편찬한 고려 시대의 역사책이야. 역사적 인물의 개인 전기를 이어가면서 한 시대의 역사를 구성하는 기전체 형식으로 쓰였어. 1392년 조선 건국과 함께 태조의 명으로 정도전, 조준 등이 중심이 되어 고려의 역사를 정리했어. 고려의 역사를 정리함으로써 조선 건국의 정당성을 얻고자 했지. 〈고려사〉는 이러한 목적으로 정리했기 때문에 사실과 다른 부분이 많았어. 그래서 여러 차례 수정을 거쳐야 했지. 〈고려사〉는 총 139권으로 구성되어 있어.

고려사절요

1452년 김종서 등이 편찬한 고려 시대의 편년체 형식의 역사책

김종서 등이 왕의 명령을 받아 역사 편찬 기관인 춘추관의 이름으로 간행한 고려 시대 역사책이야. 〈고려사절요〉는 〈수교고려사〉를 바탕으로 쓰여 1452년 문종 때 완성되었는데 같은 시기에 편찬된 〈고려사〉에 비해 내용이 상세하지 못하다고 해. 하지만 〈고려사〉에는 없는 내용도 많아 〈고려사〉와 함께 고려에 대한 연구를 하는데 많은 도움을 주고 있는 역사책이야.

공납

각 지방의 특산물(토산물)을 실물로 내는 세금 제도

당나라에 '조, 용, 조'라는 조세 제도가 있었어. 이 중 개별 가정을 대상으로 부과한 세금인 조가 바로 공납이라고 볼 수 있어. 공납의 기원은 통일 신라 시대로 거슬러 올라가. 정확한 기록이 남아 있지는 않지만 주로 베나 비단 같은 직물이나 과실류를 공납으로 바쳤을 것으로 추측하지. 고려 시대 때는 광종이 즉위하던 해인 949년에 각 주현에서 중앙 정부에 내야 할 공물의 수를 정했고, 1041년에는 공물의 품목을 조정하였지. 당시 공물로 바쳤던 것으로는 쌀·조·황금·백은·베·명주·면포·백적동·철·소금·실·꿀·쇠가죽·쇠심줄 등이 있어. 이후 1066년에는 해마다 일정하게 공물을 내는 상공과 수시로 특산물을 내는 별공으로 구분했고 쇠가죽, 쇠심줄 같은 것은 쌀이나 베로 대신 납부할 수 있게 했어.

조선 시대의 공납제는 고려 시대의 제도를 그대로 행했어. 1392년 10

월에 공부상정도감을 설치하고 각 지방 특산물을 기준으로 공물의 품목과 수량을 정했지. 이를 장부로 마련한 것이 바로 공안인데 공안은 조선 시대 공납제의 기초가 되었단다. 하지만 전국적으로 새로 제정된 공납제가 실시된 것은 태종 때부터였어. 1408년 9월에 제주도, 1413년 11월에 함경도와 평안도에서 내야 할 공물의 품목과 수량을 정해 전국적인 공납제가 마련된 거야. 그러나 이때 정비된 공납제는 몇 가지 문제점이 있었어. 공물의 품목과 수량이 너무 오랫동안 고정되어 문제가 되었고, 별공이 이용되기도 했어. 특히, 산간 지역에 해산물이 배당되거나, 평야 지역에 짐승과 그 가죽 등이 배당되는 등 각 지역에서 생산되지 않는 물품이 공물로 지정되기도 했어. 또한 공물을 상납하는 과정에서 관리들이 트집을 잡아 공물을 받지 않거나 관리와 상인이 결합해 대신 납부하고 농민들에게 많은 돈을 받아 내는 등 비리가 끊이지 않았다고 해. 이에 중종 때 조광조가 공납제 개혁을 주장하며 수미법을 제안했지만 구체적인 대안이 마련되지 못했고, 선조 때 이이가 공물을 쌀로 대신 거두는 방법을 제안했지. 결국 공납제는 16세기 광해군 때에 이르러 공물을 물품 화폐, 즉 쌀이나 베로 거두는 대동법으로 전환되었지.

공노비
고려 시대와 조선 시대에 왕실과 관아에 속했던 노비

노비의 노는 남자 종, 비는 여자 종을 말해. 노비는 고대 이후 계속 존재하였는데 고려 시대에 이르러 최하층 계급으로 분류되었지. 그리고 이때부터 노비의 매매, 증여, 상속 등이 인정되었어. 또한 노비를 왕실과 관아에 속했던 공노비와 개인적으로 부릴 수 있었던 사노비로 나누는 공사노비 제도가 엄격하게 시행되었단다. 조선 시대에는 노비의 수가 많아지자 노비 내에서도 우열의 차이가 생겼어. 사노비보다는 공노비가 더욱 권세가 있었지. 공노비는 노비로서 노비를 소유할 수도 있었다고 해.

노비 제도는 고려 시대부터 조선 시대까지 약 100년간 지속되다가 1801년 순조 때 공노비의 해방이 이루어졌어. 이후 갑오개혁(1894년) 때 노비 제도는 완전히 폐지되었지.

공명첩

이름을 기록하지 않은 백지 임명장으로 조선 후기 관청에서 부유한 자들에게 돈이나 곡식을 받고 관직명과 이름을 기입해 발급해 주던 제도

나라의 재정이 부족할 때 돈이나 곡식 등을 받고 부자에게 관직을 주었던 제도야. 이 제도는 숙종 때였던 1677년 이후 시행되었던 것으로 임진왜란과 병자호란으로 국가 재정이 어려워지고, 당쟁으로 국가 기강이 무너진 때 엎친 데 덮친 격으로 흉년이 자주 들어 많은 백성들이 굶주리게 되자 이를 구하기 위해 실시한 제도였어. 관청에서는 부유층에게 돈이나 곡식 등을 받고 공명첩에 관직명과 성명을 기입하여 발급하였던 거지. 공명첩은 명목상의 벼슬만 주는 임명장이었기 때문에 이러한 방법으로 벼슬을 얻은 사람은 실무는 볼 수 없었어. 이 제도로 조선 후기에 도고로 부자가 된 상인 또는 부농 등이 합법적으로 신분을 상승할 기회를 얻게 되었지. 이들은 세금을 면하고, 병역이나 부역의 의무에서 벗어나기 위해 공명첩을 통해 양반이 되었어. 이로 인해 조선 후기의 신분 제도는 매우 혼란스러워졌단다.

공인

조선 후기 대동법 실시 이후 나라에 필요한 물품을 사서 납부하던 상인

조선 시대에는 지방의 특산물을 현물로 납부하는 공납이라는 제도가 있었어. 하지만 이 제도에는 많은 문제가 있어 이를 해결하기 위해 1608년 광해군 때 현물 대신 쌀이나 베로 거두는 대동법이 경기도에서 실시되었어. 이로 인해 나라에 필요한 물품을 조달해 주는 사람이 필요했지. 그 역할을 맡은 상인이 바로 공인이야. **공인은 나라에서 돈을 받고 수공업자에게 필요한 물건을 주문해 물건을 해당 관청에 납부하였어.** 국가나 관청에서 물건을 구입하는 데 필요한 돈을 미리 받아 필요한 물품을 샀기 때문에 공인들은 많은 돈을 벌 수 있었단다. 또한 공인들은 나라에 물품을 대주기 위해 각 지방의 중간 상인이었던 객주와 거래를 했고, 이로 인해 상업이 발달되었지. 이뿐만 아니라 화폐 경제의 발달을 도왔으며 이들의 주문에 따라 조선 후기 민영 수공업이 활기를 띠게 되었단다.

공해전

고려 시대와 조선 시대에 관청과 왕실, 궁원의 경비를 채우기 위해 지급된 토지

고려·조선 시대에 시행된 토지 제도로 국가 기관인 관청이나 왕실, 궁원 등의 경비를 채우기 위해 지급된 토지를 공해전이라고 해. 공해전의 종류에는 공수전, 지전, 장전, 내장전 등이 있어. 공수전은 지방 관리의 봉급과 기타 경비를 주기 위해, 지전은 지방 관청의 소모품인 종이, 붓, 먹 등을 대기 위해, 장전은 역으로 쓰이던 건물인 관역장의

공적인 비용을 위해, 내장전은 왕실 재정의 경비를 조달하기 위해 지급되었어.

조선 초기에는 고려의 공해전 제도를 그대로 모방했는데 각 기관이 토지세를 직접 거두어 재정으로 사용하면서 정해진 것 이상의 수탈이 행해졌어. 이에 농민들의 저항이 심해지면서 세종 때 공해전을 정리하고 부족한 돈을 각 지방 관아에 군량을 마련하기 위해 둔 관둔전으로 보충하게 했어. 이후 1466년 세조 때 유일하게 남아 있었던 내수사의 공해전을 없앰으로써 중앙 공해전은 완전히 폐지되었단다.

과전법
고려 후기에서 조선 초기에 걸쳐 시행된 토지 제도

고려 후기인 1391년 공양왕 때 권력을 잡은 이성계와 정도전 등이 신진 사대부의 경제적 기반을 마련하고 권문세족의 경제적 기반을 약화시키기 위해 실시한 토지 제도야. 권문세족 등 구세력이 불법으로 점유한 토지를 몰수해 전·현직 관리들에게 등급에 따라 경기도 지역의 토지를 나누어 주었지. 단, 과전법으로 관리들에게 지급한 토지는 그 소유권을 주는 것이 아니라 수조권(해당 토지에서 나오는 세금을 거두는 권리)을 주는 것임을 명심해. 즉, 현재 공무원들에게 주는 월급과 비슷한 것이라고 이해하면 돼. 토지에 대한 소유권은 국가에 있었지.

과전법을 바탕으로 신진 사대부의 경제적 기반이 확보되었고, 이성계는 이들과 힘을 합쳐 조선을 건국할 수 있었단다.

과전법은 고려 말에 시행되어 세종 이전까지 토지 제도의 기반을 이룬 것으로 조선 전기에도 이어졌어. 하지만 관리의 수가 늘어나고 지급할 토지가 부족해지자 세조 때는 전직 관리들에게는 주지 않고 현직 관리들에게만 토지를 지급하는 직전법을 시행했어. 그런데 이 제도는 관직에서 물러난 뒤 또는 죽고 난 뒤 아무 보장이 없었기 때문에 관리들이 관직에 있을 때 많은 수탈을 하였단다.

관수관급제

국가가 직접 토지를 관리하고 관리들에게는 녹봉을 지급한 조선 시대의 제도

조선 성종 때 관리 수가 증가하고 세습되는 토지가 늘어나면서 토지가 부족해졌어. 이 때문에 고려 말부터 실시된 토지 제도인 과전법을 유지하기 어려워졌지. 그래서 세조는 전직 관리들에게는 주지 않고 현직 관리들에게만 토지를 지급하는 직전법을 시행했어. 그런데 이 제도는 관직에서 물러난 뒤 또는 죽고 난 뒤 아무 보장이 없었기 때문에 관리들이 관직에 있을 때 많은 수탈을 하였단다. 이에 대한 대책으로 성종 때부터 새롭게 실시한 토지 제도가 바로 관수관급제야.

관수관급제는 세금을 걷을 수 있는 권리인 수조권을 국가가 대신 행하는 제도야. 즉 국가가 수조권을 대신 행사해 세금을 걷고 관리들에게는 녹봉이라는 월급을 준 제도지. 국가의 농민 지배를 강화하기 위해 국가가 수조권(조세 징수권)을 대행했지. 국가가 세금을 직접 걷으면서 농민 지배를 강화할 수 있었단다.

34

관찰사

조선 시대에 지방에 파견한 관리로 감사라고도 함

　　조선 시대 각 도에 파견한 관리로 임기는 조선 초기에는 1년이었다
가 후에 2년이 되었고, 각 고을을 감찰하는 일을 했어. 현재의 도지사나
시장과 같은 지위로 보면 돼. 단, 도지사나 시장은 국민들이 선출하는 반
면 조선 시대 관찰사는 왕이 임명했다는 차이점이 있지.

　　관찰사는 고려 말기에도 있었어. 그때는 안렴사, 관찰출척사라고 불렀
고 조선 초기에는 안렴사, 관찰사, 관찰출척사 등으로 이름이 자주 바뀌
었지. 그러다가 세조 때부터 관찰사라고 부르기 시작했어. 관찰사는 자
신이 다스리는 도에 대해 민정, 군정, 재정, 형정까지 모두 다스
리며 절대적인 권력을 행사했지. 하지만 중요한 정사에 대해서는
중앙의 명령을 따라 시행했어.

　　관찰사 제도는 지방을 통치할 수 있는 바탕이 되었고, 중앙 집권제를
확립하는 데 큰 도움을 주었어. 관찰사 제도는 이후에도 지속되다가 1910
년 일제 강점기가 시작되면서 일제에 의해 폐지되었단다.

광작

조선 후기 모내기법의 보급으로 농민 한 사람 당 농사지을 수 있는 땅의 면적
이 넓어진 현상

　　조선 후기에 보급된 이앙법, 즉 모내기법은 조선 사회에 많은
변화를 가져왔어. 일단 수확량이 증가했고, 김매기 횟수의 감소
로 노동력 감소의 효과도 가져왔지. 이로 인해 농민 한 사람 당

농사지을 수 있는 땅의 면적, 즉 토지 경작 면적이 넓어졌단다. 이 현상을 광작이라고 해.

광작은 대부분 부자 농민인 지주들에 의해 추진되었어. 따라서 땅이 없는 농민들은 소작할 땅을 얻기도 힘들게 되자 어쩔 수 없이 농촌을 떠나 도시로 가서 노동자가 되거나 노비가 되기도 했단다. 반면 광작을 하는 부농들은 기업 농업의 형태로 이윤을 추구할 목적으로 농사를 짓기 시작했어. 이로 인해 더욱더 많은 부를 갖게 된 부농들은 수확물이 많은 가을에 싼값으로 곡물을 사들였다가 곡물 값이 오를 때 다시 판매해 곡물의 상품화를 촉진했지. 또한 광작은 상업적 농업으로 농업의 경영 방식과 소작료 지불 형태에도 변화를 가져와 소작인들이 지주의 간섭을 받지 않고 자유롭게 농업을 할 수 있게 했어.

하지만 이는 지주와 소작인 사이를 윗사람과 아랫사람으로 구분하던 종속 관계에서 대립 관계로 바꿔 놓았고, 마침내 경제적 불평등을 해결하기 위한 민란으로 이어졌단다.

교정청

1894년 개혁 정책을 담당하기 위해 설치한 임시 관청

조선 정부는 동학 농민 운동을 통해 제기된 농민들의 요구 사항을 해결하기 위해 노력했어. 특히 세금 문제를 중심으로 해결하고자 했지. 하지만 조선 침략의 의도를 갖고 있던 일본은 주한 공사 오토리를 통해 내정개혁안 5개조를 제시했어. 고종을 비롯한 조선 정부는 이를 거부하고 자주적인 개혁을 추진하고자 교정청을 설치했어. 그리고는 일본의 간섭을 피하고 자주적인 내정 개혁을 시도했지. 그러나 일본이 경복

궁을 포위하여 민씨 정권을 몰아내고 개혁을 추진하면서 교정청은 해산되었단다. 이후 조선의 개혁은 일본의 주도로 설치된 군국기무처가 담당하게 되었어.

국조오례의

조선 초기 신숙주, 정척 등이 왕의 명령을 받아 국가의 기본 예식인 오례의 예법과 절차 등을 그림을 넣어 편찬한 책

국가의 기본 예식인 오례란 길례, 가례, 빈례, 군례, 흉례를 말해. 고조선 이후 고려 시대까지 이 오례와 관련된 의식은 계속 개최되었어. 그러나 규범으로 정해진 것이 없었지. 고려 말 성리학이 들어오면서 조선은 성리학적 질서에 따라 오례를 규범화할 필요성을 느꼈어. 특히 국가에서 이루어지는 각종 의식 절차가 규범이 없어 혼란스러워지자 세종은 오례의 예법과 절차를 책으로 편찬하라는 명을 내렸지. 이 명을 받은 신숙주, 정척 등은 그림과 곁들여 오례의 예법과 절차를 안내하는 책을 만들기 시작했는데 성종 때인 1474년에 완성되었단다. 이 책은 조선 시대의 기본법전인 〈경국대전〉과 함께 국가의 기본예전으로 이용되었어.

〈국조오례의〉의 편찬으로 조선 시대의 오례 의식과 관련된 기본 규범이 정해졌고, 이후 일부를 수정하고 보완한 〈국조속오례의〉가 간행되기도 했어. 이 책은 조선 시대 각종 의례를 연구하는 기초적인 자료로 그 역사적 의미가 매우 깊단다.

조선 시대 16~60살의 성인 남성에게 부과된 군대와 관련된 역

'역'이란 노동으로 바치는 세금으로 군역은 군대와 관련된 역을 말해. 군역은 크게 두 가지 형태로 나눌 수 있었어. 그 첫 번째는 실제로 군대에 가서 복무를 하는 것이고 두 번째는 군복무 대신 일정한 물품을 세금으로 납부하는 방법이지. 군역을 담당해야 하는 사람들은 16세에서 60세의 남자로 제안되었어. 하지만 양반과 같은 지배층은 대부분 면제되었고, 주로 농민과 같은 백성들이 군역을 담당했지. 조선 중기 이후 군역은 대부분 일정한 물품인 옷감, 즉 군포를 바치는 형태로 군역이 이루어졌어. 그런데 시간이 지나면서 실제로 군복무를 하는 사람이 줄어들어 국방이 약화되기도 했고, 군포 때문에 각종 비리가 벌어졌어. 이에 화가 난 백성들이 반란을 일으키는 일도 많았어. 이러한 문제를 해결하기 위해 영조는 군포를 1년에 2필에서 1필로 줄여주는 균역법을 실시하기도 했어. 그러나 균역법 실시 후에 부족해진 군포를 채우기 위해 가족이나 이웃에게 군포를 강제로 징수하기도 하고, 마을 단위로 전체의 군포 액수를 담당하게 하기도 했으며 어린 아이와 이미 죽은 자에게도 군포를 징수하는 등 다양한 불법 징수를 행했지. 이와 같은 불법 군포 징수는 19세기 농민 항쟁의 근본 원인이 되었고, 국가 재정을 어렵게 했어. 후에 정부는 호포제를 실시해 군역 대상자를 농민에서 양반까지 확대해 양반들의 반발을 사기도 했단다.

군포

조선 시대에 군역의 의무를 가졌던 사람들이 군 복무에 나가지 않는 대신 납부했던 세금

조선 시대의 양인 중 16세부터 60세의 성인 남자는 군역의 의무가 있었어. 이들은 직접 군에 복무하거나 이를 대신해 물품을 세금으로 내야 했지. 조선 중기 이후 군역은 대부분 베, 즉 군포를 바치는 형태로 이루어졌어.

그런데 시간이 지나면서 직접 군 복무를 하는 사람보다 군포로 대신하는 사람들이 늘어났고, 이 때문에 국방이 약화되기도 했어.

규장각

조선 시대 정조 때 설치한 왕실 도서관이자 학술 및 정책 연구 기구

규장각은 세종 때 집현전과 같은 것으로 정조가 설치한 학술 연구 기관이야. 1776년 창덕궁의 정원인 북원(비원)에 세워졌지. 정조는 당시 왕권을 위협하는 권력자들의 횡포를 막고 정치, 경제, 사회에 걸친 여러 가지 문제를 학문적으로 해결하고 싶었어. 국가적 규모로 도서를 수집하고 보존·간행함으로써 국가의 문제를 해결할 수 있다고 생각했고, 그런 의지를 가지고 설치한 것이 바로 규장각이야. 즉 규장각은 왕권을 강화하려는 목적으로 설치한 학술 연구 기관이지.

또한 정조는 영조가 실시한 탕평책을 계속 추진하고자 했어. 그래서 자신의 세력 기반을 다지기 위해 당파를 초월해 유능한 청년 학자들이 규장각에서 학문을 연구할 수 있도록 배려했어. 정조는 규장

각 검서관에 서얼 출신인 박제가, 유득공, 이덕무 등을 등용시키는 등 능력이 있다면 서얼도 출세할 수 있는 길을 열어 주었어.

규장각에서 보관하고 있는 도서목록인 〈규장총목〉에 의하면 규장각에는 약 3만여 권에 달하는 도서가 있었다고 해. 하지만 병인양요 때 프랑스 군에 의해 강화도 외규장각의 많은 도서를 약탈했고, 일제 강점기 때도 규장각의 많은 도서가 일본에 넘어갔어. 한·일 합방 이후 총독부가 관리하던 규장각 도서는 경성제국대학 설립 후 대학 안에 보관했다가 현재는 서울대에서 인수해서 관리·보관하고 있단다.

균역법
조선 영조 때 실시한 군역에 관한 세법으로 군역을 균등히 하는 법

조선 시대 16~60살의 성인 남성들은 군의 의무가 있었어. 이를 군역이라고 하는데 군역은 실제로 군대에 가서 복무를 하거나 군복무 대신 일정한 물품을 세금으로 납부해야 했지. 조선 후기에 들어서면서 군역은 주로 옷감인 군포를 내는 것으로 정착되어 가고 있었어. 그런데 권세 높은 양반들은 이를 내지 않았어. 이 때문에 부족한 부분은 힘없는 백성들이 대신 부담해야 했단다. 이에 영조는 백성들의 부담을 줄여주기 위해 군역으로 내는 군포를 2필에서 1필로 줄여주고, 부족해진 부분을 다른 세금으로 충당하는 균역법을 실시한 거야. 그러나 군포가 줄어든 대신 토지에 대한 부과세인 결작 등이 늘어나 국민의 부담은 여전했단다.

이렇듯 군포의 근본적인 성격은 변화하지 않아 군역 대상자들이 도망가는 일은 여전히 발생하였고 도망자나 사망자의 군포는 면제되지 않았

단다. 이는 다른 백성이 대신 부담해야 했어. 본인의 군포도 모자라 도망자나 사망자의 군포까지 2중, 3중으로 부담해야 했으니 백성들의 부담은 군포를 줄여주었어도 여전했어. 이에 백성들의 불만은 팽배해졌고, 철종 때는 이 때문에 농민 반란이 일어나기도 했단다.

균전론
조선 후기 실학자들이 제안한 토지 제도 개혁론

조선 후기 실학자들은 지주들에게 집중된 토지를 국유화하고 백성들에게 다시 분배하자는 내용으로 토지 제도 개혁을 주장했어. 그 중 대표적인 것이 바로 유형원의 균전론이야. 유형원은 수나라와 당나라의 균전제를 바탕으로 토지 제도를 개혁할 것을 주장했어.

균전론은 백성의 생활과 부역, 과서 등의 토대를 모두 토지에 두자는 내용이었어. 모든 농민에게 균등하게 토지를 분배하고 조세나 역, 공납도 균등하게 징수할 것을 주장했지. 또한 수확 단위의 결부제를 폐지하고 면적 단위인 경묘법을 시행해 중간 착취를 배제하고 농로와 수로를 정비해 경지를 정리할 것 등을 제시했단다. 즉, 관리나 선비, 농민 등에게 토지를 차등 분배하여 자영농을 육성할 것을 주장한 거지. 유형원은 이로써 농민들의 최저 생활을 보장하고 국가의 재정을 확보할 수 있다고 생각했어.

하지만 이는 완전한 근대적 토지 제도는 아니었어. 그 이유는 신분에 따른 차별을 두었기 때문이지. 농가에는 1경, 수공업자에게는 반 경, 관리는 벼슬에 따라 최고 12경까지 토지를 지급할 것을 주장했어. 또한 서민에게는 20살에 토지를 지급하고 귀족의 자녀에게는 15살에 지급하도록 하는 등 차별을 둔 개혁안이란다. 그리고 국가 기관이나 궁방에는 토지 소유에 대한 특권을 허용했지.

유형원의 이러한 생각은 후대 실학자들인 박지원, 홍대용 등에게도 계승되어 다양한 토지 제도 개혁론이 나왔어. 하지만 조선 정부는 이를 받아들이지 않았고 결국 토지 소유를 둘러싼 조선 후기의 사회적 모순은 해소되지 못했단다.

금난전권
조선 시대 난전의 활동을 금지시킬 수 있는 시전 상인의 특권

금난전권에 대해 알기 위해서는 우선 시전과 난전에 대해 알아야 해. 시전은 조선 시대에 나라에서 허가한 가게를 말하고 난전은 자유 상인으로 시전 상인 이외의 상인이 운영하던 불법적인 가게를 말해. 정부는 국역의 의무를 지고 있는 육의전이나 시전 상인들에게 도성 안에서 난전의 활동을 금할 수 있는 권리를 주었어. 이것이 바로 금난전권이란다.

하지만 공물을 쌀로 통일하여 바치게 한 납세 제도인 대동법을 실시한 이후 상업이 발달하고, 개인적으로 장사를 하는 사상이 성장해 18세기에는 육의전을 제외한 모든 상인에 대한 금난전권을 폐지했지.

금위영
조선 시대 오군영 중 하나로 국왕의 호위와 수도 방어를 위해 중앙에 설치한 군영

임진왜란 이후 조선 정부는 훈련도감, 어영청, 금위영, 총융청, 수어청

등 다섯 군영을 설치했어. 이를 통틀어 오군영이라고 해. 이 중 훈련도감, 어영청, 금위영은 수도를 방어하는 중앙군이었고 총융청, 수어청은 외곽의 방어를 담당했단다.

금위영은 훈련도감, 어영청과 함께 국왕을 호위하고 수도를 방어하는 핵심 군영이었어.

원래 금위영은 국가가 재정을 부담하는 훈련도감의 규모를 줄여 재정을 확보하고 수도의 방어력을 확보하기 위해 설치한 군영이었어. 그런데 군사들이 늘어남에 따라 오히려 국가의 재정적 부담이 증가되었어. 이를 해결하기 위해 현역병을 뽑는 대신 포를 징수하기도 했지만 이에 따라 중앙을 지키는 군사력이 약화되었어. 금위영은 갑오개혁에 따라 1895년에 폐지되었단다.

기묘사화

조선의 4대 사화 중 하나로 1519년에 조광조 등 사림파와 남곤, 심정 등 훈구파의 대립으로 조광조 등 사림파가 화를 입은 사건

중종반정으로 왕위에 오른 중종은 조광조 등 사림을 대거 등용하고 현량과(추천에 의해 관리를 등용하는 제도)를 실시해 사림파 28명이 중앙으로 진출할 수 있게 했어. 중종의 지지로 사림파가 중앙 정계에 진출하자 당시 집권 세력인 훈구파는 위기감을 느꼈어. 특히 사림파의 조광조는 중종반정 때 공을 세운 공신들 중 자격이 없는 사람의 이름을 삭제하자는 위훈 삭제를 주장했고, 이로 인해 훈구파의 미움을 샀단다. 그런데 처음에는 조광조를 총애했던 중종의 마음도 조금씩 변하기 시작했어. 조광조가 주장한 왕도 정치(힘이 아닌 덕으로 어진 정치를 실시하는 것)에 부담

을 느낀 거야. 이를 틈타 훈구파는 조광조를 몰아낼 계획을 세웠지. 훈구파 홍경주의 딸이 중종의 후궁인 것을 이용해 궁중 동산 나뭇잎에 꿀로 '주초위왕(走肖爲王)'이라는 글씨를 쓰게 했어. 꿀로 나뭇잎에 글씨를 썼으니 어떻게 되었겠니? 벌레가 이 부분을 갉아먹었지. 나뭇잎에 '주초위왕'이라는 글씨가 나타나자 훈구파는 이 일을 중종에게 보고했어. 주초위왕의 '주(走)' 자와 '초(肖)' 자를 합치면 '조(趙)'라는 글자가 되고 이는 '조' 씨 성을 가진 자가 왕이 될 것이라는 뜻이지. 이 일을 계기로 조광조의 위훈삭제 사건은 중종반정을 반역 사건으로 몰아가는 것으로 의심받아 조광조를 비롯한 많은 사람들이 죽거나 화를 당했어. 이를 '기묘년에 일어난 사림의 화'라는 뜻으로 '기묘사화'라고 해.

기사환국

1680년 경신환국으로 세력을 잃은 남인이 1689년 세자 책봉 문제로 숙종의 환심을 사 서인을 몰아내고 다시 집권하게 된 일

숙종의 부인이자 중전이었던 인현 왕후에게는 아들이 없었어. 이에 숙종은 후궁이었던 장희빈의 아들(후에 경종)을 세자로 책봉하려고 했지. 이에 인현 왕후 편에 섰던 서인들은 반대를 하고 나섰고, 장희빈의 편에 섰던 남인들은 당연히 찬성을 하였지. 세자 책봉에 반대하는 과정에서 서인의 대표자였던 송시열은 사약을 받기도 했어. 이로써 경신환국 때 권력을 잃었던 남인은 다시 권력을 잡게 되었지. 이를 '기사환국'이라고 해. 이후 후궁이었던 장희빈은 왕비가 되고, 인현 왕후는 폐비가 되었단다.

기해박해

헌종 5년, 1839년에 일어난 제2차 천주교 박해사건. 기해사옥으로 불리기도 함.

1801년 순조가 왕위에 오르고 천주교도를 박해한 사건인 신유박해가 일어났어. 신유박해 때 황사영은 탄압을 피해 토굴에 몸을 숨기고 신유박해 때 천주교인들을 박해한 사건을 비단에 기록했지. 이를 '황사영 백서'라고 불러. 황사영은 이 글을 청나라 북경의 주교에 전하려 했지만 뜻을 이루지 못하고 백서도 압수당하고 말아. 그리고 황사영도 체포돼 능지처참을 당하고 말아. 이 사건을 '황사영 백서 사건'이라고 하지. 신유박해와 황사영 박해 사건 때문에 천주교의 세력은 매우 약화되었어. 그런데 1802년 순조가 안동 김씨인 김조순의 딸을 왕비로 삼으며 안동 김씨의 세도 정치가 시작되었어. 이후 천주교의 탄압이 약화되었고 천주교의 세력은 다시 확대되었지. 이에 1836년 프랑스에서 조선 교구를 독립시키고 선교사 모방, 샤스탕, 앙베르 등을 조선에 파견했어. 이로써 조선에 비밀 교회가 생기자 신자의 수는 더욱 늘어났단다.

그러나 순조가 죽고 다음 헌종이 8살이라는 어린 나이로 왕위에 오르게 되자 순원 왕후는 수렴청정을 하고 풍양 조씨와 손을 잡지. 그리고 대대적인 천주교 탄압을 시작해. 조선 정부는 사학 금지령을 내리고 천주교도들을 대거 체포하고 서양 선교사도 처형했어. 이를 '기해박해' 또는 '기해사옥'이라고 해. 기해박해는 신유박해보다 기간이 더 짧았지만 탄압의 강도는 훨씬 더 심했어. 기해박해로 약 10개월 동안 100명 이상이 목숨을 잃었단다.

조선 시대에 율곡 이이의 학설을 따르던 성리학자들을 일컬어 기호학파라고 해. 기호학파는 경기도, 황해도, 충청도 지방의 학자들이 중심이 되었지. 기호학파의 대표적인 인물로는 성혼, 송익필, 김장생, 송시열, 권상하, 한원진, 조헌 등이 있어. 조헌은 임진왜란과 병자호란 때 의병을 일으킨 것으로 유명하단다. 기호학파는 서인으로 조선 선조 후기 동서 붕당이 형성되면서 정치적, 학문적으로 동인과 대립하게 되었어.

기호학파가 정치계의 주도권을 장악할 수 있었던 것은 서울과 가깝다는 이점이 많이 작용되었지. 이들은 숙종 때 분열이 일어나 송시열 계열은 노론으로, 윤증 계열은 소론으로 분리되었단다.

나선은 러시아를 말해. 1651년 러시아인들은 풍부한 자원이 있는 흑룡강에 진출하면서 청나라와 갈등이 생겼어. 무기 수준이 낙후된 청나라는 남하하는 러시아를 격퇴하려고 임진왜란 이후 조총을 사용하는 조선에 도움을 요청했어. 병자호란 이후 조선은 청나라의 정치적 간섭을 받고 있었고 조선에서 북벌 운동이 일어나고 있었기 때문에 이를 거절하지 않았지. 조선의 효종은 조총 부대를 파견해 북벌 계획의 가능성을 실현하고자 한 거야. 그 결과 7일만에 러시아를 격퇴하고 돌아왔어. 이것이 1차 나선 정벌이야.

이후 청나라는 혼자서 러시아를 공격했으나 실패하고 다시 조선에 조총 부대 파견을 요청했어. 이에 조선과 청나라는 러시아 군사와 접전을 벌였고 대승을 거두었어. 이를 2차 나선 정벌이라고 한단다.

두 차례에 걸친 나선 정벌은 병자호란 이후 효종이 염원했던 북벌 계획을 간접적으로 실현한 것이라 볼 수 있지. 조선은 적은 군사를 보냈지만 매우 큰 성과를 올렸어. 이는 당시 조선의 사격술과 전술이 매우 우수했다는 것을 보여주는 것이지.

나성

안팎 이중으로 구성된 성벽에서 안쪽의 작은 성과 바깥의 도시까지 감싼 바깥 성벽

중국과 한국에서는 왕궁을 둘러싼 성벽을 왕성 또는 내성이라고 불렀어. 그리고 그 바깥의 민가, 도시, 농토까지 둘러싼 또 다른 성벽을 외곽 혹은 곽성이라고 불렀는데 이 외곽을 나중에는 나성이라고 불렀단다. 즉 안팎 2중으로 구성된 성벽 중 안쪽의 작은 성과 바깥의 도시까지 감싼 바깥쪽의 긴 성벽을 나성이라고 해.

남인

조선 시대 붕당 정치의 한 축을 이룬 동인의 분파

조선 시대 사림들이 붕당을 이루어 서로 비판하고 견제하며 행하던 정치를 바로 붕당 정치라고 해. 선조 때 붕당 정치를 하던 동인과 서인은 서로 대응했고, 동인은 정철의 세자 책봉 문제로 강경파와 온건파로 나뉘었어. 강경파는 북인, 온건파는 남인이 되었지. 이후 인조 반정으로 서인이 집권하게 되었고, 남인은 이를 비판하며 붕당 정치의 한 축을 이루었어. 현종, 숙종 때 잠시 정권을 잡기도 했지만 이후 서인에게 완전히 축출되었지. 남인은 현실 정치에 참여하지 못해서인지 개혁적 성향이 매우 강했어. 이러한 성격은 조선 후기 실학 사상으로 계승되었어. 이렇게 조선 후기 남인은 천주교와 실학 연구에 몰두했어. 정약용이 바로 18세기 남인의 대표적 인물이란다.

납속책

임진왜란 이후 부족한 군량미나 궁핍한 재정, 구호 대책을 보조하기 위해 행한 제도로 합법적인 신분 상승 방법

납속책은 조선 전기 때부터 있었어. 군량미 등 부족한 재정을 보충하거나 흉년이나 기근이 있을 때 백성들을 구제할 목적으로 돈이나 곡물을 받고 특권을 준 정책이야. 하지만 그 대상은 노비로 제한되었고 액수도 후기에 비해 상당히 많았지. 그래서 공식적으로 제도화되지 못했단다. 납속책이 공식적으로 제도화된 것은 임진왜란 당시 부족한 군량미를 모으면서였어. 조정은 부족한 군량미를 확보하기 위해 돈이나

쌀을 바쳐 관직을 주어 신분 상승의 기회를 주었어. 전쟁이 끝난 이후에도 무너진 궁궐이나 성을 복구하는데 필요한 재정과 물량을 확보하기 위해 납속책이라는 제도를 계속 실시했지. 전쟁이 끝난 뒤에도 궁궐·성을 복구하는 데 필요한 재정과 물량을 확보하려고 계속 실시했단다. 조선 후기 모내기법의 보급으로 광작이 가능해지고 이로 부를 축적한 지주나 매점매석을 통해 부를 축적한 상인, 납포장(국역 대신 베를 바치던 공장)으로 부를 축적한 수공업자들은 납속책이나 공명첩을 통해 양반이 되었어. 그래서 조선 후기 양반의 수가 증가하고 농민의 수는 감소하면서 신분 제도가 흔들리기 시작했어.

납포장
조선 후기 국역 대신 베를 바치던 공장

조선 후기 정부는 수공업자들이 자신의 책임량을 초과한 물품들을 더 만들면 이를 자유롭게 판매하도록 했어. 대신 일정한 세금을 내야 했지. 따라서 이런 공장들은 국역에 동원되는 기간 이외에는 판매를 위한 물건을 만들 수 있었어. 그러나 일부 공장에서는 국역을 부담하지 않고 공장세로 베를 바치기도 했어. 나라에서 이러한 전문적 수공업을 인정한 거야. 이러한 공장을 납포장이라고 한단다. 조선 전기에는 납포장을 부분적으로만 인정했어. 하지만 조선 후기에 들어서면서 시장이 발달했고, 납포장이 전면적으로 인정되었지. 납포장을 통해 부를 축적한 조선 후기 수공업자들은 납속책이나 공명첩 등을 통해 신분 상승의 기회를 얻어 양반이 되기도 하였단다.

내상
조선 후기 왜와 국제 무역에서 적극적 활동을 한 동래의 상인

조선 후기 조선과 일본의 무역은 동래 왜관을 중심으로 이루어졌어. 당시 무역은 국가가 주체로 한 공무역, 정부가 지정한 상인이 중심이 된 사무역, 불법적 무역인 밀무역 등 세 가지 유형으로 이루어졌어. 이 중 사무역이 왜와의 개시 무역을 담당했는데 이를 담당한 상인이 바로 동래 상인이야. 이들은 일본과의 무역을 통해 많은 부를 축적할 수 있었지.

노론
조선 시대 붕당 정치의 한 축을 이룬 서인의 분파

조선 시대 사람들이 붕당을 이루어 서로 비판하고 견제하며 행하던 정치를 바로 붕당 정치라고 해. 선조 때 붕당 정치를 하던 동인과 서인은 서로 대응했고, 동인은 정철의 세자 책봉 문제로 강경파와 온건파로 나뉘었어. 강경파는 북인, 온건파는 남인이 되었지. 동인뿐 아니라 서인도 송시열을 중심으로 한 노론과 윤증을 중심으로 한 소론으로 나뉘었지. 이렇게 나뉜 북인, 남인, 노론, 소론을 조선 시대 '사색당파'라고 해. 숙종 때 서인과 남인의 대립은 첨예했어. 이때 서인들은 강경파와 온건파로 나뉘게 되었고, 송시열을 중심으로 한 강경파는 노론, 윤증을 중심으로 한 온건파는 소론으로 불렸어. 숙종의 뒤를 이어 왕위에 오른 경종은 몸이 약하고 아들이 없었단다. 이에 왕위를 이을 사람으로 동생인 연잉군을 왕세자로 임명했어. 당시 노론은 연잉군과 가까이 지냈다는 이유로 경종을 지지했던 소론의 탄압을 받았단다. 하지

만 상황은 금방 역전되었어. 경종이 즉위한 지 4년만에 세상을 떠나게 되었기 때문이지. 이로써 연잉군 즉 영조가 왕이 되었고 노론은 정권을 차지하게 되었단다. 왕위에 오른 영조는 노론을 견제하기 위해 탕평책을 시도하기도 했어. 하지만 오히려 노론의 반격을 받아 소론과 가깝게 지내던 아들 사도 세자를 처형하기에 이르렀지. 이후 노론은 사도 세자를 애도하는 시파와 이를 반대하는 벽파로 나뉘었단다. 이렇게 정권을 잡은 노론의 유력 가문은 조선 후기 세도 가문으로 이어졌어.

노론은 서인의 한 분파였으므로 서인과 같은 성격으로 성리학적 명분론을 받아들였지. 이에 노론은 성리학 연구를 심화·발전시켰어. 하지만 성리학만을 너무 강조해서 다른 학문이 발전하는 것을 저해했단다.

농가집성
조선 후기 효종 때 신속이 편찬한 농업 서적

조선 전기의 농업 서적인 〈농사직설〉과 〈금양잡록〉, 〈사시찬요초〉에 〈구황촬요〉가 덧붙여진 조선 후기 최대의 농업 서적이 바로 〈농가집성〉이야. 고려 말에 발행한 〈농상집요〉는 원나라의 농사법을 소개한 책이었고, 조선 초 발행한 〈농사직설〉은 농부들의 실제 경험을 토대로 서술한 책이었어. 〈농상집요〉보다는 민족적, 자주적 성향이 강했지. 그리고 조선 후기에 편찬한 〈농가집성〉은 성리학적 벼농사 법을 소개한 책이란다. 〈농가집성〉은 조선 전기의 농업 서적 내용을 시대와 농법의 변화에 따라 고치거나 보충해서 교정한 것이지. 따라서 이 책을 통해 농업 기술의 변천도 살펴볼수 있어. 또한 〈농가집성〉은 이두와 한글로 여러 가지 작물의 품종명이 소개되어 있어 조선 후기 국어 연구에도 도움을 주고 있단다.

농사직설

조선 초, 세종 때 편찬된 우리나라 최초의 농업 서적

　　조선 초 세종은 농업에 도움이 되는 책을 만들라고 명령했어. 세종의 명을 받은 정초와 변효문은 각 도 관찰사가 경험 많은 농부에게 들은 내용과 중국의 농업 방법을 종합해 〈농사직설〉을 편찬했지. 〈농사직설〉 이전의 농서들은 중국의 농서를 이용한 것이었어. 따라서 중국과 다른 우리나라의 농업 현실을 제대로 반영하지 못했지. 하지만 〈농사직설〉은 실제 농부들에게 들은 내용을 바탕으로 우리나라의 환경에 맞는 농사 방법을 소개한 책으로 우리나라의 자주적 성격이 드러났단다.

농종법

밭농사 법의 하나로 밭을 갈아 농(이랑, 두둑)을 만들고 그 위에 씨를 뿌리는 방법

　　밭농사는 처음에는 고랑과 이랑의 구분이 없는 평평한 땅에 씨앗을 뿌려 재배하는 만종법이 사용되었어. 그러다가 가축을 이용해 밭을 갈게 되면서 이랑에 씨를 뿌려 재배하는 농종법이 실시되었지. 농종법에서 고랑은 곡식을 심는 곳이 아니라 배수 처리를 하는 곳이었고, 곡식은 이랑에서 재배했어. 농종법은 조선 후기에 고랑에 씨를 뿌리는 견종법이 보급되기 전까지 밭농사 방법으로 널리 쓰였지. 현재에도 콩, 팥, 수수, 기장, 옥수수 같은 여름 작물은 농종법으로 재배해. 농종법을 사용하면 배수 처리를 쉽게 할 수 있고, 바람이 잘 통하며 농작물이 햇빛을 잘 받을 수 있단다. 이뿐만 아니라 손쉽게 잡초를 제거할 수 있었지.

담헌서
조선 후기 실학자 홍대용이 자신의 저술을 모아 편찬한 문집

〈담헌서〉는 조선 후기 실학자인 홍대용의 문집으로 필사본으로 전해 오던 책을 5대손인 영선이 활자화하여 발간한 책이야. 문집 구성은 내집 4권, 외집 10권, 부록으로 구성되어 있지.

조선 후기의 문집들이 대개 성리학에 치우쳐 경직된 내용을 담고 있었는데 이 책은 성리학에 대한 비판적 인식을 담고 있어. 또한 백성을 구하는 사회 문제, 천문 관측 및 수학 계산, 북경의 여행기와 중국인들의 교유 관계까지 다양한 분야에 대한 생각과 경험을 담고 있단다.

〈담헌서〉는 자유로운 형식, 합리적이고 과학적인 사상을 담아 실학자의 면모를 잘 드러내는 중요한 책으로 평가받고 있어.

대간
조선 시대 사헌부와 사간원의 관직을 통틀어 이르는 말

조선 시대에 임금에게 옳지 못한 일이나 잘못된 일을 고치도록 간언을 하는 관청이 있었어. 사헌부와 사간원이 바로 이런 일을 하던 곳이었지. 사헌부의 대관과 사간원의 간관을 합쳐 대간이라고 했어.

대간 제도는 고려 시대와 조선 시대에서 본격화되었는데 조선 시대의 대간은 고려 시대보다 기능이 축소되어 소문에 의한 탄핵이 금지되었고, 왕권을 견제하는 서경권도 5품 이하로 한정되었단다. 즉, 조선의 대간은 왕권 견제보다 동료 신하들에 대한 견제 기능이 중요했지.

대과

조선 시대의 과거에서 문과와 무과를 합쳐서 부르는 말

조선 시대 과거는 크게 문과, 무과, 잡과로 나뉘었어. 문과 중 소과에 속하는 것으로 생원과와 진사과가 있었는데, 소과에 합격한 생원이나 진사가 응시하는 과거를 대과라고 했어. 즉 대과는 과거의 문과와 무과를 소과(생원과, 진사과)에 상대해 이르던 말이었지.

대동법

조선 중기 광해군이 공납 제도의 문제점을 고치기 위해 지방의 토산물이나 수공업 제품 등의 공물 대신 쌀로 납부하도록 한 제도

조선 시대 각 지방의 특산물이나 수공업 제품을 민가를 기준으로 현물로 내는 공납 제도가 있었어. 하지만 이러한 공납 제도는 여러 가지 문제점이 있었지. 우선 현물로 납부하다 보니 수송과 저장에 어려움이 있었어. 그리고 민가를 기준으로 동일한 공납액을 부과했기 때문에 불공평한 경우가 많았어. 또한 그 지역에서 생산되지 않는 물건을 내도록 하거나 상인이 농민의 공물을 대신 내주고 높은 이익을 챙기는 방납의 폐단이 많아 백성들이 많은 피해를 입었단다. 이러한 문제를 해결하기 위해 중종 때 조광조가 수미법을 주장했지만 받아들여지지 않았어. 이후 1608년 광해군 때 이원익이 다시 건의를 했고 이를 받아들여 경기도 지방에서 공물 대신 쌀로 통일해 납부하도록 한 대동법을 실시하게 된 거야.

1708년 숙종 때는 함경도와 평안도를 제외한 전국에서 실시했어. 광해군 때 실시한 대동법이 전국적으로 실시되기까지 100년이라는 시간이 걸

린 이유는 지주와 대상인들의 반대 때문이었어. 이들이 대동법 실시를 반대한 이유가 있어. 대동법은 토지 1결당 쌀 12말을 납부하도록 했어. 즉 현물을 쌀로 통일하고 그 기준을 민가에서 토지 1결로 바꾼 거야. 이로써 소작농의 부담이 감소된 반면 땅을 가진 양반, 즉 지주의 부담은 증가되었어. 또한 대동법으로 방납의 폐단을 바로잡아 공물을 대신 내 주고 높은 이익을 챙겼던 상인들도 손해를 입었단다. 하지만 대동법의 실시는 국가 재정을 증가시키고 화폐의 유용성이 인식되며 상평통보가 널리 쓰여 상업을 활성화시켰어. 또한 상업의 활성화에 기여한 사람들로 공인을 꼽을 수 있단다. 대동법 실시로 국가에 필요한 물품을 조달해 주는 사람이 필요했는데 이 역할을 맡은 상인이 바로 공인이야. 공인은 나라에서 미리 돈을 받고 수공업자에게 필요한 물건을 주문해 해당 관청에 납부하였기 때문에 많은 돈을 벌 수 있었고 공인들과 거래하는 객주가 활성화되는 데 기여했지. 민영 수공업이 활기를 띠며 조선 후기 상업이 발전할 수 있었단다. 이러한 변화로 상인과 공인의 사회적 지위가 성장할 수 있었고, 농민층의 분화를 촉진시켜 신분 질서가 무너지는 데 영향을 주었지.

물론 대동법의 실시 이후로 현물 납부가 완전히 사라지지는 않았어. 필요에 따라 특산물을 임시로 부과했던 별공, 진귀한 물품을 왕이나 고위 관리에게 바치는 진상은 여전히 남아 있었지.

또한 평안도와 함경도는 대동미를 중앙에 납부하지 않고 국방비와 사신 접대비로 사용했어. 이러한 지역을 '잉류지역'이라고 해.

대동여지도

조선 고종 때 실학자 김정호가 실학 사상의 영향을 받아 제작한 한국 지도

조선 후기 실학자 김정호는 실학 사상의 영향을 받아 1861년(철종 12년) 한국 지도를 제작했어. 16만 분의 1의 대축적 지도로 22쪽의 수첩 형식으로 제작되었단다. 따라서 필요에 따라 책처럼 넘겨보거나 모두 펼쳐서 볼 수 있었지. 각 지역의 교통로, 읍성, 요지 등이 자세히 표현되어 있으며 산맥과 하천의 연결망도 자세히 표현되었지. 또한 주요 교통로는 10리마다 점을 찍어 실용도를 높인 과학적 지도란다. 1834년 김정호가 제작한 청구도를 수정하고 보완한 것이라고 보면 돼. 대동여지도는 실제로 현재 지도와의 윤곽을 비교해 보아도 큰 차이가 발견되지 않을 정도로 정교하단다. 대동여지도의 제작 경위에 대한 확실한 기록이 없어 논란의 여지가 많긴 하지만 조선 후기 실학의 영향을 받은 실용적이고 대중적인 지도로 우리 선조들의 전통적인 지리관을 잘 반영한 지도란다. 대동여지도는 현재 보물 제 850호로 지정되어 있지.

대동지지

조선 후기 실학자 김정호가 편찬한 한국지리서

대동지지는 김정호가 편찬한 지리서로 팔도지지, 산소고, 변방고, 정리고, 역대지 등 여섯 부분으로 구성되었단다. 1861년에 편찬하기 시작해 1866년까지 보완한 것으로 추정돼. 김정호는 지도를 제작하며 지리서를 함께 저술했어. 〈대동지지〉는 청구도, 동여도, 대동여지도 등 지도 제작과 〈동여비지〉, 〈여도비지〉라는 지리서 제작의 성과를 바탕으로 저술되

었지. 조선 지지 편찬의 전통과 지리학 연구의 성과를 집대성한 책으로 평가받고 있단다.

대전통편
1781년 편찬을 시작해 1785년에 완성한 조선 후기의 법전

〈경국대전〉과 영조 시대의 법전인 〈속대전〉을 종합하고 그동안 바뀐 사회 질서를 반영해 편찬한 조선 후기의 법전이야. 정조 시대인 1785년에 편찬을 시작해 1785년에 완성했지. 정조가 통치 질서를 세우고 왕권을 강화하기 위한 의도로 편찬한 거야. '대전'은 법전을 뜻하고, '통편'은 합쳐서 크게 편찬했다는 것을 뜻하지.

〈대전통편〉은 〈경국대전〉 이후 약 300년만에 나온 통일 법전으로 1865년 고종 때 〈대전회통〉이라는 법전을 편찬했는데 이는 〈대전통편〉을 수정·보완한 것이란다.

도고
조선 후기 매점매석(독점)으로 가격을 오르게 해 이익을 얻었던 상인이나 그런 상행위

조선 후기에 들어서면서 화폐의 유통이 활발해졌어. 이에 따라 상업이 급속도로 발전했지. 농업, 수공업 등 생산력도 발전했지만 아직 모든 수요를 충족시키지는 못했어. 이 때문에 유통 과정에서 상품을 독점하고 가격을 조작해 이익을 취하는 상행위가 벌어졌는데 이를 도고라 하고, 이를 통해 이득을 취하는 상인을 도고 상인이라고 한단

다. 도고 활동은 시전 상인, 공인 같이 정부의 인정을 받은 상인들도 행했지만 경강 상인이나 송상 같이 부유한 일반 상인들이 더 활발하게 행했어. 돈이 많지 않았던 일반 상인들은 계를 조직해 자본을 모아서 도고 활동을 했다고 해.

도고를 통해 부를 축적한 상인들은 공명첩과 납속책을 이용해 신분 상승을 했어. 이로 인해 조선 후기 신분 제도가 흔들리기 시작했지. 박지원의 소설 〈허생전〉에서 허생이 했던 장사가 바로 도고란다. 도고로 인해 사람들은 자본의 중요성을 인식하게 되었고, 이를 통해 근대 자본주의 사상이 싹트기 시작했지.

도조법
조선 후기 소작 제도 중 하나로 매년 수확량과 상관없이 일정한 소작료를 미리 정하는 제도

조선 전기에는 타조법이라는 소작 제도가 있었어. 타조법은 수확량의 1/2을 세금으로 바치는 제도로 지주 전호제, 병작 반수제라고도 했지. 도조법은 이와 달리 지주에게 수확량의 1/3 정도를 바치는 제도로 소작인에게 유리한 제도였어. 또한 도조법은 풍년이나 흉년에 상관없이 지주에게 미리 약속된 액수를 소작료로 지급했으며, 지주의 간섭이 적었다는 특징이 있어. 소작료는 소작 계약을 맺을 때 정해졌고, 보통 평년작(풍년도 흉년도 아닌 보통 정도로 된 농사)을 기준으로 정했단다. 이처럼 소작인들에게 유리한 도조법이 시행된 배경에는 농민들이 있었어. 농민들의 저항 운동의 결과로 시행된 제도가 바로 도조법이거든. 하지만 짚을 누가 갖는지, 토지세나 종자의 비용을 누가 부담하는

지에 따라 소작인의 부담이 달라질 수 있었어. 이 때문에 실제로 소작인의 부담이 수확량의 반을 넘는 경우도 많았지.

도첩

고려 말과 조선 초 관청에서 승려가 되려고 하는 사람에게 발행해 주었던 신분 증명서

'도패'라고도 부르는 '도첩'은 고려 공민왕 때부터 발급한 승려의 신분 증명서야. 이는 조선 시대까지 이어졌고 조선 시대에는 억불 정책으로 더욱 강화하였지. 공민왕 때는 50필의 포를 정전으로 받고 발급했고, 조선 시대에는 양반은 오승포 1백 필, 서인은 1백 50필, 천인은 2백 필을 받고 도첩을 발급했지. 승려가 된 사람이 죽거나 환속(승려가 다시 평범한 사람이 되는 것)하면 국가에 다시 반납하도록 되어 있었어. 이러한 제도를 만든 이유는 납세 의무를 버리거나 장정이 함부로 승려가 되는 것을 막아 인적 자원을 확보하기 위해서였단다.

도화서

1392년 태조가 창설한 관청으로 그림 그리는 일을 담당하던 관청. 도화원에서 도화서로 명칭을 바꿈

도화서는 1392년 태조가 창설한 관청이야. 처음에는 도화원으로 불렀는데 1471년 성종 때 도화서로 이름이 바뀌고 그 지위도 낮아졌지. 도화서는 그림에 관한 일을 맡아 보던 관청이었어. 도는 관원들이 입는 의복이나 왕실에서 사용하는 도자기, 그릇에 들어가는 그림 또는 수레나 도량

형 같은 실물 그림 등과 의례에 관련된 그림을 말해. 화는 왕실의 초상화와 같은 인물화나 산, 꽃, 새 등의 회화를 뜻하지. 사진을 찍을 수 없었던 조선 시대에 도화서에서 그린 그림은 당시의 문물과 의식을 한눈에 볼 수 있는 귀중한 자료가 되었지. 이처럼 도화서는 한국적 화풍을 형성하고 그 업적을 이어나간 중요한 기관이었어. 조선 후기 풍속화로 널리 알려진 김홍도도 도화서 출신 화가란다.

동국문헌비고

조선 영조 때 조선의 문물과 제도를 분류하고 정리해 편찬한 백과사전

동국문헌비고는 조선 후기에 간행된 백과사전이야. '동국'은 우리나라, '비고'는 참고하기 위해 갖추어 둔다는 것을 뜻해. 조선 후기 영조는 탕평책을 추진하며 정치, 경제, 문화 등 각종 문물 제도를 정리할 필요성을 느꼈어. 이에 1770년 왕명을 받은 홍봉한 등이 모두 13가지 분야의 내용을 100권으로 간행했지. 이후에도 꾸준히 연구하고 수정해 1782년 정조 때 146권으로 늘어났고, 1903년 고종 때는 250권으로 늘어났어. 고종 시대의 것을 〈증보문헌비고〉라고 불렀지.

동국병감

조선 문종의 명령으로 편찬하고 1608년 선조 때 간행된 조선의 전쟁 역사서

〈동국병감〉은 한무제가 고조선을 침략해 한사군을 설치했을 때부터 고려 말 이성계가 여진족을 물리칠 때까지 한국과 중국 사이에서 일어난 30여 차례에 걸친 전쟁의 역사를 기록한 책이야.

동국사략(권근)

조선 전기 성리학적 역사관에 의해 단군 조선부터 삼국 시대까지의 역사를
서술한 신라 중심의 역사서

〈동국사략〉은 1403년 권근, 하륜, 이첨 등이 성리학적인 역사관에 의해
편년체 형식으로 편찬한 역사서야. 이 책에는 단군 조선부터 삼국 시대까
지의 역사가 신라 중심으로 서술되어 있지. 〈삼국사략〉이라고도 불러.

책의 중심 내용은 고려 시대에 편찬된 〈삼국사기〉를 간추린 것이지만
조선 초기 역사 인식의 변화가 드러나 있어.

동국사략(박상)

16세기 박상이 단군 조선부터 고려 시대까지의 역사를 기록한 역사서

〈동국사략〉은 조선 시대 유학자 박상이 단군 조선부터 고려 시대까지
의 역사를 6권 2책으로 편찬한 역사서야. 박상은 조선 중기 문장가로 이름
을 떨쳤던 인물로 〈동국통감〉을 바탕으로 이 책을 편찬했대.

이 책은 조선 초기 권근이 편찬한 〈동국사략〉과 이름이 같아 한때 권근
의 저서로 잘못 알려져 있었어. 하지만 여러 기록들에 의해 현존하는 6권
의 책이 박상이 편찬한 것이라는 사실이 밝혀졌단다. 각 권의 구성은 다
음과 같아.

- 1권 : 단군조선부터 고구려의 멸망
- 2권 : 문무왕 9년 이후 신라의 역사
- 3권~6권 : 고려 시대의 역사

고대사는 단군 조선, 기자 조선, 위만 조선, 삼한의 역사를 두루 기록

했고, 삼국의 역사를 개략적으로 소개했지. 고려 시대의 역사는 사건 앞에 각 왕의 연대를 표기했어. 또한 조선 건국에 반대하고 고려에 충성을 다했던 인물들을 칭송했단다. 반면 조선 건국의 큰 공을 세운 정도전은 폄하했지. 이는 조선 중기 사림파의 역사 인식을 보여주는 대목이야.

동국여지승람

조선 전기 각 지역의 연혁, 풍속, 산수, 사적 등을 구체적으로 기록한 지리서

1481년 성종 때 노사신, 양성지 등이 모두 50권으로 편찬해 각 도의 역사, 지도, 지리, 시설, 인물 등을 기록한 지리서야. 이는 세종 때 맹사성 등이 편찬한 〈신찬팔도지리지〉와 세조 때 양성지 등이 수정·보완해 성종 때 완성한 〈팔도지리지〉를 토대로 완성한 지리서야. 〈동국여지승람〉뿐만 아니라 성종 시대에는 법전인 〈경국대전〉, 역사서인 〈동국통감〉이 편찬되었어.

〈동국여지승람〉은 1486년 개정을 한 후, 1499년 연산군 때 다시 대대적인 개편을 거쳐 1530년 중종 때 〈신증동국여지승람〉이 완성되었단다. 조선 초기 지리서는 국가를 통치하는 기본 자료로 활용되었어.

동국통감

조선 성종 때(1484년) 신라 초기부터 고려 말까지 1400년 동안의 역사를 편년체 형식으로 편찬한 역사서

〈동국통감〉은 성종 때 편찬한 역사서로 고조선부터 고려까지의 역사를 담고 있어. 1484년 성종은 강희맹, 맹사성, 서거정 등에게 역사서

편찬을 명했지. 시간 순서대로 기술하는 편년체 방법을 서술 방식으로 선택해 외기, 삼국기, 신라기, 고려기 순으로 구성했지. 유교 사관에 입각해 불교와 풍수지리를 배격한 책의 내용을 통해 당시 학풍을 알 수 있단다. 임금과 신하의 관계를 중요하게 다루었고, 신화와 전설을 제외하였으며 교훈이 있는 내용을 중점적으로 서술했어. 또한 〈동국통감〉은 삼국의 역사를 기록할 때 처음으로 3국이 대등하다는 입장을 드러내 신라 중심으로 서술한 〈동국사략〉을 수정했어. 〈동국통감〉에서 '감'은 거울이라는 뜻이야. 이것은 교훈을 읽고 거울을 보며 반성한다는 의미란다.

ㄷ

동문선
성종 때 서거정이 편찬한 시문선집

조선 성종 9년에 서거정이 신라부터 조선 숙종 때까지의 시문을 모아 편찬한 시문선집이야. 본문 130권 목록 3권을 합쳐 모두 133권에 이르는 방대한 문집이지. 성종의 명령에 따라 당시 대제학이던 서거정을 중심으로 노사신, 강희맹, 양성지 등 23명이 함께 참여했다고 해. 서거정은 서문에서 '우리나라의 글은 송, 원의 글이 아니고 한, 당의 글도 아니다. 바로 우리의 글이다.'라고 쓰고 있어. 이것만 보아도 15세기 우리 민족의 주체적인 민족 의식과 우리 문화에 대한 자긍심을 높이기 위해 편찬했다는 것을 짐작할 수 있어. 동문선에는 고구려 장수 을지문덕이 수나라 장수 우중문에게 보낸 '여수장우중문시'와 신라 김인문, 설총, 최치원을 비롯하여 500명에 달하는 작가의 작품 4,302편이 실려 있단다.

동문휘고

정조 8년에 조선의 외교 문서를 모아 편찬한 책

조선 후기에 청나라와 일본의 외교 문서를 모아 편찬한 책이야. 초편 129권 60책, 속편 36권으로 된 활자본이지. 원래 〈경국대전〉에는 외교 문서를 식년(3년)마다 교서관에서 인쇄하여 보관하도록 되어 있었지만 오랫동안 제대로 시행되지 않았어. 그래서 1784년(정조 8년)에 정조가 지금까지의 외교 문서를 집대성하고 이후로는 법대로 식년마다 계속 편찬하도록 했어. 그 후 순조, 헌종, 철종, 고종 때 필요에 따라 증보하여 완성했으며 규장각에 소장되어 있단다.

동사강목

조선 숙종 때 안정복이 쓴 역사책

20권 20책(본편 17권, 부록 3권)으로 구성된 활자본이지. 주희가 쓴 〈자치통감강목〉의 체제에 따라 고조선부터 고려 말까지의 역사를 다룬 책이야. 1778년(정조 2년)에 완성되어 필사본으로 전하다가 1915년 조선 고서 간행회에서 활자본으로 간행했지. 안정복은 기존의 역사책이 당시의 시대 의식이나 새로운 학풍인 실학을 충분히 반영하고 있지 못하다고 보고 역사를 새로 쓸 생각을 했던 거야. 안정복은 당시 실학자 유형원과 이익이 제시한 고증학적 역사 방법을 받아들였어. 따라서 민족적 자각의 기초 위에 사료를 광범위하게 수집하고 비교·검토하여 역사를 새롭게 재구성한 거야. 조선 후기의 가장 대표적인 역사서로 평가받고 있어.

동의보감
허준이 펴낸 의학서

광해군 때 허준이 완성한 의학서야. 모두 25권 25책으로 되어 있지. 1596년(선조 29년)에 왕명에 따라 내의원에 편찬국을 두고 허준, 양예수, 이명원, 정작, 김응탁, 정예남 등이 참여하여 한의학을 중심으로 동방 의학과 민족 의학을 정립하는 편찬 사업을 시작했어. 1년 후 정유재란이 일어나자 중단되었다가 전쟁이 끝난 후에 허준이 혼자 다시 편찬하기 시작하여 14년 후인 1610년(광해군 2년)에 25권에 이르는 방대한 의학서를 완성하고 1613년 11월에 간행했어. 〈동의보감〉은 우리나라에서 편찬된 의서는 물론 중국의 의서까지 모두 활용하여 병의 증상을 5가지로 나누고 항목에 따라 자세한 치료 방법을 기록했어. 또한 치료 근거가 되는 여러 문헌의 기록과 민간에 전해지는 치료 방법, 허준 자신이 스스로 경험한 비방까지 덧붙여 놓았어. 따라서 활용하기에 편리할 뿐 아니라 내용도 충실하여 일찍부터 일본과 중국에 소개되었지. 지금은 세계 각국에서 학술적인 가치를 인정받아 몇몇 나라에서 번역 출판됨으로써 세계적인 의서로 각광을 받고 있어.

동인

조선 중기에 형성된 당파 중 하나

　　16세기 중엽 네 번의 사화가 끝나고 선조가 즉위한 후 중앙 정계에는 훈구파들이 물러나고 사림파만 남았지. 사림파들 가운데서 신진 관료들을 중심으로 형성된 당파가 동인이야. 당시 사림들은 이조전랑직을 두고 신진 사림 세력의 김효원과 구세력의 대표인 심의겸이 중심이 되어 대립하였는데 김효원의 집이 동쪽에 있어서 동인이라 불렀고, 심의겸의 집이 서쪽에 있어서 서인으로 부르게 되었지. 동인의 대표적인 인물로는 이황의 제자인 유성룡, 김명원, 김성일 등과 조식의 제자인 정인홍, 최영경, 서경덕의 학문적 전통을 계승한 이산해, 이발이 있었고, 이황과 조식의 양쪽 문하에 드나들던 김우옹, 정구, 김효원, 그리고 이들과 정치적 입장을 같이 하거나 인척 관계에 있던 이원익, 이덕형, 정여립 등이 있었어. 임진왜란과 관련하여 이이를 비롯한 서인들은 일본의 침략 가능성을 예상하고 십만양병설을 주장하였지만 동인들은 이에 부응하지 않았어. 특히 1590년 일본 통신사로 갔던 동인 김성일은 일본의 침략 움직임이 없는 것으로 보고하여 전쟁 대비에 반대했다는 일화가 있단다. 1589년 동인이었던 정여립의 모반사건이 일어나자 선조는 서인의 우두머리였던 정철에게 사건의 처리를 총괄하게 하여 동인에게 타격을 주었어. 하지만 2년 후 정철이 선조에게 광해군의 세자 책봉을 건의했다가 유배되면서 동인은 다시 세력을 회복했지. 그 후 정철에 대한 처벌의 수위를 놓고 서로 의견이 달라서 강경파인 북인과 온건파인 남인으로 나뉘었어. 광해군 정권의 중심 세력이었던 북인들은 인조 반정으로 정치적 기반을 잃고 조선 정치의 중심에서 완전히 사라지게 되었지.

두레

농촌 사회의 상호 협력을 목적으로 조직된 공동 노동 조직

작은 두레는 6~10명 정도로 대개 경제적 여건이나 농지 소유 규모가 비슷한 이웃 사람들끼리 하는 경우가 많았고, 큰 두레는 마을 전체가 소속원이 되어 조직되기도 했지. 한 마을의 경지 분포상 큰 두레를 만들 수 없는 경우에는 몇 개의 작은 두레를 만들기도 했어. 두레가 이행하는 공동 노동의 형태는 모내기, 물대기, 김매기, 벼 베기, 타작 등 논농사 경작 전 과정에 적용이 되었고, 특히 많은 사람이 합심하여 일을 해야 하는 모내기와 김매기에는 거의 두레가 동원되었지. 농사가 끝난 후 마을 공동 잔치를 벌여 놀이도 함께 했어.

마과회통

조선 후기 정약용이 쓴 홍역 치료서

1798년(정조 22년)에 다산 정약용이 마진(홍역)의 치료에 대해 저술한 책이야. 다산은 '이헌길의 〈마진기방〉을 중심으로 우리나라에 수입된 중국의 마진 전문서들을 참고하여 저술했다'고 밝히고 있어. 당시 우리나라에서 유행하던 마진을 중심으로 하여 그 증세를 관찰하고 치료 방법을 적었단다.

만상

조선 후기에 중국을 상대로 무역 활동을 하던 의주 상인

의주는 국경에 위치하여 조선의 사신들이 본국을 떠나고 중국 사신이 조선으로 들어오는 관문이었어. 따라서 정치 외교상 중요한 지역일 뿐 아니라 양국 간의 무역 중심지로서도 중요하게 여겨지던 곳이야. 조선 전기에는 사무역이 일체 금지되었기 때문에 진공과 하사를 통해 국가 간에 필요한 물품이 교환될 뿐이었고 밀무역도 거의 행해지지 않았어. 그러다가 17세기 이후부터 국내 상업이 발달하고 금속 화폐가 전국적으로 유통되면서 민간 상인에 의한 청나라와의 무역이 활기를 띠어 중계 무역의 형태로 발달하기 시작했어. 조선의 사대 정책의 일환이었던 부연사행(조선 때 북경으로 가던 사신들의 행차)에 따라 발달한 민간 상인의 사무역 활동은 17세기에 이르러 개시 무역(공무역)으로 열렸다가 다시 후시 무역(밀무역)으로 발전하면서 급격히 진전되었지. 만상은 중국을 상대로 무역 활동을 한 의주 상인을 말해. 만상은 개성 상인과 밀접한 관계를 맺고 있었어. 즉 중국에서 들여온 상품을 개성 상인을 통해 국내에 판매하고, 국내 상품을 중국에 수출할 때는 개성 상인이 국내 생산지에서 상품 구입을 담당하고 만상이 중국 수출을 담당하는 무역 구조를 이루고 있었단다.

목민심서

조선 후기 정약용이 목민관의 바른 도리에 대해 쓴 책

조선 후기의 실학자인 다산 정약용이 지방관들이 백성을 다스리는 바

른 도리에 대해 쓴 책이야. 정약용은 1801년부터 18년 동안 전라남도 강진에서 유배 생활을 하는 동안 500여 권에 이르는 책을 저술했어. 이 책은 유배 생활이 끝나는 1818년에 완성한 것으로 그의 많은 저서들 중에서도 학문적으로 가장 원숙할 때 쓰였지. 정약용의 저서 중에서도 대표적인 책으로 평가받고 있어. 이 책에는 목민관, 즉 수령이 지켜야 할 지침과 함께 관리들의 부정부패를 비판하는 내용을 담고 있어. 또한 이 책에는 조선 후기 농민들의 삶과 정치의 실태가 자세히 나와 있어서 당시의 사회상을 알 수 있는 귀중한 자료가 되기도 해.

몽유도원도
조선 세종 때 안견이 그린 산수화

안견은 한국 회화사에서 으뜸으로 꼽히는 최고의 거장이야. 1447년 안평대군이 꿈 속에서 보았던 도원경의 모습을 안견에게 들려주고 그림으로 그려줄 것을 부탁하여 안견이 이틀만에 그렸다고 해. 이 작품은 비단에 그린 수묵 담채화로, 안견의 일생을 통해 만든 불후의 걸작품으로 알려져 있어.

무과
조선 시대에 무관을 뽑는 과거시험

고려 시대에도 1109년(예종 4년)부터 1133년(인종 11년)까지 24년 동안 무과가 실시된 적이 있었지만 문관들의 반발로 없어졌어. 조선 시대 무과는 문과와 마찬가지로 3년에 한 번씩 정규적으로 실시되는 식년 무과와 임시로 실시되는 증광시, 별시, 알성시 등 각종 비정규 무과가 있었지. 3년마다 실시되는 식년 무과는 초시, 복시, 전시의 3단계가 있었어. 초시에서는 서울과 지방에서 270명, 복시에서는 28명을 뽑았고, 마지막 전시에서는 이들 28명을 갑과 3명, 을과 5명, 병과 20명의 등급으로 구분했어.

무과의 응시 자격은 원래 무관 자제들이 원칙이었지만 조선 후기에는 자격이 완화되어 일반 양인뿐만 아니라 천인들도 면천이라는 절차를 밟아 얼마든지 응시할 수 있었어. 따라서 무과의 위상은 문과에 크게 못 미쳤다고 볼 수 있지. 1894년 갑오개혁 때 문과와 함께 폐지되었어.

무오사화
무오년에 일어난 첫 번째 사화

1498년(연산군 4년) 김일손 등 신진 사류가 유자광 중심의 훈구파에게 화를 입은 사건으로 조선 시대 4대 사화 중 첫 번째 사화야. 세조의 집권을 도운 훈구파들이 집권하면서 권력과 재산을 모으자 성종은 훈구파를 견제하기 위해 김종직의 중앙 진출을 명했어. 그러자 길재의 학통을 이은 김종직이 김굉필, 정여창, 김일손 등의 제자를 배출하면서 사림파는 새로운 정치 세력으로 등장하게 되었고 3사의 언론직과 사관직을 차지하면서 훈구 대신의 비행과 연산군의 향락을 비판했지. 이에 훈구파는 김종직의 제자 김일손이 성종 때 춘추관의 사관으로 있으면서 사초에 기록한 김종직의 '조의제문'이 세조가 단종으로부터 왕위를 빼앗은 일을 비방한 것이라고 연산군에게 고했어. 연산군은 죽은 김종직의 관을 파헤쳐 그 시체의 목을 베는 부관참시를 행했지. 또한 김일손 등은 죽음을 당하고 김굉필 등은 귀양을 가는 등 사림파 인사들이 희생당했단다.

문음
공신의 후손에게 벼슬을 주는 관리 선발 제도

고려와 조선 시대에는 아버지나 할아버지가 관직 생활을 했거나 국가에 공을 세운 경우 후손에게 일정한 벼슬을 주는 제도가 있었는데 이를 음서 또는 문음이라고 해. 문음 제도는 혈통을 중시하는 문벌주의가 중요했음을 보여주는 것으로 문음제의 범위와 역할은 두 사회가 조금 달랐어. 고려 시대에는 많은 사람이 문음으로 관직에 진출했고 재상에까지 오르기도 했지만, 조선 시대에는 대상을 18세 이상으로 제한하고 문음이 가능한 관원과 문음 수혜자의 범위를 줄였지. 하지만 조선 말기까지도 문음이 존재했고 지방관이나 무관직, 하위직에는 문음자가 상당수 진출했다고 해.

ㅂ

반계수록
실학자 유형원의 저서

조선 후기의 실학자인 유형원이 국가 운영과 개혁에 대한 견해를 밝혀 쓴 책이야. 목판본으로, 26권 13책으로 간행되었어. 이 책에서 유형원은 백성들의 생활이 불안정한 이유를 일부 계층이 대토지를 소유하는 데 있다고 보고 실제 경작자에게 토지를 보급하여 백성들의 생활을 안정시켜야 한다고 생각했어. 이를 위해 토지 제도의 개혁을 주장했지. 그가 제시한 토지 제도를 균전제라고 하는데, 균전제는 신분에 따라 토지를 지급하고 자영농을 키워 그들에게 조세와 군역을 부과하는 제도를 말해. 그의 개혁 이론은 중농주의 실학자들에게 영향을 주어 이익의 한전론과 정약용의 여전론으로 이어졌단다. 유형원은 토지 제도뿐만 아니라 양반 제도와 과거 제도, 노비 제도 등 조선 사회의 문제점을 비판하고 사회 개혁의 필요성을 제기했지.

발해고
실학자 유득공이 쓴 발해의 역사책

1784년(정조 8년)에 실학자 유득공이 쓴 발해의 역사책이야. 유득공은 고려 시대에 발해의 역사서를 편찬하지 않아서 많은 자료가 흩어져버린 것을 애석해했어. 그는 중국과 일본의 역사서와 〈삼국사기〉, 〈고려사〉, 〈동국통감〉 등 우리 역사책을 참고하여 이 책을 썼단다. 유득공은 발해가 고구려를 계승한 우리의 역사임을 분명히 했어. 또한 신라가 삼국을 통일한 후 남쪽에는 신라, 북쪽에는 발해가 있던 시기를 '남북국 시대' 라고 불렀단다.

방군수포제
국가에 군포를 납부하고 군역을 면제받는 제도

조선 전기(15세기)의 군역 제도는 양인 개병, 병농 일치를 원칙으로 했어. 그러다가 15세기 말에 음성적으로 면포를 주고 대신 군역을 부탁하는 대립제가 일반화되었지. 그러자 국가에서는 대립제를 양성화했어. 농민 장정이 1년에 군포 2필을 내면 군역을 면제해 주는 방군수포제를 실시하게 된 거야. 그러나 17세기에 이르러 인징, 족징, 황구첨정, 백골 징수 등 군역 제도가 문란해지자 영조 때는 균역법을 실시하여 군포 2필을 내던 것을 한 필로 줄여주었지.

방납제
조선 시대 공물을 대신 납부하고 이자를 붙여 받은 일

조선 시대의 세금 체계 중 특산물을 바치는 것을 공납이라고 해. 이때 공물의 종류와 수량은 국가에서 정한 것이기 때문에 천재지변을 당하더라도 감면되기는 어려웠어. 더욱이 그 지방에서 생산되지 않는 토산물인 경우에는 외지에서 사와서 납부해야 했으므로 번거로웠지. 이런 어려움이 생기자 관원들과 상인들이 끼어들어 백성 대신 공물을 납부해 주고 그 대가로 막대한 이익을 남기기 시작했어. 이들은 서로 결탁하여 백성들이 직접 공납하는 것을 막기 위해 일부러 물품 검사에서 불합격 처리를 한 후 다시 바치게 했어. 백성들은 할 수 없이 방납자들이 대신 납부해 주도록 맡길 수밖에 없었지. 이와 같은 폐단을 막기 위해 중종 때는 조광조, 선조 때는 이이 등이 개선책을 제안하기도 했지만 시정되지 않았어. 광해군이 모든 공납을 쌀로 바치게 한 대동법을 시행하면서 비로소 방납의 폐단이 없어지게 되었단다.

백두산 정계비
숙종 때 조선과 청나라 사이의 국경선을 표시한 비석

　　1712년(숙종 38년)에 국경 문제를 해결하자는 청나라의 요구를 받아들여 백두산 해발 2,200m 지점에 세운 비석이야. 그 후 청나라와 국경 분쟁은 없었어. 그런데 개항기가 되자 러시아와 일본이 이 지역에 관심을 보이기 시작했어. 그때 1883년 조선과 청나라도 이 비석의 내용을 검토하게 되었단다. 비석에는 '서쪽의 압록과 동쪽의 토문을 분수령으로 삼는다'고 기록되어 있어. 그런데 '토문'이 어디를 가리키는지를 두고 조선과 청나라의 의견이 달랐어. 우리는 토문이 만주 쑹화강의 일부분이라고 해석하고, 청나라는 두만강이라고 주장했지. 하지만 이때는 이미 백두산 북쪽에 이주해서 살고 있는 우리 민족이 많았기 때문에 만주 지역은 현실적으로 조선 영토로 인정되었단다. 그 후 1909년 일제는 청나라와 간도 협약을 맺으면서 청나라로부터 남만주 철도 부설권을 받아내면서 간도 지역을 청나라에 넘겨버렸지. 1931년 만주 사변 때에는 비석도 철거해 버렸단다.

병자호란
인조 때 조선과 청나라가 벌인 전쟁

　　1636년(인조 14년) 12월부터 1637년 1월에 일어난 조선과 청나라의 싸움을 말해. 1627년에 일어난 정묘호란 때 조선과 후금은 형제 나라의 맹약을 맺었지. 그 후 후금은 세력을 키워 국호를 '청'으로 바꾼 뒤 조선에 군신 관계를 요구했어. 이를 서인 정권이 거부하자 청나라가 10만 대군을 이끌고 조선을 다시 침략한 거야. 조정에서는 강화도로 피신하여 싸우려고 했지만, 기마병을 앞세운 청은 압록강을 건너 빠른 기세로 서울을 함락시키고 말았어. 이에 조정은 남한산성으로 피신하여 청군에 맞섰지만 결국 청에 항복하고 삼전도에서 굴욕적인 강화를 맺었단다.

정묘호란에 이은 또 한 번의 전쟁으로 북부 지역이 황폐해지고 왕자와 신하 등 많은 사람이 청나라에 인질로 잡혀갔어. 또 조선은 해마다 많은 양의 공물을 청에 바쳐야 했지. 1645년 10년의 볼모 생활을 마치고 소현세자와 봉림대군이 돌아왔지만, 소현세자는 2개월만에 죽었어. 인조의 뒤를 이어 효종(봉림대군)이 왕위에 오른 뒤 북벌운동을 폈지만 이 또한 효종의 갑작스런 죽음으로 추진력을 잃어 실행되지 못했어.

병작반수
지주와 소작농이 수익을 반으로 나누어 갖는 제도

타조법이나 지주전호제라고도 해. 삼국 시대부터 시작되어 신라를 거쳐 고려 말기에 이르러 토지 경영의 지배적 형태로 자리잡았지. 지주와 소작농이 수익일 반씩 나누어 갖는 병작반수제는 한국 소작 제도의 대표적인 유형이 되었어.

보부상
봇짐이나 등짐을 지고 행상을 하는 상인

보부상은 보상과 부상을 함께 가리키는 말이야. 보상을 봇짐장수, 부상을 등짐장수라고도 해. 보상은 주로 정밀하게 만든 세공품이나 값비싼

사치품 위주의 잡화를 보자기에 싸서 들고 다니면서 팔았고, 부상은 일상 생활에서 쓰는 가내 수공업품을 지게에 얹어 등에 짊어지고 다니면서 판매했지. 이들은 하루 동안 왕복할 수 있는 거리를 기준으로 삼아 시장을 돌아다니면서 팔았어. 대부상이나 대보상은 배나 마차를 이용하여 상품을 운반하면서 판매하기도 했어. 조선 후기에 상업이 발달함에 따라 전국적으로 장시가 늘어나면서 보부상은 상품 유통에 큰 역할을 했단다.

봉수제
햇불이나 연기 등으로 나라의 위급한 일을 알리던 통신 제도

나라에 위급한 일이 생기면 멀리서도 알아보고 소식을 전할 수 있도록 높은 산에 올라가 낮에는 연기로, 밤에는 햇불로 위급한 상황을 알렸단다. 이 제도는 삼국 시대부터 있었는데, 조선 세종 때 와서 제도로 정비가 되어 발전했어. 조선 시대에는 전국에 약 620여 개의 봉수가 있었단다.

북벌론
효종 때 청을 정벌하자는 외교 정책

효종 때에 청나라를 정벌하여 병자호란의 치욕을 씻자는 외교 정책이야. 병자호란 후 청나라에 포로로 잡혀간 봉림대군은 8년만에 돌아와 청나라에 당한 치욕을 씻겠다며 청나라를 칠 준비를 했지. 하지만 현실적으로 조선의 국력으로는 승산이 없었어. 효종의 뒤를 이어 현종 때는 청나라의 요청으로 만주 일대에 출몰한 러시아군을 공격하는 나선 정

벌에 두 차례(1654년, 1658년) 파병해 준 적이 있었단다.

북인
조선 중기의 붕당 중 하나

16세기 후반에 성립된 동인은 후에 북인과 남인으로 나뉜단다. 1589년(선조 22년) 정여립 모반 사건으로 동인이 실각한 후 서인들이 정권을 잡았어. 하지만 서인의 정철이 광해군을 세자로 책봉하자는 상소를 올렸다가 선조의 미움을 사 귀양을 가게 되었어. 이로 인해 서인이 실각하고 다시 동인이 정권을 잡았지. 동인은 이제 정철의 처벌 수위를 놓고 대립을 하게 되었어.

결국 정인홍, 이발 등 서인에 대한 강경파인 북인과 류성룡 등 온건파인 남인으로 분리되었어. 학통상으로는 이황의 제자들이 주로 남인이 된데 비해 북인은 조식 및 서경덕의 제자들이 중심이 되었지. 북인은 임진왜란 중에 주전론을 펼쳤던 것과 영남에서 북인들이 의병을 일으켜 구국에 앞장섰던 일을 바탕으로 전란 후 정국을 주도했지. 하지만 북인들은 세자 책봉 문제에 대한 견해 차이로 광해군을 지지하는 대북파와 영창대군을 지지하는 소북파로 갈려졌어.

그러다가 광해군이 즉위하자 이이첨을 중심으로 한 대북파가 정국을 주도해 나갔지. 하지만 이들은 영창대군을 살해하고 인목대비를 축출하는 과정에서 서인으로부터 반감을 사게 되었단다. 결국 서인들이 중심이 된 인조 반정으로 광해군이 폐위되고 북인 세력도 정계에서 숙청되면서 붕당으로서의 의미는 소멸되었어.

북학의

조선 후기 실학자 박제가의 저서

　　1778년(정조 2년)에 조선 후기 실학자 박제가가 청나라를 시찰하고 돌아와서 중국의 선진 문물과 제도를 정리하여 쓴 책이야. 2권 1책으로 구성되어 있어. **청나라의 문물을 받아들여 상공업을 발전시키고, 농경 기술과 농업 경영을 개선하여 백성들의 생활을 향상시킴으로써 부국강병을 해야 한다는 내용**을 담고 있어. 박제가는 특히 소비의 중요성을 강조했지. 재물은 샘과 같은 것이어서 퍼내면 차오르고 버려두면 말라버린다고 했어. 그러므로 소비를 자극하고 생산을 늘려서 가난한 사람들의 일자리를 창출하고 수입을 늘려야 한다고 역설했단다.

불씨잡변

정도전이 불교를 비판하여 쓴 책

　　고려 말, 조선 초의 문신이자 학자인 정도전이 1394년(태조 3년)에 **유학의 입장에서 불교의 진리를 비판한 책이야.** 불씨윤회지변, 불씨인과지변, 불씨심성지변 등 19장으로 구성되어 있는데 불교의 윤회설, 인과설, 자비설 등을 비판하고, 불교는 민심을 현혹시키는 사교이므로 배척해야 한다고 주장했지. 책머리에 권근과 신숙주의 서문이 실렸고 정도전의 증손인 문형이 발문을 썼어. 주자학적 입장에서 불교의 교리를 지나치게 부정적으로 인식한 점이 있지만, 당시는 고려의 멸망과 함께 불교가 타락하고 성리학이 대두될 때였기 때문에 이 책은 **조선 시대 숭유억불 정책의 이론적 기초**가 된 셈이야.

붕당

조선 시대 사림이 학문과 이념의 차이에 따라 형성한 정치 단체

조선 중기에 성립되어 서로 대립하고 공존하면서 정치를 이끌어 갔지. 훈구파의 탄압과 네 번의 사화를 이겨내고 선조 때 중앙 정계를 장악한 사림파는 이후 서인과 동인으로 나뉘게 돼. 서인은 이이와 성혼이 중심이 되었고 동인은 주로 이황, 조식, 서경덕의 제자로 구성되었어. 그 후 동인은 다시 이황의 제자를 중심으로 한 남인과 조식, 서경덕을 중심으로 한 북인으로 나뉘었어. 북인은 다시 광해군과 영창대군의 지지를 놓고 대북파와 소북파로 갈라졌지. 그 후 광해군 즉위에 공이 큰 대북이 정권을 잡았지만 영창대군 살해와 인목대비의 유폐 등 무리한 정책을 펴자 서인이 인조 반정을 일으켜 광해군을 폐위하고 인조를 즉위시켰어. 이에 북인은 정파로서 소멸되었고 17세기 중반에는 서인이 주도권을 잡고 정국을 운영하면서 남인과 경쟁하는 구도를 이루었지. 이때까지는 반대당의 존재와 상호 비판을 보장하는 정치를 해 나갔어.

하지만 17세기 말 숙종 때가 되자 경쟁이 점차 가열되어 자기 당의 절대성을 주장하면서 상대 당을 인정하지 않게 되었고 일거에 정권 교체가 이루어지는 환국을 몇 차례 겪은 뒤 서인의 우세가 확립되고 서인은 다시 노론과 소론으로 나뉘게 되었어. 경종 때 남인이 정권을 잡았으나 영조의 즉위와 함께 노론의 우위로 이어졌어. 18세기 중·후반의 영·정조 때에는 탕평책을 써서 붕당의 폐단을 개혁하려는 움직임이 있었어. 붕당은 한때 조선의 멸망을 초래한 원인으로 비판받기도 했지만, 그 나름대로 정제된 이념과 정치 운영 장치를 갖추고 폭넓은 여론을 반영한 정치 집단으로 평가받고 있어.

비변사

조선 시대에 국가의 군사 업무와 일반 국정을 맡아 본 문무 합의 기구

조선 초에는 정무와 군무를 철저히 구별하여 정무는 민정이건 군정이건 문관이 담당했지. 그러나 성종 때에 북쪽 오랑캐의 노략질이 심해지자 문관들만으로는 정확한 대책을 세울 수 없다고 판단하여 변경의 사정에 밝은 종2품 이상의 무관도 참석하게 했어. 그러다가 1510년(중종 5년)에 삼포왜란이 일어나자 대책을 세우면서 병조 안에 비변사라는 이름의 관청을 설치하여 종사관에게 그 사무를 맡겼어. 이때까지는 비변사 자체로는 아무런 권한도 없는, 전시에만 설치된 임시 관청이었지. 그 후 1554년(명종 9년)에 비변사는 정규 관청이 되었고 임진왜란을 거치면서 그 권한도 강화되었어. 이제 변경에 대한 문제뿐만 아니라 국내의 일반 행정도 모두 비변사에서 의논하여 결정하게 되자 의정부는 유명무실한 기관이 되고 말았어. 1864년(고종 1년) 대원군은 의정부와 비변사의 사무 한계를 새롭게 규정하여 비변사는 외교와 국방, 치안 관계만을 맡아보게 하고, 나머지 사무는 모두 의정부에 넘기도록 했어. 그러다가 이듬해에 비변사 대신 조선 초의 삼군부 제도를 부활시켜 군무를 처리하도록 함으로써 비변사는 폐지되었어.

사간원

조선 시대에 왕에 대한 간쟁과 논박을 담당한 관청

조선 시대의 언론을 담당한 기관인 삼사 중 하나야. 사헌부, 홍문관과 함께 삼사라고 하는데 이 중 사헌부와 사간원을 합쳐서 대간이라고도 한단다. 이들의 주요 업무는 간쟁과 논박이야. 간쟁은 왕이 잘못을 했을 때 이를 바로잡기 위해 간언(충고)하는 것을 말하고, 논박은 일반 정치에 대한 의견을 내놓는 것을 말해. 사간원 관리에는 학식이 높고 인품이 훌륭한 학자들이 주로 임명되었어. 사간원의 수장은 대사간으로 정3품의 벼슬에 해당하지. 대사간 밑에 사간 1명, 헌납 1명, 정언 2명이 있었단다.

사고

고려 및 조선 시대에 나라의 역사 기록과 중요한 서적과 문서를 보관한 창고

고려는 개국 초에 사관을 두어 국사의 편찬과 그 보관에 힘쓰다가 전란으로 소실되고 말았어. 그 후 1227년(고종 14년)에 완성된 명종실록을 보관하기 위해 해인사에 사고를 마련하고 처음으로 사찰에 실록을 보관하게 된 거야. 조선 시대는 처음에 춘추관과 충청도 충주에 실록 보관소를 두고 실록을 보관하다가, 1439년(세종 21년)에 경상도 성주와 전라도 전주에 사고를 설치했어. 그 후 춘추관과 이들 충주, 성주, 전주의 3대 사고에 역대 실록을 분산하여 보관했지. 그러다가 1592년에 일어난 임진왜란으로 춘추관, 충주와 성주의 사고가 불타면서 실록 등 중요한 사서도

함께 소실되었어. 전주의 사고만 유일하게 전화를 면하여 실록 등을 한때 내장산으로 옮겼어.

1606년(선조 39년) 명종까지의 실록이 완성되자 평북 영변의 묘향산에 사고를 설치하여 전주본을 옮기고 강릉의 오대산, 봉화의 태백산, 무주의 적상산에 사고를 마련하여 새로 간행한 실록을 보관했지. 결국 새로 선정된 사고는 내사고인 춘추관을 비롯하여 외사고인 강화, 묘향산, 태백산, 오대산의 5사고가 마련된 거야. 내사고인 춘추관 사고는 1624년(인조 2년) 이괄의 난 때 화재로 일부가 불탔고 그 후 정묘호란과 병자호란을 거치면서 소실되었어. 외사고는 깊은 산 속으로 옮겨 안전하게 보관할 수 있도록 했지. 강화 사고는 1606년에 마니산에 신설되었고, 1660년(현종 1년)에는 다시 정족산성에 사고를 새로 마련했어. 묘향산 사고는 1627년의 정묘호란 때 무주의 적상산으로 옮겨졌어.

일제가 우리나라를 강점한 뒤에는 실록을 모두 본래의 사고에서 옮겼어. 정족산 사고본과 태백산 사고본은 1930년에 경성 제국대학으로 옮겨져 현재 규장각 도서에 보관중이야. 적상산 사고본은 6·25전쟁 중에 분실되었는데 현재는 북한이 보관하고 있는 것으로 알려져 있어. 오대 산사고본은 1910년 동경 제국대학으로 옮겨졌다가 1923년의 관동대지진 때 불에 타 없어지고 말았어.

사대교린
조선 시대 외교 정책의 기본적인 방침

사대는 중국, 교린은 왜국과 여진에 대한 외교 정책으로 세력이 강하고 큰 나라는 받들어 섬기고, 이웃 나라와는 대등한 입장에서 교류하여 국가의 안정을 도모하려는 조선의 외교 방침이야. 조선은 개국 초부터 해마다 명나라에 정기적, 비정기적으로 사신을 보내 사대의 예를 갖추었고 이때마다 사대의 예로써 조공을 바쳤어. 한편 일본 과는 교린을 유지하였는데 이는 왜구 방지를 위한 평화적인 회유책이었 어. 여진에 대한 교린도 여진족이 국경 지대에서 벌여 온 노략질을 하지 못하게 하는 회유 정책이었지. 사대의 목적은 큰 나라를 섬김으로써 국가 의 존립을 보장받는 것이었고, 교린은 이웃과 평화를 유지하면서 국방상 의 문제점들을 해소하기 위한 것으로, 그 실질적인 내용은 진상과 사례 형식의 물물 거래로 이루어졌단다.

사림

조선 중기 이후 조선 사회를 지배한 세력

고려 말에 조선 건국에 참여하지 않은 일부 사대부들은 지방으로 내려 가 학문과 교육에 힘을 기울였는데 이들을 사림이라고 해. 이들은 주로 길재, 이색, 정몽주 등의 학통을 이어받은 사람들로, 주로 유향소에서 수 령을 견제하며 지방을 장악하고 있었어. 그런데 훈구 세력을 견제하기 위해 성종이 이들을 중앙 관직에 등용하면서 정계에 진출하기 시 작했지. 훈구 세력은 사림을 제거하기 위해 네 번에 걸친 사화를 일으켰 어. 하지만 사림은 지방에 서원과 향약을 운영하며 세력을 키워 훈 구세력의 정치적 탄압을 이겨내고 선조 때 정권을 장악할 수 있 었지. 그 후 학문적 성향과 정치적 의견에 따라 붕당을 결성하여 붕당 정 치를 전개하게 되었단다.

유교의 경전

사서는 논어, 맹자, 대학, 중용을 일컫는 말이고, 오경은 시경, 서경, 역경, 춘추, 예기를 말해. 사서와 오경을 묶어 사서오경이라 하지.

사액 서원

조선 시대 임금으로부터 서원의 이름과 서적, 토지, 노비 등을 하사받은 서원

서원은 1543년(중종 38년) 풍기 군수 주세붕이 고려 말 우리나라에 성리학을 최초로 도입한 안향을 기리고 유생을 가르치기 위해 세운 백운동 서원이 시초야. 그 후 1550년(명종 5년) 이황의 건의에 따라 명종이 백운동 서원에 소수 서원이라는 현판을 하사하고 서원 소속의 토지와 노비를 내리고 면세·면역의 특권을 주었지. 이로써 백운동 서원은 첫 번째 사액 서원이 된 거야. 그 뒤 서원이 널리 퍼지게 됨에 따라 사액의 요구도 늘어갔는데, 숙종 때에는 1백 30여 곳에 이르는 서원이 사액을 받았어. 그 후 서원의 횡포로 인해 여러 가지 사회적인 폐단이 생기자 이에 대한 단속이 이루어져 영조 때에는 사액이 일체 중단되었고 대원군이 집권한 후 서원을 철폐하면서 47개의 서원만 남게 되었지.

사육신

단종 복위 운동을 꾀하다 처형된 여섯 명의 신하

1456년(세조 2년), 세조를 몰아내고 단종을 복위시키려던 계획이 발각

되어 모의에 참여했다가 죽임을 당한 여섯 명의 신하를 이렇게 말해. 승지 성삼문, 형조참판 박팽년, 집현전 부제학 이개, 예조참판 하위지, 무인 유응부, 성균사예 유성원 등이야. 이들은 현직 또는 전직 집현전 유신들로 유교주의에 철저한 인물들이었기 때문에 세조가 왕위를 찬탈한 것과 의정부 서사제를 없애고 6조 직계제를 강행하는 등 왕권의 전제화 정책을 펴는 것에 대한 반발로 단종 복위 운동을 추진했던 거야.

사창제
민간에서 곡식을 저장해 두고 백성들에게 빌려 주던 조선의 제도

조선 시대에 흉년이나 그 밖의 재난으로부터 백성을 구원한다는 취지로 만들었어. 봄에 양식이 떨어진 백성들에게 곡식을 빌려주었다가 가을에 추수를 하면 갚게 하는 제도야. 환곡 제도와 비슷하지만, 환곡은 관에서 운영하는 데 반해 사창은 민간에서 자치적으로 운영을 한다는 데 차이가 있어. 따라서 사창은 주민 자치적으로 운영되었지. 1867년(고종 4년)에는 환곡의 폐단이 심해지자 환곡을 폐지하고 사창제를 실시한 적이 있어.

사헌부
조선 시대 중앙 정치 기구 중 3사의 하나로 관리 감찰을 담당했던 관청

관리들의 비행에 대한 탄핵 검찰권과 일반 범죄에 대한 검찰권, 인사와 법률 개편에 대한 동의권, 거부권을 행사할 수 있는 서경권을 갖고 있었어. 사헌부와 사간원을 합하여 그 관원을 모두 대간이라고 불렀고 사

헌부, 사간원, 홍문관을 합하여 삼사라고 불렀어. 수장은 대사헌이
야. 1392년(태조 1년)에 설치하여 1894년(고종 31년) 갑오개혁 때 사간원
과 함께 의정부 소속의 도찰원으로 개편되면서 폐지되었어.

삼강오륜

유교의 도덕에서 기본이 되는 세 가지 강령과 다섯 가지의 실천적 도덕 강목

유교의 도덕에서 가장 기본이 되는 세 가지 강령을 삼강이라 하고, 다
섯 가지 실천 도덕 강목을 오륜이라고 해. 삼강은 임금과 신하가 마땅히
지켜야 할 도리인 군위신강, 어버이와 자식이 마땅히 지켜야 할 도리인
부위자강, 남편과 아내 사이에 마땅히 지켜야 할 도리인 부위부강을 가리
키는 말이야. 오륜은 〈맹자〉에 나오는 것으로, 부모는 자녀를 인자하게
대하고 자녀는 부모에게 존경하고 섬긴다는 뜻의 부자유친, 임금과 신하
의 도리는 의리에 있다는 군신유의, 부부 사이에는 분별이 있어서 서로
본분을 다해야 한다는 부부유별, 어른과 어린이 사이에는 차례와 질서가
있어야 한다는 장유유서, 친구들 사이에는 신의가 있어야 한다는 붕우유
신을 가리키는 말이야. 삼강오륜은 중국뿐만 아니라 우리나라에서도 뿌
리깊은 전통 윤리로 남아 있단다.

삼강행실도

조선 세종 때 만든 도덕책

임금과 신하, 어버이와 자식, 남편과 아내 사이에 마땅히 지켜야 할 도
리를 삼강이라고 해. 1431년(세종 13년)에 집현전 부제학 설순 등이 왕명

에 따라 조선과 중국의 서적에서 군신, 부자, 부부 등 3강의 모범이 될 만한 충신, 효자, 열녀를 각각 35명씩 모두 105명을 뽑아 그들의 행적을 그림으로 그리고 설명을 붙여 편찬한 책이야. 이 책은 1481년에 한글로 번역·간행되어 조선 시대에 백성을 교육하는 도덕서로 널리 활용되었어.

삼사

조선의 중앙 정치 기구 중 언론 기능을 담당한 사헌부, 사간원, 홍문관을 일컫는 말

조선 시대에는 권력의 독점과 부정을 막기 위해 언론 기능을 담당하는 부서로 사헌부, 사간원, 홍문관을 두었는데 이를 합쳐서 삼사라고 해. 사헌부는 주로 관리를 감찰하는 업무를 담당했고 사간원은 왕이 그릇된 정치를 하지 않도록 일깨워주는 역할을 했으며 홍문관은 왕에게 정책 자문을 하거나 왕명을 작성하는 일을 했지. 이들의 주요 업무가 잘못된 정치에 대하여 비판하는 기능을 수행하는 것이었기 때문에 조선 시대의 관료들은 삼사에서 관직 생활을 하는 것을 명예로운 일로 여겼단다. 이들의 힘이 강할 때는 왕권과 신권이 지나치게 커지는 것을 막을 수 있었고 이들의 힘이 약하거나 분열이 되면 나라도 혼란스러워졌지. 삼사 가운데 사간원과 사헌부를 합쳐서 양사라고 하고 이 두 기관의 관원들을 대간이라고 불렀단다. 또 이 두 기관이 함께 상소를 올리는 것을 양사합계, 삼사가 함께 상소를 하는 것을 삼사합계라고 했지. 삼사의 모든 관원이 대궐문 앞에 엎드려 임금의 허락을 강청하는 것을 합사복합이라고 했단다.

삼정

전세, 군포, 환곡의 세 가지 수취 제도

삼정은 조선 후기 국가의 중요한 수입원인 전세, 군포, 환곡을 말해. 조선 후기에는 세도 정치로 인해 정치 기강이 무너지고 관리들의 부패가 심했어. 관리들은 자신의 욕심을 채우기 위해 백성들을 수탈했고 참다 못한 백성들은 민란을 일으키며 저항했지. 삼정 중 전세는 토지에 부과하는 세금이고, 군포는 군역의 대가로 내는 포(옷감), 환곡은 곡식을 빌려주는 제도를 말해. 이 중 가장 문란한 것은 환곡이었어. 환곡은 먹을 것이 귀한 춘궁기에 농민에게 곡식을 빌려주었다가 가을에 추수 후 갚도록 하여 빌려준 양의 10분의 1을 이자로 받는 제도였어. 빈민을 구제할 목적으로 만든 제도이지만 점차 폐단이 나타나기 시작했지. 필요하지도 않은 사람에게 강제로 곡식을 빌려주거나 곡식에 겨를 섞어 양을 두세 배로 늘려 빌려주고 이자를 받아내기도 했어. 환곡의 폐단이 심해지자 흥선 대원군은 1867년(고종 4년) 환곡을 폐지하고 사창제를 실시하기도 했단다.

상평통보

조선 시대의 화폐

조선 후기에 상업이 발달하자 화폐의 필요성이 많아졌어. 인조 때 처음으로 '상평통보'를 만들어 유통시켰지만 잘 쓰이지 않았어. 1678년 숙종 때 다시 만들었을 때는 전국적으로 사용하기 시작했지. 상평통보의 가장 작은 단위는 1푼이야. 10푼은 1전, 10전은 1냥, 10냥은 1관이라고 했단다. 상평통보가 처음 나왔을 때는 백성들이 사용을 꺼려했지만, 점차 편리함을 알게 되면서 상업의 발달과 함께 18세기 후반에는 일상생활에서 널리 사용되었다고 해.

생원진사
조선 시대 1차 과거 시험인 생원시와 진사시에 합격한 사람들

생원시는 유교 경전에 관한 지식을 측정하는 시험으로, 고려 시대의 명경과와 같아. 진사시는 문예창작적 재능을 측정하는 시험으로, 고려 시대의 제술과에 해당하지. 생원시와 진사시에 합격하면 성균관에 입학할 자격이 주어졌고, 성균관에서 더 학문을 닦은 뒤 과거를 통해 관직에 진출할 수 있었어. 일반적으로 지방에서는 생원이나 진사만 되어도 명성이 높고, 지위가 보장되었기 때문에 대과를 포기하고 생원이나 진사로 살아가는 사람들도 많았단다.

생육신
세조가 단종으로부터 왕위를 찬탈하자 벼슬을 버리고 절개를 지킨 여섯 명의 신하

김시습, 원호, 이맹전, 조려, 성담수, 남효온 등이야. 이들은 세조가 즉위하자 관직을 그만두거나 아예 관직에 나아가지 않고 두문불출하고 단종을 추모하면서 남은 생을 마쳤다고 해. 중종반정으로 사림파가 등장한 후 사육신에 대한 평가가 이루어질 때 이들의 충절도 새롭게 조명을 받아 조정에서 시호를 내려주는 등 크게 추앙받았지.

서얼
양반의 자손 가운데 첩의 소생을 이르는 말

서는 양인 첩의 자손, 얼은 천인 첩의 자손을 말하지. 고려 시대에는 서얼에 대한 차별이 심하지 않았는데 고려 말에서 조선 초기에 들어오면서 주자학의 귀천 의식과 계급 사상이 지배 계급의 생각으로 자리 잡게 되면서 서얼의 등용에 제한을 두기 시작했어. 서얼은 가정에서도 천하게 여겨 재산 상속권이 없었고 관직에 등용되기도 어려웠어. 〈경국대전〉에 따르면 서얼은 문과나 생원, 진사시에 응시할 수 없었어. 1777년 정조는 서얼들이 관직에 오를 수 있도록 하고 규장각에 검서관 제도를 두어 이덕무, 유득공, 박제가 등 학식 있는 서얼 출신들을 임명했지. 1894년(고종 31년) 갑오개혁 때 서얼에 대한 차별이 완전히 폐지되었단다.

서인
조선 중기에 형성된 당파 중 하나

16세기 중엽 선조가 즉위한 후 중앙 정계에는 훈구파가 물러나고 사림파만 남았지. 이 사림파들 가운데서 기성 관료들을 중심으로 형성된 당파가 서인이야. 당시 사림들은 이조전랑직을 두고 신진 사림 세력의 김효원과 구세력의 대표인 심의겸이 중심이 되어 대립하였는데 김효원의 집이 동쪽에 있어서 동인이라고 불렀고, 심의겸의 집이 서쪽에 있어서 서인으로 부르게 되었지. 서인은 1589년(선조 22년) 동인 출신 정여립의 모반 사건을 계기로 세력을 잡았지만 세자 책봉 문제로 정철이 파직되면서 동인에게 권세를 빼앗겼어. 그 후 30여 년간 동인에게 눌려 있던 서인은

1623년의 인조 반정을 계기로 세력을 회복했어. 현종과 숙종 때는 남인과 서인 간의 정권 쟁탈이 심해졌고 숙종 초기에는 서인도 노론과 소론으로 갈라졌고 당쟁이 심해졌다. 이에 영조와 정조는 탕평책을 실시하여 인재를 고루 등용함으로써 당쟁을 없애려고 노력했지.

서학
조선에 전래된 천주교를 포함한 서양 학문을 가리키는 말

서양의 학문과 종교는 16세기경부터 중국에 전해지기 시작하여 명과 청을 오가는 사신들에 의해 우리나라에 전해졌어. 선조 때에는 마테오 리치가 만든 곤여만국전도와 〈천주실의〉가 들어왔고, 인조 때는 천리경, 자명종 등이 전해졌지. 또 병자호란 때 청나라에 인질로 잡혀갔던 소현세자는 아담 샬을 만나 교류하면서 서양 문물을 소개 받아 귀국길에 지구의와 성모 마리아 상을 가져오기도 했단다. 처음에 천주교가 조선에 전해질 때는 학문적 관심의 대상으로 받아들였기 때문에 서양의 학문이라는 뜻으로 서학이라고 불렀어. 그러다가 점차 남인 학자들을 중심으로 서학을 신앙의 대상으로 받아들이기 시작했지. 우리나라 최초의 세례 교인인 이승훈이 베이징에서 세례 받은 후 귀국하면서 천주교는 본격적으로 조선에 정착하기 시작했어. 천주교의 교리인 평등 사상과 내세 사상은 백성들에게 호응을 얻어 신자수가 늘어갔지만 유교 국가의 중요한 덕목인 효에 따른 제사 의식을 무시하여 사회 문제가 되었어. 조정에서도 평등사상은 신분제 사회를 위협하는 요인이었기 때문에 점차 천주교도를 탄압하기 시작했고 여러 차례의 박해를 통해 천주교 신자들이 처형당하고 말았지. 하지만 서학은 조선 후기에 새로운 세계관으로 실학과

함께 조선 사회를 개혁하기 위한 사상적 토대를 이루었지. 비록 조선 사회의 개혁에 결정적인 역할을 하지는 못했지만 유학자들에게 성리학에 대한 반성을 불러일으켰고 조선 후기의 개화 사상에도 큰 영향을 주었어.

성균관
고려 말과 조선 시대 최고의 교육 기관

고려 충렬왕 때 최고 교육 기관인 국자감의 명칭을 '성균'으로 바꾸었다가 충선왕 때 성균관으로 개칭했어. 공민왕 때는 국자감으로 다시 바꾸었다가 1362년에 또 다시 성균관으로 개칭한 후 조선까지 이어갔지. 성균관 최고의 책임자는 정3품직인 대사성이야. 성균관 유생의 정원은 개국 초에는 150명이었으나, 1429년(세종 11년)부터 200명으로 정착되었어. 성균관에 입학하기 위해서는 생원시나 진사시에 합격하거나 소정의 선발시험인 승보나 음서를 통해야 했어. 성균관 유생은 기숙사 격인 동재와 서재에서 생활했고, 출석 점수를 300점 이상 취득해야 대과 초시에 응시할 수 있었어. 유생들은 엄격한 규칙을 지켜야 했고 자치적인 활동 기구로 재회가 있었어. 유생은 기숙사 생활을 하는 동안 국가로부터 학전과 외거 노비 등을 제공받았지. 1894년의 갑오개혁이 단행되면서 과거 제도가 폐지되자 성균관은 한국의 전통적인 유학과 도덕을 지켜 나가는 방향으로 전환되었고, 1946년 성균관 대학의 설립으로 그 전통이 계승되고 있지.

성리학
유학의 한 분류로서 송·명 시대의 유학을 가리키는 말

성리학이란 원래 '성명의리의 학'의 준말로 성명과 의리를 캐는 학문이란 뜻이야. 성리학은 이(理)와 기(氣)의 개념을 사용하여 우주의 생성과 구조, 인간 심성의 구조, 사회에서의 인간의 자세 등에 관해 깊이 사색함으로써 형이상학적, 내성적, 실천 철학적인 분야에서 유학 사상을 수립했어. 성리학은 고려 충렬왕 때 안향, 백이정에 의해 우리나라에 들어왔고 그 후 이제현, 이색, 정몽주로 이어지면서 전문적으로 연구되기 시작하여 정치의 학문적, 사상적 토대로 자리 잡게 되었어. 조선 건국 후 성리학은 조선 사회의 통치 이념으로서 관학의 위치를 차지하게 되었지.

조선의 기틀이 자리 잡은 15세기 중엽부터 약 1세기 동안 사림파 학자들에 의해 의리의 실천이 강조되면서, 조선 성리학은 실천 성리학으로서 도학의 특색을 가지게 되었단다. 16세기에 이르러 성리학은 본격적으로 탐구되기 시작하면서 이황의 주리론과 이이의 주기론으로 발전되었어. 중국 성리학의 연구 수준을 넘는 한국 성리학을 발전시켜 나갔지. 16세기 말부터는 예에 대한 의식이 높아져 예의 실천 여부가 인간을 구분하는 기준이 되었고 예송 형식이 당쟁의 명분이 될 정도였어. 17세기경부터는 주자의 이론과 조금만 달라도 유교의 도리를 어지럽히는 도둑이라는 의미의 사문난적으로 공격받아 같은 성리학인 양명학조차 이단으로 철저히 배척당할 정도였단다.

성학십도

이황이 성리학의 핵심 내용을 10개의 도표로 설명한 것

　　선조가 17세의 어린 나이로 즉위하자 이황이 군왕으로서 알아야 할 성
리학의 원리를 이해하기 쉽게 10개의 도표로 정리하여 올린 '진성
학십도차병도'를 줄여서 성학십도라고 한단다. 도표 중 7개는 옛 현인이
만들어 놓은 것을 골랐고, 3개의 도표는 이황 자신이 직접 작성한 것이라
고 해. 이를 보면 이황의 학문적 수준이 얼마나 높았는지 알 수 있어.

성학집요

이이가 선조 임금을 위해 학문 내용을 정리하여 바친 책

　　이이가 선조를 위해 성현의 말씀 중에서 학문과 정치에 필요한
말을 뽑아 정리한 책이야. 16세기에 조선 사회의 지배층을 형성한 사
림파는 개인의 수양과 학문의 중요성을 강조했기 때문에 임금의 수양과
학문에도 많은 노력을 기울였단다. 당시 사림파의 핵심 인물이었던 이이
는 임금인 선조를 위해 제왕이 알아야 할 경전의 중요한 내용을 정리하여
올린 거야. 선조가 성군이 되기를 염원하고 있었음을 알 수 있지. 이 책을
보면 율곡 이이의 학문적 업적과 정치 개혁을 향한 강한 신념을 엿볼 수
있어. 〈성학집요〉는 이후 왕의 경연 교재로 활용되었을 뿐 아니라 일반
선비들도 널리 읽는 서적이 되었단다.

성호사설

조선 후기 실학자 이익이 쓴 책

성호는 이익의 호이고, 사설은 세세한 논설이라는 뜻이야. 이익이 40세 이후에 틈틈이 써 놓은 글을 80세가 되었을 때 집안 조카들이 정리한 책이라고 해. 그는 이 책에서 당시의 **사회제도를 비판하고 개혁의 방향성을 제시**했어. 중농주의 철학자인 이익은 토지제도의 개혁으로 한전제를 주장했어. 개인의 토지 소유를 제한하여 자영농의 몰락을 방지하도록 하는 내용을 담고 있어. 그는 노비를 점차적으로 해방시키고 양반도 산업에 종사할 것을 주장했지. 인재 등용에 있어서도 과거 제도에만 의존하지 않고 훌륭한 인재를 천거해서 채용할 것과 무기 개발, 성지 수축 등 다양한 방면에 걸친 개혁안을 내놓았단다. 이익은 후에 〈성호사설〉에 담긴 내용 중에서 현실 개혁안만을 따로 뽑아 체계적으로 정리한 〈곽우록〉을 펴내기도 했단다.

세도 정치

왕의 외척 등이 정권을 잡아 이루어지는 정치 형태

원래 세도 정치란 세상을 교화시켜 바르게 다스리는 도리의 정치라는 뜻이었는데 조선 후기에 점점 변질되어 권세 정치를 가리키는 세도 정치가 되었어. 세도를 부렸던 첫 번째 인물은 정조 때의 충신 홍국영이야. 그는 정조가 왕이 되는 것을 도운 공으로 도승지 겸 금위대장으로 발탁되면서 점점 막강한 권한을 누리는 세도를 부렸지. 홍국영은 결국 4년만에 추방되었어. 본격적인 세도 정치는 정조가 죽은 후 시작되었어. 어린 순조가 정조를 이어 12세의 나이로 즉위하자 김조순이 자신의 딸을 왕비로 들이면서 안동 김씨에 의한 세도 정치가 시작되었지. 그 후 헌종 때는 풍양 조씨가, 철종 때는 또다시 안동 김씨가 세도 정치를 이어갔단다. 이 시기를 세도 정치 60년이라고 해. 그 후에도 고종의 집권기에 명성 황후의 친정 집안인 민씨 세력에 의해 이루어졌던 정치도 세도 정치라고 하지. 당시 국가의 요직을 차지한 민씨 세력의 수는 천여 명에 이르렀단다. 세도 정치가 이루어지면 여러 가지 문제가 생긴단다. 우선 왕권이 약해지고 견제하는 세력도 없어지다 보니 정치 기강이 문란해지고 부정부패가 심해진단다. 특히 과거 제도에 부정과 비리가 넘쳐나고 매관매직이 성행하여 돈으로 관직을 사고파는 행위가 성행했지. 돈을 주고 관직을 얻은 사람이 청렴하게 정치를 하기는 어렵단다. 조정 대신들이 부패하다보니 지방 관청의 관리까지 부패하게 되었고 탐관오리가 판을 치는 세상이 되어 버렸어. 관리들은 백성들을 못 살게 굴거나 불법으로 세금을 거두어 백성들의 삶은 더욱 피폐해졌어. 나라에서도 부패한 관리를 처벌하기 위해 암행어사를 내려 보냈지만 큰 효과를 거두지 못했지. 결국 참다못한 백성들은 봉기하기 시작했어. 황해도 지방에서 일어난 홍경래의 난을 시작으로 전국에서는 민란이 끊이질 않았단다.

소격서
조선 시대에 도교의 제사를 맡아보는 관청

도교에 대한 제사는 고려 시대부터 있었어. 소격서는 하늘과 땅과 별에게 지내는 도교의 초제를 맡아서 주관한 관청이란다. 태종 때 소격전이라고 했다가 세조 12년 소격서로 개칭하였고 1518년(중종 13년) 조광조의 상소에 의해 폐지되었어. 사림들은 성리학만을 유일한 사상으로 받아들였기 때문에 도교를 배척한 거야. 그 후 1525년(중종 20년)에 다시 설치되었다가 임진왜란 후 완전히 폐지되었단다.

소과(생원진사시)
조선 시대의 문관을 뽑는 과거 시험의 한 종류

조선 시대의 과거에서 문과 가운데 생원과와 진사과를 이르는 말이야. 과거는 문과와 무과로 나뉘었는데 문과는 다시 대과와 소과로 나뉘었어. 이 가운데 소과의 생원과와 진사과에 합격하는 경우에는 성균관에 입학하여 대과를 준비할 수 있었어. 생원과는 유교 경전에 대한 지식을, 진사과는 문학적 재능을 측정하는 시험이었단다.

소론
조선 후기 서인에서 갈라져 나온 당파 중 하나

숙종 때 서인과 남인은 치열한 붕당 정치를 벌이면서 집권 세력이 일시에 교체되는 환국을 세 번이나 맞이했어. 결국 갑술환국을 통해 집권한 서인 정권은 남인의 처벌 수준을 놓고 또다시 강경파와 온건파로 나뉘게 되었어. 즉 송시열을 중심으로 한 노장파가 노론, 윤증을 중심으로 한 소장파가 소론으로 나뉘어 정치적 대립을 계속해 나갔지. 노론과 소론의 대립이 극에 달한 것은 숙종 말 소론이 경종의 왕위 계승을 지지하고 노론이 경종의 동생인 연잉군을 지지했을 때야. 결국 경종의 즉위로 소론이 정권을 장악하였지만 경종이 재위 4년만에 죽고 연잉군인 영조가 즉위하자 입장이 바뀌어 노론은 소론을 탄압하기 시작했어. 영조는 노론과 소론의 대립을 없애기 위해 탕평책을 추진했지만 큰 성과를 거두지는 못했단다.

소수서원
주세붕이 세운 우리나라 최초의 서원

우리나라 최초의 서원인 백운동 서원의 새 이름이야. 조선 중기에 풍기 군수로 부임한 주세붕이 중국의 백록동 서원을 흠모하여 최초의 주자학자인 안향 선생을 기리기 위해 백운동 서원을 세웠어. 그 후 퇴계 이황 선생이 명종에게 현판을 하사받으면서 소수서원으로 이름을 바꾸었지. 서원은 기존의 지방 관립 교육기관인 향교를 뛰어넘는 높은 수준의 학문을 전수하는 지방 사립 대학으로 자리 잡았어. 관직에서 물러난 유학자들이 대개 자신의 고향에 서원을 세워 선현에 제사하고 후학을 교육함으로써 지방의 중심지로 발전해갔지. 서원의 폐해가 막대해져 흥선 대원군이 서원 철폐 정책을 펼 때까지 서원의 영향력은 실로 막강한 것이었단다.

속대전
조선 후기 영조 때 편찬한 법전

영조의 명에 따라 1746년에 편찬한 〈경국대전〉의 속전이야. 성종 때 〈경국대전〉이 공포된 이후 만들어진 각종 법령 중 시행할 만한 것과 〈경국대전〉에 누락된 내용 중에서 당시 사회에 맞는 것을 새로 보충하여 넣었고 또 시대의 변화에 따라 적절하지 못한 것은 빼고 정리한 법전이야.

주로 호전과 형전 등에 여러 항목을 추가하였고, 형법을 시행할 때 신중함과 관용을 베풀어 형량을 가볍게 하는 등 관형주의를 취하고 있는 것이 특색이야. 〈속대전〉의 간행은 왜란과 호란 등 두 번의 양란 이후 느슨해진 법질서를 다시 세우고 민심을 수습하는 데 목적이 있었어. 〈속대전〉은 조선 사회의 법제와 문물뿐만 아니라 조선 후기의 사회 경제적 상황을 연구하는데도 중요한 자료로 쓰이고 있단다.

속오례의
조선 후기의 제사 지침서

1474년(성종 5년)에 편찬된 〈국조오례의〉의 속편이야. 1744년(영조 20년)에 예조에서 왕명을 받들어 편찬한 책이야. 길·흉·가·빈·군의 5가지 제사에 관한 설명과 그림을 함께 실었어.

솔거 노비
주인집에 살거나 근처에 살면서 노동력을 제공하는 사노비의 한 형태

노비에는 공노비와 사노비가 있는데, 사노비는 거주 형태와 신역의 부담 형태에 따라 외거 노비와 솔거 노비로 나뉘었어. 외거 노비는 주인과 떨어져 독립된 생활을 하면서 신공을 바쳤고 재산과 가족을 가질 수 있었기 때문에 일반 농민과 비슷한 생활을 하기도 했어. 이에 비해 솔거 노비는 주인과 함께 살거나 근처에 거주하면서 주인에게 노동력을 제공하고 그 대가로 경제적 지원을 받았어. 주로 주인의 직영지를 경작하거나 길쌈, 그 밖의 모든 일에 노동력을 제공했지. 그 대가로 가족의 생계를 꾸려

야 했기 때문에 생활이 매우 열악했어. 간혹 주인의 재산과 같이 간주되어 대대로 상속되며 매매, 증여의 대상이 되기도 했단다.

속오군
조선 후기 속오법에 따라 편성한 지방 군대

조선 시대의 지방군 체제는 세 번 변화되었어. 세조 때는 전국의 군현을 진관으로 묶어 외적이 쳐들어오면 해당 진관에서만 스스로 싸우는 독립적인 지역 방어 체제인 진관 체제를 시행했어. 그러다가 을묘왜변 이후 명종 때 전투가 일어난 곳에 각 지역의 군사를 모이게 해서 한 사람의 장군이 지휘하게 하는 제승 방략 체제로 바뀌었지. 지역 방어에서 집단 방어 체제로 바뀐 거야. 하지만 이 체제도 임진왜란 때 별다른 힘을 발휘하지 못했어. 임진왜란은 종래의 국지전과는 달리 전면전, 총력전의 양상으로 전개되었고, 조총이라는 신무기와 새로운 전술이 등장한 전쟁이었어. 따라서 당시 조선은 일본군의 침략에 맞서기 위해 포수를 양성해야 했고, 전국에 걸친 군사 조직을 재건해야 했지. 이러한 필요에 따라 설치된 것이 중앙군으로는 훈련도감, 지방군으로는 속오군이었어. 속오군은 1594년(선조 27년)에 유성룡의 건의를 받아들여 황해도 지역부터 편성되어 점차 전국적으로 확산되었어. 속오군은 양인을 골라서 조직한 군대로 평상시에는 군포를 바치게 하고 전쟁이 일어나면 군역을 치르게 한 제도란다. 정유재란 때에는 이들이 실제로 전쟁에 투입되어 왜군의 북진을 막아내는 데 효과를 발휘했단다.

송상

개성을 중심으로 상업 활동을 하던 상인

고려 때도 개성에는 시전을 설치하고 정부의 보호 아래 활동을 하던 상인들이 있었지만 일반적으로 송상이라고 하면 조선의 사상을 가리켜. 이들은 전국적 규모의 상업을 통해 조선 초부터 많은 이익을 올렸어. 그러다 조선 후기에 들어 상품 화폐 경제가 발달하고 청과의 무역이 활발해짐에 따라 그 활동이 더욱 두드러졌지. 이들은 각지에 송방을 설치해 전국을 무대로 상업 활동을 했으며, 역관을 비롯한 관상과 밀착하거나 의주상인, 동래 상인들과 연계를 맺으며 대외 무역에 적극 참여했단다. 18세기 이후에는 도고 상인으로 성장해 상품을 매점하는 한편, 광산을 경영하거나 인삼의 재배와 가공업에도 투자하는 등 상업 이외의 분야에까지 활동 범위를 넓혀 상업 자본으로 성장해갔지. 송상의 자본력과 활동 규모는 경강 상인에게 비길 만한 것이었어. 이들의 활동은 조선 정부의 봉건적 상업 체제에 타격을 가해 경제 정책을 변화시키는 데 커다란 역할을 했지. 그러나 개항 이후 외래 자본의 침투에 대해 효율적으로 대처하지 못해 점차 쇠퇴해갔단다.

수원 화성

정조가 수원에 축조한 성

정조가 뒤주 속에서 불행하게 세상을 떠난 아버지 사도세자의 묘를 수원으로 옮기면서 쌓은 성이야. 수원시 장안구에 위치한 화성은 군사적 방어 기능과 함께 상업적 기능을 지닌 성으로 실용적인 구조와 아름다운 모습을 지녀 1997년 유네스코 세계 문화 유산에 등재되었어. 정조는 화성을 건축할 때 원대한 계획을 갖고 있었어. 우선 군사적으로 서울의 남쪽 방어기지로 삼고, 계획적인 신도시를 건설하여 상업을 크게 발전시키려고 했지. 또한 당쟁을 뿌리뽑아 정치를 쇄신하여 왕도 정치를 실현하는 계기로 삼으려고 했단다. 화성의 건설에는 동서양의 과학 기술이 활용되었어. 우선 고정 도르래와 같은 역할을 하는 녹로와 정약용이 개발한 거중기를 사용하여 10년이 걸릴 공사 기간을 2년 7개월로 크게 앞당겼지. 하지만 정조가 갑작스레 세상을 떠나자 수원 화성은 상업 도시로 크게 발전하지 못한 채 유명무실한 도시가 되어 버렸단다.

승정원
조선 시대 왕명의 출납을 맡아보던 국왕의 비서 기관

관원으로는 정3품 당상관인 도승지, 좌승지, 우승지, 좌부승지, 우부승지, 동부승지 각 1명과 주서 2명을 두었지. 1894년(고종 31년) 갑오개혁 때 궁내부 예하의 승선원으로 개편되어 권한도 대폭 축소되었다가 1907년(융희 1년)에 폐지되었단다.

시전
삼국 시대 이후 성읍이나 도시에 있던 상설 점포

조선 시대에는 나라의 허가를 받아 백성들의 일상 생활용품을 공급하고 정부에서 요구하는 물품을 조달하는 일을 했어. 또 정부가 백성들로부터 받은 공물 중 사용하고 남은 것이나, 중국에서 사신이

가지고 오는 물건 중 일부를 시민들에게 판매하는 일도 했지. 시전 상인들은 같은 상품을 취급하는 사람들끼리 모여 동업자 조합을 만들어 자신들의 상권을 보호했어. 특히 나라로부터 금난전권을 얻어 난전의 상품 판매를 단속하는 등 강력한 특권을 행사했어. 18세기 후반 통공 발매 정책의 시행으로 시전의 특권이 붕괴되기 시작하여 개항 이후 외국 상품이 들어오면서 몰락의 길을 걷게 돼.

시헌력

서양 신부 아담 샬 등이 펴낸 역서

1645년(인조 23년)부터 청나라에서 사용하여 두 번의 개편을 거쳐 청나라 말까지 사용되었어. 우리나라에서도 1653년(효종 4년)부터 조선말까지 사용했지.

식년시

조선 시대에 3년마다 정기적으로 시행된 과거 시험

12지 가운데 자·묘·오·유가 들어가는 해를 식년이라고 하는데 이 해가 돌아올 때마다 정기적으로 과거 시험을 치렀어. 그 외에 부정기적으로 치르는 증광시, 알성시, 별시 등이 있었어.

신문고

조선 시대에 백성들을 위해 설치한 고발 기구

1401년(태종 1년) 백성들의 억울한 일을 직접 해결해 줄 목적으로 대궐 밖 문루 위에 달았던 북이야. 물론 조선 초기부터 억울한 일을 당하면 상소하거나 고발하는 제도도 있었지만 이를 통해 해결되지 않은 문제를 직접 고발할 수 있도록 하여 북소리를 왕이 직접 듣고 북을 친 사람의 억울한 사연을 접수·처리하도록 했어. 이 제도는 민의를 반영하는 대표적인 제도였지만 신문고를 울릴 수 있는 사건의 종류가 제한되어 있었고 실제로 신문고 사용이 주로 서울의 관리들에게만 국한되면서 본래의 취지와는 달리, 일반 상인이나 노비, 또 지방에 거주하는 관민은 사용하는 경우가 드물어 쓸모가 없어졌어. 연산군 때 폐지되었다가 1771년(영조 47년) 부활되었어.

신해통공

시전 상인들이 가진 금난전권을 금지시킨 조치

1791년(정조 15년)에 시전상인들이 가졌던 금난전권을 금지시킨 조치를 말해. 신해년에 이루어졌다고 해서 신해통공이라고 부른단다. 조선 후기 상업이 발달하면서 육의전을 비롯한 시전 상인들에게는 난전을 금할 수 있는 권리를 주었는데 그게 바로 금난전권이야. 하지만 금난전권의 강화는 물가 상승을 초래하고 영세 상인이나 수공업자들의 생계에 위협이 되었어. 또 금난전권을 가진 특권 상인들은 노론 계열의 가문과 결탁하여 왕권에도 부담을 주었지. 금난전권을 폐지하려는 시도는 영조 때부터 시작되어 1787년(정조 11년) 정미통공을 거쳐 신해통공으로 일단락되었다고 볼 수 있지. 신해통공 정책이 시행된 후 일반 상인들이 자유롭게 상행위를 할 수 있어서 신해통공은 상업의 발달에 크게 기여했단다.

아악
고려와 조선에서 궁중 의식을 행할 때 연주하던 전통 음악

좁은 의미로는 문묘제례악만을 가리키고 넓은 의미로는 궁중 밖에서 사용된 민속악이 아닌 궁중 안의 의식에 쓰던 당악, 향악, 아악 등을 총칭하는 말로 쓰여. 원래 아악은 '정아한 음악'이라는 뜻에서 나온 말로, 중국 주나라 때부터 궁중의 제사 음악으로 사용되었어. 우리나라에는 고려 예종 때 들어와 고려 말에는 악공을 명나라에 유학 보내고 악기를 들여와 명나라의 아악을 종묘, 문묘, 조회 때 쓰게 하였고, 공양왕 때는 아악서를 설치하여 종묘의 악가를 가르치고 이를 관장하게 했지. 조선 시대에도 고려의 아악을 그대로 계승하였다가, 세종 때에 이르러 크게 정리했어. 세종은 박연을 시켜 궁중 아악을 정비하도록 하고 악장, 악보와 악기를 일일이 흠정하여 음악의 기틀이 될 큰 사업을 벌였지. 박연은 12율관과 편경을 독창적인 방법으로 제조하고 아악을 주나라의 것에 가장 가까운 아악으로 복원하여 음악의 기초를 확립했어. 박연이 많은 악기를 제작하고 조회, 제사 등의 아악보를 발간함으로써 아악은 공식 의례 음악으로 자리를 굳혔어.

앙부일구

조선 시대에 만들어진 해시계

앙부일구는 1434년(세종 16년)에 장영실이 처음 만들었어. 종로의 혜정교와 종묘 남가에 설치하여 지나는 사람들이 볼 수 있도록 했는데 임진왜란 때 유실되었지. 현재 국립고궁박물관에 보관되어 있는 두 개의 앙부일구는 17~18세기에 만들어진 것이라고 해. 앙부일구는 반구형의 대접 모양에 네 개의 발이 달려 있어. 동지에서 하지까지 24절기를 나타내는 13개의 계절선과 수직으로 그은 7개의 시각선이 새겨져 있어. 해가 떠서 질 때까지 생기는 그림자가 시각선에 비친 것으로 시간을 알 수 있고, 계절선에 비추는 그림자의 길이를 보면 절기를 확인할 수 있지. 시표는 비스듬히 세워져 있고 선과 글은 은상감으로 만들어졌어.

악학궤범

조선 성종 때 성현 등이 의궤와 악보를 정리하여 편찬한 음악이론서

1493년(성종 24년)에 성현 등이 조선 전기의 음악을 집대성하여 편찬한 책이야. 음악 이론, 악기의 편성과 연주 절차, 악기 제작과 연주법, 음악에 따르는 춤의 내용, 연주에 따라 입는 의상과 소품까지 글과 그림으로 정리했어. '동동', '정읍사', '처용가', '여민락' 등의 가사가 한글로 실려 있고, 악기와 무대 의상까지 그림으로 그려서 설명하고 있어서 음악사 연구뿐 아니라 국어국문학, 전통무용학, 복식사, 공연 소품을 연구할 때도 중요한 사료로 꼽히지. 악학궤범은 조선 최고의 음악책

으로서 전통 음악과 춤을 연구하고 재현할 때 가장 신뢰할 수 있는 책으로 인정받고 있단다.

알성시
조선 시대에 비정기적으로 시행된 과거의 한 형태

국왕이 문묘에서 제례를 올릴 때 성균관 유생에게 시험을 보게 하여 성적이 우수한 사람을 선발하는 시험이지. 알성시는 1414년(태종 14년)에 처음 실시되었고 문과와 무과로 나누어 왕이 직접 선발과정에 참가했어.

양전 사업
고려 시대와 조선 시대에 논밭의 실제 경작 상황을 알아보려는 목적으로 실시했던 토지 측량 제도

조세 수입원의 정확한 집계를 목적으로 실시했던 토지 조사 사업이야. 양전 사업은 원래 20년에 한 번씩 실시해야 하지만 실제로는 수십 년에 한 번, 또는 100년만에 한 번씩 이루어지기도 했대. 토지의 경계를 확인하는 일, 전국의 전결수(각 땅을 결로 부름)를 정확히 파악하는 일, 양안(토지대장)에 누락된 토지를 찾아내는 일, 토지의 경작 상황에 대한 변동 등을 조사하는 일을 했는데, 이는 세원을 확보하고 탈세를 방지하는 데 큰 목적이 있었어. 이는 국가 재정의 기본을 이루는 전세(논·밭에 물리는 세금)의 징수를 충실하게 하려는 목적으로 실시했던 제도야.

양천제

조세와 군역의 부담 여부에 따라 국민을 양인과 천민으로 나누던 조선 시대 신분 규범

　　조선 시대에는 국가에서 조세와 군역을 늘리기 위해 국역을 부담하는 양인 계층을 늘리는 정책을 시행했어. 이를 기반으로 백성들을 양인과 천민으로 나누었는데 이를 양천제라고 해.

　　양인 남자는 나라에 조세, 군역, 부역을 바칠 의무가 있었고 벼슬길에 나갈 수 있었지. 반면 천민은 개인이나 관청에 소속되어 천한 일을 담당했어. 세금이나 부역의 의무는 지지 않았지만 관직에 진출할 수도 없었어. 간혹 천민이 큰 공을 세워 관직을 받는 경우도 있었지만 이때는 반드시 양인이 되는 절차를 거쳐야 했단다. 16세기 이후 양인이 양반, 중인, 상민으로 분화되면서 양천제는 법적으로만 존재하고 실질적으로는 양반, 중인, 상민, 천민의 네 개의 신분으로 나뉘는 신분제가 운영되었지.

어영청

임진왜란 후, 5위 대신 설치된 관청

　　1623년(효종 3년)에 3군문 또는 5군영 가운데 하나이며 임금을 호위하던 군영이야. 이완을 대장으로 6도에 배치하였는데, 1881년(고종 18년)에 장어영에 합쳐졌다가 다시 이듬해에 독립시켰지. 순조대 이후부터 어영청은 별영·총어영으로 명칭이 바뀌었다가 1894년(고종 31년) 갑오개혁 때 폐지되었어.

　　어영청이 설치되던 시기는 인조 반정으로 나라 정세가 어수선하고, 국

제적으로도 후금과의 관계가 위급해진 상황이었어. 인조 반정에 성공한 서인 정권이 자신들의 정권을 안정시키면서 후금의 침입에 대비하기 위해서 어영청을 설치한 거야.

어영청은 1624년 이괄의 난이 일어났을 때 인조를 공주로 호위하여 모시는 임무를 수행했어. 이를 계기로 어영청은 훈련도감과 더불어 수도 방위를 맡는 중앙군으로 정착했지. 그러다 재정상의 어려움으로 인해 훈련도감처럼 서울에 병력을 상주시키지는 못하고 교대로 번상(지방의 군사를 뽑아 차례로 서울로 보내는 것)하게 했어. 하지만 정묘호란과 병자호란 등을 거치면서 7,000여 명으로 인원이 늘어났단다.

여각

조선 시대 각 연안의 포구에 자리잡은 상업 기관

지방에서 오는 객상들을 위해 물건의 매매에 흥정을 붙이기도 하고 위탁 판매를 하면서 그들을 상대로 금융업과 여관업을 겸했던 곳이야. 조선 후기에 성행하면서 조선 사회 유통 경제의 발전을 도모하기도 했지. 개항 이후, 개항장 부근에 있던 여각들은 외국 상인들과 직거래를 하기도 했어.

여각을 '객주' 또는 '객주집'이라 부르기도 했는데, 그 이유는 여각의 업무가 대부분 객주의 업무와 비슷해서 일반적으로 서로 구별 없이 사용되었던 거야. 하지만 엄밀히 따지면 객주와 여각은 취급하는 물품을 비롯해 영업 장소, 자본의 규모 등에 따라 여러 면에서 다르다고 할 수 있어. 예를 들어 객주가 주로 내륙 지방이나 서울 등에 있었다면, 여각은 연안의 포구에 위치하였고, 일반적으로 여각이 자본도 더 많았지.

여유당전서

조선 후기의 실학자 정약용의 저술을 모아 총정리한 문집

여유당은 저자 정약용의 당호야. 154권 76책으로 되어 있으며 전에 단행본으로 편찬되었던 《목민심서》, 《경세유표》, 《흠흠신서》, 《시율》에 이르기까지 방대한 저서와 실증적 이론이 포함되어 있어.

신조선사에서 1934~1938년에 걸쳐 발행된 이 책은 외현손 김성진이 편찬했고, 정인보와 안재홍이 검열에 참여했어.

여전론

조선 후기, 실학자 정약용이 내세운 토지 개혁론

한 마을을 단위로 토지를 공동으로 소유하고 공동으로 경작한 뒤에 수확량을 노동량에 따라 나누자는 내용의 토지 개혁론으로 공동 농장 제도를 주장한 것이지. 여전론에는 농사를 짓는 사람만 토지를 소유하게 해야 한다는 사상이 담겨 있어. 특히 여전론을 통해 정약용은 선비의 경우, 농업 개선에 도움을 준 경우에만 토지를 주어야 한다고 주장했어. 그렇지 않으면 선비도 농·공·상 등 생업에 종사하도록 해야 한다고 했지.

역대제왕혼일강리도

1402년, 조선 태종 때 제작된 지도로 현재 남아 있는 세계 지도 중 동양에서 가장 오래된 지도

'역대제왕혼일강리도' 는 '혼일강리역대국도지도' 또는 '혼일 강리도' 라고도 하며 15세기에 제작된 세계 지도 가운데 가장 뛰 어나다는 평가를 받고 있어.

혼일강리도는 중국과 조선, 일본, 아랍 등 4개의 나라에서 제작된 지도 를 서로 비교하여 취할 것은 취하고 필요한 부분은 따로 조사해 새롭게 집대성한 지도야.

조선에서 이런 세계 지도를 제작한 이유는 북방의 여진족과 남쪽의 왜 구 등 급변하는 국제 정세에 적절히 대응하고, 개국 초기에 통치 체제의 정비를 위한 것이었다고 해.

혼일강리도는 지도의 중심에 중국을 두었고 조선이 일본에 비 해 4배 이상 크게 그렸어. 그리고 상대적으로 유럽과 아프리카, 인도 와 아랍 지역은 작게 그렸단다. 조선인들의 중국 중심의 세계관을 그대로 반영하고 있는 거라고 할 수 있지. 하지만 이전의 지도에서는 볼 수 없었 던 유럽과 아프리카, 인도, 아랍까지 지도에 그려 넣었다는 점은 주목할만 한 부분이야.

역원제
조선 시대에 중앙과 지방의 원활한 연락과 소통을 위하여 두었던 제도

조선 시대에는 중앙과 지방에 이르는 주요 도로에 약 30리마다 역을 두었고, 전국적으로 약 500여 개의 역을 설치했지.

역에는 역마와 역정이라는 것을 두어 공문을 전달하게 했어. 동시에 공무로 여행을 하는 자에게도 역마를 제공하고 숙식을 알선해 주는가 하면 진상하는 관물의 수송을 맡기도 했지.

각 역마다 역을 관리하는 찰방과 역승의 관장 하에 역장, 역리, 역졸 등을 두었고, 그들에게 공역을 맡게 했어. 역마를 사용하려면 마패가 필요했는데, 역에서 제공되는 역마의 수는 사용자의 관품에 따라 그 숫자가 달랐지.

원은 지방에 파견되는 관리나 상인 등 공적인 임무를 띤 여행자에게 숙식과 편의를 제공하던 공공 여관과 같은 곳이야. 주로 교통의 요지인 역에 국가에서 설치한 숙박 업소로 원주전이라는 땅을 지급받은 원주가 운영했지.

연려실기술
조선 후기 실학자 이긍익이 쓴 조선 시대의 역사책

'연려실'은 이긍익의 호로 '연려실기술'에는 조선의 태조 왕 때부터 현종 때까지 각 왕대에 있었던 중요한 역사적 사건들을 기록해 놓았지. 이책은 각종 야사와 수록, 일기, 문집 등에서 자료를 수집하고 분류해서 쓴 책이야. 객관적이고 체계적이며 합리적인 관점으로

서술한 역사서로 저자의 사견이 섞이지 않은 공정한 필치로 엮었다는 것이 특징이야. 선배 역사학자들의 기술을 그대로 옮긴 뒤, 그 기사의 끝에는 반드시 인용한 서목을 첨가해 두었단다.

연분 9등법

조선 시대에 농사의 풍흉에 따라 아홉 개의 등급으로 나누어 전세를 부과한 수취 제도

조선 시대에는 기후 변화에 따라 농업 생산력에도 큰 차이가 있었기 때문에 조세를 일률적으로 거두는 것에는 문제가 있었어. 이러한 문제점을 보완하기 위해 시행한 제도가 연분 9등법이야.

연분법에 대한 논의가 시작된 것은 1443년(세종 25년)으로, 그 이듬해에 군현을 단위로 하여 풍흉의 정도에 따라 상상년부터 하하년까지 아홉 등급으로 나누어 세를 거둔다는 원칙을 세웠지. 풍작일 때를 상상년으로 하여 1결에 20말씩 징수하도록 하고 그 이하는 2말씩 체감한 양을 거두는 거야. 그리고 농사 상태가 아주 나쁜 하하년에는 4말을 거두도록 하였지.

연암집

조선 후기의 실학자이자 소설가인 박지원의 문집

박지원은 조선 후기 실학파 가운데 이용후생학파의 대표적 인물로 《연암집》은 그의 문학과 사상을 엿볼 수 있는 중요한 문집이야. 특히 《연암집》의 수록 작품 가운데 〈한민명전의〉는 박지원의 실학 정신이 두드러지게 나타난 글로 농촌 경제의 실태와 문제점을 지적하고 있

으며, 《열하일기》는 수레와 선박을 이용하여 국내의 상업과 대외 무역을 발전시켜야 한다는 내용을 담고 있어. 조선 시대 선비의 각성을 요구하고 실학 정신을 형상화한 문학 작품 〈허생전〉은 《열하일기》 속의 〈옥갑야화〉에 실려 있는 작품으로 박지원의 사상이 생생하게 드러난 대표작이라 할 수 있지. 이와 함께 《연암집》에 실린 대표작으로 〈양반전〉, 〈마장전〉, 〈예덕선생전〉 등이 있는데 이 작품들은 모두 당대의 모습을 사실적으로 그리면서도 타락한 양반의 실상을 날카롭게 풍자하고 있단다.

영정법
조선 후기 1635년(인조 13년)에 제정된 전세 징수법

영정법의 정식 명칭은 영정과율법이야. 조선 전기의 전세 제도에는 토지의 비옥도와 농사의 풍흉에 따라 전세를 부과하던 전분 6등법과 연분 9등법이 있었지. 하지만 전분 6등법과 연분 9등법은 과세 기준이 복잡하고 일일이 토지의 작황(농사의 상황)을 파악하는 번거로움이 있어 현실적으로 적용하기 어려웠어. 이런 문제점으로 인해 15세기 말부터는 이를 엄격히 적용하지 않았지.

이후 임진왜란을 겪으면서 백성들의 삶이 황폐해짐에 따라 토지의 비옥도에 따라서만 전세를 정액화하기 시작했어. 토지의 비옥한 정도에 따라 크게 상·중·하로 구분하고, 그것을 다시 각각 3등급으로 나누었어. 그리고 징수액에 2두씩의 차이를 두어 징수하였지. 이를 영정법이라 해.

영정법으로 징세액은 낮아졌지만 농민들 대부분이 자신들의 토지를

갖지 못한 소작농이었기 때문에 실제로는 그다지 도움이 되지 못했다고 해. 게다가 국가에서 부족한 세수를 채우기 위해 대동미나 삼수미, 결작 등의 명목으로 세금을 거두었어. 그리고 각종 수수료나 운송비 등을 추가로 징수한 탓에 오히려 농민들의 부담은 더욱 무거워졌지.

이에 따라 숙종 때부터는 거두어들일 세금의 총액을 미리 정해놓고 지역에 따라 나누는 비총법이 시행되었는데 이는 영조 때에 가서야 법으로 제도화되었단다.

예송 논쟁

조선 현종 때에 서인과 남인 사이에서 일어난 커다란 두 차례의 논쟁

이 사건은 **궁중 의례에 대한 적용 문제를 두고 일어난 논쟁으로 특히 복상 기간(상복을 입는 기간)에 대한 의견 차이가 논란의 중심**에 있었지.

1659년에 일어난 1차 예송 논쟁은 기해 예송이라고도 하는데, 효종이 죽은 뒤에 효종의 계모였던 자의대비의 복상 기간에 대한 문제를 두고 논란이 시작되었어. 율곡학파인 송시열이 중심이 된 서인 계열에서는 1년상을 주장하고, 퇴계학파인 윤휴·허목·윤선도 등이 중심이 된 남인 계열에서는 3년상을 주장하면서 논쟁이 본격화되었던 거야. 예론의 승리로 서인들이 내세운 국제기년복이 채택되면서 1차 논쟁은 끝이 났고, 그 후 서인 정권은 계속 유지될 수 있었지. 하지만 효종의 장자와 차자 문제가 애매하게 처리된 데다, 종법 질서와 관련하여 효종의 위상에 대한 논란은 끝내 결론을 보지 못했어. 결국 이 문제는 2차 예송 논쟁의 빌미가 되고 말았지. 이는 효종의 비인 인선왕후가 죽자 다시 2차 논쟁으로 이어지게

되었어. 2차 예송 논쟁은 1674년 갑인년에 일어났다 해서 갑인 예송이라고도 해. 인선왕후의 상에 조대비(자의대비)가 어떤 상복을 입어야 하는지에 대한 문제를 두고 논쟁이 벌어졌지. 1차 논쟁과 달리 2차 논쟁에서는 송시열계의 서인 세력이 정계에서 축출되고 결국 남인이 정권을 잡게되었어. 2차에 걸친 예송 논쟁은 대의 확립이라는 원래의 명분에서 벗어나 붕당 정치의 정치적 사건으로 전개되었단다.

예학

유학의 한 갈래로 예의 본질과 의의, 내용의 옳음과 그름을 탐구하는 학문

예는 원래 중국의 고대 종교 의식에서 비롯되었는데 주나라 대에 와서 정형화된 체계가 잡히게 되었지. 그때 비로소 예가 인간 행위의 규범이자 사회 질서의 근간을 이루는 것으로 체계가 서면서 고대 문화의 전반을 의미하게 되었어. 춘추 시대에 유학을 창시했던 공자가 바로 예에 정통했던 인물이야.

우리나라에 예가 전래된 시기는 확실하지 않지만, 중국 한나라 때 편찬된 《예기》가 국학의 교수 과목이었던 것으로 보아 삼국 시대부터 이미 예가 우리나라에 들어왔던 것으로 보여. 고려 시대에도 예에 관한 서술로는 고려사의 예지에 전하는 〈상정고금례〉가 있어. 우리나라에 본격적으로 예가 수용된 것은 고려 말, 《주자가례》가 도입되면서부터야. 조선 후기에는 예송 논쟁으로 이어져서 정치 세력들 간의 갈등을 빚기도 했지. 예학은 시기에 따라 긍정적인 영향을 미치기도 하고 부정적 영향을 끼치기도 했어.

오가작통법

다섯 집을 한 통으로 묶어 정리한 군현제의 일종

계유정난의 일등 공신이었던 한명회의 건의로 채택된 제도야. 범죄자 색출과 조세 징수, 부역 동원 등을 효과적으로 시행하기 위해 다섯 집을 한통으로 묶었던 거야. 시행에 대한 논의는 조선 초기부터 있었지만 관리와 운영이 제대로 이루어지지 않아서 1485년(성종 16년)과 1675년(숙종 1년)에 이르러서야 정착되었어. 조선 후기에 이르면 오가작통법은 호패와 더불어 호적의 보조 수단이 되기도 해. 다섯 집을 하나로 묶어 역을 피하기 위해 호구를 등재하지 않고 이사를 하거나 유랑을 반복하는 유민은 물론 도적 등을 감시하고 찾아내는 데 주로 이용되었어. 순조와 헌종 때에는 연대 책임에 비중을 두어 강화하였는데, '한 집 안에서 천주교도가 적발이 되면 다섯 집을 한꺼번에 처벌하는 방식'으로 천주교도를 색출하는 수단으로 변질되기도 했지.

5군영

임진왜란 이후 궁궐과 서울, 경기 지역 방어를 위해 설치한 군영

임진왜란을 겪으면서 조선은 제대로 된 기능을 발휘하지 못하는 중앙군을 개편해야겠다고 생각했어. 그래서 서울과 경기 지역의 방어를 위해 훈련도감을 비롯한 4개의 부대를 더 설치하여 5개의 군영을 갖추었단다. 5군영은 훈련도감, 어영청, 총융청, 금위영, 수어청으로 5영문이라고도 해. 이 가운데 훈련도감과 어영청, 금위영은 도성을 직접 방어하는 중앙 군영이며, 총융청과 수어청은 서울의 외곽을 방어했어.

조선 헌종 때 실학자 이규영이 쓴 백과 사전 형식의 책

정조대에 규장각 검서관으로 이름을 떨쳤던 이덕무의 손자인 이규경이 저술한 책이야. 우리나라와 중국, 그리고 다른 여러 나라 고금의 사물에 대하여 고증하고 해설한 내용을 담고 있지. 부록으로는 각종 군사 기술에 대한 내용을 저술한 〈오주서종〉과 박물지인 〈오주서종박물고변〉이 있어. 이 책은 저자 이규경의 박학다식함과 관심 분야가 방대했음을 보여주는 저술이야. 저자가 평생에 걸쳐 저술한 책이지만 완전히 정리되지 않고 원고 형태로 남아 있다고 해.

60권 60책인 〈오주연문장전산고〉는 필사본으로, 개인의 저술로서는 방대함이 기념비적이라 할 수 있어. 이 책의 원본은 최남선이 소장하고 있다가 6·25 때 없어졌고, 이를 필사한 것만 규장각에 남아 있어.

외거 노비

조선 시대에 노비의 한 형태로 관청이나 주인으로부터 독립적으로 생활하는 노예

노비는 매매나 증여 또는 상속의 대상이었으며 물건처럼 취급되었어. 노비는 먼저 소유주에 따라서 공노비와 사노비로 나누었고, 이를 주거 형태와 신역의 부담 형태에 따라 각각 솔거 노비와 외거 노비로 나누었지. 여기서 주인집에 살면서 잡역에 종사하는 노예를 솔거 노비라 하였고, 관청이나 주인으로부터 독립적으로 생활하는 노비는 외거 노비라고 했어. 외거 노비는 솔거 노비에 비하면 약간의 자유를 누릴 수

6부 또는 6관이라고도 했어. 이조는 관리의 인사를, 호조는 세금과 재정을, 예조는 외교와 각종 의식을, 병조는 군사 업무를, 형조는 법률과 형벌을, 공조는 토목과 건축에 관한 일을 맡아보았지. 6조는 왕을 중심으로 의정부 등과 밀접하게 연관되어 있었단다. 6조의 각 관청은 정책을 집행하는 기관이자 나라의 가장 중심이 되는 중앙 관청으로 나라의 중요한 일에 대해 논의할 때는 의정부와 의견을 나누기도 했지.

참고로 6조의 책임자인 정랑과 그 밑의 관직인 좌랑은 임기를 다 마치고 나면 승진이 되는 특혜를 받았단다.

육의전

조선 시대, 서울 종로에 있던 여섯 종류의 시전(고려, 조선 때 수도에 있었던 큰 상점)

육의전은 국역을 부담해야 하는 의무를 지니는 대신 정부로부터 커다란 특권을 부여받은 시전을 말해. 특정 상품을 독점하여 판매할 수 있는 전매의 특권을 지닌 시전으로 이들은 주로 왕실이나 국가의 의식에 필요한 물품을 전담하였지. 또한 시전 상인과 함께 서울 도성 안팎 10리 안에서 난전(국가의 허락을 받지 않은 상점)을 금지할 수 있는 금난전권이라는 특권을 지녔어. 이들은 조선 말까지 조선의 상업 경제를 지배하면서 특권적인 지위를 누렸단다.

읍지

조선 시대에 지방 각 읍의 지리지

조선 시대 지방 행정 구역이었던 부·목·군·현 등 각 읍을 단위로 만든 지리지를 말해. 중국이나 일본에서는 지방지 또는 방지라고 해.

읍지를 대상의 범위에 따라 나눌 때는 전국 읍지·도지·군현지·면지·촌지·동지·진영지·변방지 등으로 분류하는데 주로 도지와 군현지가 대다수를 이룬다고 볼 수 있어. 그런가 하면 편찬 주체에 따라서 나눌 때는 중앙 정부나 지방 관아 등에서 펴낸 관찬 읍지와 개인이나 지방 인사들의 영향력이 크게 작용한 사찬 읍지가 있어.

읍지는 과거의 지방 사회를 이해하는 데 주로 이용되어 왔으며 역사학을 비롯한 지리학·국문학·사회학·민속학·인류학·경제학 등의 여러 분야에서 활용하고 있단다.

의금부

조선 시대에 왕명에 따라 죄인을 다스리는 일을 맡아 하던 특별 사법 기관

의금부는 형조·한성부와 함께 사법권을 가진 삼법사의 하나로 금부 또는 금오·왕부라고도 해. 일반 범죄를 다스리기도 했지만 주로 역모죄 등의 정치범이나 삼강오륜을 어겨 사회 질서를 어지럽힌 중죄인을 다스리는 일을 했어. 조선 시대 최고 수사 기관이라고 할 수 있으며 왕권과 직결되는 중죄나 반역죄를 다스릴 때는 의정부·사헌부·사간원과 함께 의논하여 다스렸어.

의정부

1400년에 설치된 조선 행정부의 최고 기관

1400년(정종 2년) 이방원의 주도 아래 설립된 조선 시대 최고의 정치 기관이야. 정치를 주도하던 도평의사사를 왕권의 강화를 위해 의정부로 개편하면서 성립되었으며 3정승의 합의 하에 국가의 정책을 총괄했단다.

조선 시대에는 정치가 국왕을 중심으로 한 의정부나 비변사, 6조, 승정원, 삼사 등을 중심으로 전개되었어. 이 가운데 의정부는 주로 왕권과 연관이 깊었지. 조선 전기에 왕권이 강화되었을 때는 육조 직계제라고 하여 6조를 중심으로 국정이 운영되었고, 왕권이 약화되었을 때는 의정부 서사제라고 해서 의정부를 중심으로 국정이 운영되었어. 하지만 조선 후기로 가면서 비변사의 대두로 의정부는 유명무실해졌단다.

이괄의 난

1624년(인조 2년)에 이괄이 주도하여 일으킨 반란

이괄은 광해군을 몰아낸 인조 반정 때 임시 대장을 맡아 큰 공을 세웠어. 당시 반정에 참여했던 공신들은 모두 일등 공신이 되었는데, 이괄은 반정 계획에 늦게 참가하였다는 이유로 2등 공신으로 책봉이 되었지. 그리고 1623년 5월에는 관서 지방의 여진족 침입에 대비한다는 명목으로, 이괄을 평안 병사 겸 부원수로 좌천시켜 부임했어. 게다가 조정에서도 이괄과 그의 아들을 정권의 위협 요소로 경계하면서 역모 혐의를 들어 체포하려 했지. 이때 이괄은 1624년(인조 2년) 1월 22일에 그를 체포하여 한성으로 압송하려고 영변에 온 금부도사 일행을 살해한 뒤,

반란을 일으켰어. 이괄과 한명련 등이 이끄는 반란군은 승승장구하면서 남하하기 시작했고, 2월 8일에는 한성을 점령하는 데도 성공했지. 하지만 이어진 전투에서 패하여 이괄은 살해되고 말았어. 조선 역사상 이같이 반란을 일으켜 수도 한성을 점령한 사례는 전무후무한 일이었지.

이앙법(모내기법)
못자리에서 모를 기른 후 본 논에 옮겨 심는 벼농사 방법

모내기법 또는 모심기라고도 하는 이앙법은 직파법에 비해 여러모로 장점이 많아. 못자리에서 모가 자라는 동안 논을 다른 용도로 활용할 수 있어서 토지의 이용도를 높일 수 있고, 논에 물을 대는 기간을 줄일 수 있으니 관개수도 절약할 수 있지. 그리고 논에 대한 관리를 집약적으로 할 수 있으니 적은 노동력으로도 수확량을 높일 수도 있었어.

이앙법이 널리 보급된 것은 16세기 이후부터야. 그 이전에는 직파법으로 논농사가 이루어졌고 이앙법은 국가에서 철저히 금지했어. 왜냐하면 이앙법은 물이 충분하지 않은 곳이나 가뭄이 들었을 경우에는 아주 위험한 재배법이었기 때문이지. 이런 이유로 이앙법이 널리 보급된 것은 조선 중기 이후, 임진왜란을 겪으면서 각종 수리 시설이 확보된 뒤부터라고 할 수 있어. 노동력과 수확량에서 큰 이익을 주는 농사법이어서 농민층에 의해서 널리 채택되어 갔던 거야.

아시아나 아프리카의 일부 지역과 미국에서는 지금도 직파법으로 벼농사가 이루어지고 있지만, 우리나라를 비롯한 동남 아시아의 여러 벼농사 지역에서는 모내기를 통한 벼 재배가 일반화되어 있어.

인왕제색도
조선 후기의 문인화가 겸재 정선이 그린 대표적인 진경산수화

이 작품은 정선이 인왕산을 직접 보고 그렸는데, 인왕은 서울에 있는 인왕산을 의미하고, 제색은 비온 뒤의 맑게 갠 모습을 의미해. 그러니 인왕제색도는 비개인 인왕산의 그림을 뜻하지. 조선 후기 1751년(영조 27년)에 그려진 이 작품은 이전까지의 작품들과 많은 차이가 있어. 그 동안의 산수화가 중국의 작품을 모방하여 그린 것이 대부분이었다면, 정선의 인왕제색도는 인왕산의 경치를 직접 보고 그린 실제의 경치를 그린 실경 산수화인데다 화법도 우리나라의 산수를 아주 잘 표현하고 있지. 그래서 인왕제색도는 그가 남긴 400여 점의 유작 가운데서도 특히 조선 후기의 실경 산수화를 대표하는 걸작으로 평가받는 작품이야. 정선의 유작 가운데 가장 크고 그의 화법이 잘 나타나 있는 작품이란다.

인조 반정
조선 시대, 1623년에 서인 세력이 광해군과 대북파를 몰아내고 능양군(인조)을 왕으로 세운 정변

선조의 뒤를 이은 광해군은 당론을 초월한 정치를 해보려고 노력했어. 하지만 광해군이 왕위에 오르는 데는 대북파의 도움이 컸기 때문에 당론을 초월하기가 쉽지만은 않았지. 그래서 처음에는 명망이 높은 인사를 조정의 주요 관직에 두어 어진 정치를 하려 했어. 그리고 내외적으로 비범한 정치적 역량을 발휘하기 시작했지. 안으로는 왜란으로 인해 파괴된 사고를 정비하고 서적을 간행했어. 더불어 대동법과 호패법을 실

시하는 등 많은 정치적 업적을 남겼지. 외교 면에서도 후금의 존재를 인정하고 국제 정세를 잘 파악하여 전쟁에 휘말리는 것을 피하는 중립 외교를 실시했어. 하지만 왕위를 위협할만한 요소를 제거한다는 명목으로 임해군과 영창대군을 살해하고 인목대비의 호를 삭탈하여 경운궁에 유폐했단다. 그런데 이러한 행위는 당시로서는 패륜으로 여겨졌어. 그리고 명나라를 배반하고 후금과의 평화 관계를 유지한 외교 정책도 당시 사림 세력에게는 큰 불만이었지. 광해군이 즉위할 당시부터 세력을 잃게 된 서인 세력들이 그러한 사류들의 불만을 이용하여 정변을 계획했던 거야. 인조반정의 명분은 광해군이 명나라에 사대의 예를 다하지 않았고, 계모를 유폐하고 동생을 죽였다는 것이야. 그러나 이것은 반정군이나 서인들이 광해군을 몰아내기 위해 내세운 명분이라고 할 수 있어.

인지의
1466년(세조 12년) 제작된 측량 기구

규형이라고도 하는 인지의는 각도와 축척의 원리를 이용해 토지의 원근과 높낮이를 측량하는 데 쓰였어. 구리로 그릇을 만들어 24방위를 새기고, 그릇 중간을 보이게 해서 중간에 구리로 기둥을 만들어 세우고 구멍을 뚫은 다음 구리로 만든 저울을 그 위에 끼워서 높였다 낮추었다 하면서 사용했다고 해. 그런데 사료에 글은 남아 있지만 실물에 대한 자세한 설명이 남아 있지 않아서 인지의에 대한 더 자세한 내용은 알려지지 않았어.

임술 농민 봉기

1862년(철종 13년) 경상남도 진주 지역에서 일어난 농민 봉기

임술 민란 또는 진주 민란이라고도 하는 이 항쟁은 충청도, 전라도, 경상도 즉, 삼남의 약 71개 지역에서 일어났단다. 조선 후기 사회 모순이 드러나면서 일어났지. 당시 조선 사회는 농업 생산력이 향상되고 상품 화폐 경제가 발달하면서 자영농의 몰락이 심화되었어. 한편 삼정의 문란이라 할 만큼 조세의 폐단도 심각하였지. 삼정 가운데서도 특히 환곡을 둘러싼 갖가지 수탈은 민란의 중요한 계기가 되었어.

당시 유계춘·이귀재 등은 가혹한 조세 수탈에 맞서 관가에 문서로 항의를 했지만 받아들여지지 않았단다. 이에 이들은 많은 농민들과 함께 반란을 일으켜 진주성을 점령했어. 진주 농민들이 일으킨 민란은 곧 진압되었지만 충청도와 전라도, 경상도로 급속도로 퍼져 나갔으며, 멀리 함경도와 제주도에까지 영향을 주었지. 민란은 비록 실패로 끝났지만 이같은 대규모 민란을 통해 농민들은 점차 사회 개혁에 대한 의지를 키웠고, 이를 계기로 성장한 농민층은 1894년 동학 농민 운동의 기반이 되었단다.

임신약조

1512년(중종 7년)에 쓰시마 섬의 도주와 조선이 맺은 약조

삼포왜란 후, 조정이 3포(제물포, 부산포, 염포)를 폐쇄하고 왜와 교통을 끊으면서 대마도는 물자의 곤란을 받게 되었어. 이에 대마도주가 조선에 승려를 보내서 교역을 간청해 왔지. 당시 조정에서는 대마도와의 교역

의 필요성을 느끼지 않았는데도 물자가 궁핍한 왜인들이 일방적으로 조선에 의존해 온 거야. 이에 조선은 조선과 인접한 왜구의 근거지라는 이유를 들어 이 약조를 체결하였지.

임신약조 때는 이전의 계해조약을 폐기하고 전보다 왜인에 대한 제한을 엄격히 했어. 조약의 내용을 살펴보면, 우선 왜인의 3포 거주를 금하고 3포 가운데 제포만을 개항했지. 그리고 조선 시대에 쓰시마섬의 도주에게 오고 가는 것을 허락해 준 무역선이었던 세견선은 50척을 줄여 해마다 25척으로 했어. 또한 조선 세종 시대부터 매해 쓰시마 섬의 도주에게 내려 주던 쌀과 콩인 세사미두도 200석을 반감하여 매해 100석으로 했어. 하지만 그 후 제포도 형편이 어려워지자 1544년(중종 39년)에는 왜관을 부산포로 옮겼단다.

임원경제지
조선 후기에 편찬된 규장각 도서로 실학적인 농촌 경제 정책서

순조 때, 실학자 서유구가 만년에 저술한 도서야. 일상 생활에서 긴요한 일을 살펴보고 이를 알리고자 하는 목적으로 편찬되었으며 〈임원십육지〉 또는 〈임원경제십육지〉라고도 해. 〈산림경제〉를 바탕으로 한국과 중국의 저서 900여 종을 참고하고 인용하여 엮은 농업 위주의 백과전서라고 할 수 있지. 16부분으로 나뉘어 있으며 농업 정책과 자급 자족의 경제론을 담고 있단다.

임진왜란

조선 1592년(선조 25년) 임진년에 왜군의 침략으로 일어난 전쟁

이 전쟁은 1592년(선조 25년)부터 1598년(선조 31년)까지 두 차례에 걸쳐 일어났지. 1차 침입이 임진년에 일어났기 때문에 '임진왜란'이라 부르고, 2차 침입이 정유년에 일어났기 때문에 '정유재란'이라고 하는데, 일반적으로 임진왜란에 정유재란까지를 포함시켜 얘기해.

왜군이 침략해오자 조선은 부산진과 동래성에서 정발과 송상현이 고군분투했지만 두 사람은 모두 전사하였고, 두 곳은 끝내 함락되고 말았어. 동래성 전투 이후 일본군은 급속도로 조선을 장악해오기 시작했고, 선조는 신립 장군을 국왕의 특사격인 도순변사로 임명하였지. 신립 장군은 일본의 선봉장 고니시 유키나가가 이끄는 일본군을 충주의 탄금대에서 대면하였지만, 대패하고 말았어. 신립 장군의 패배 이후, 일본군의 북진을 막을 수 없을 것으로 판단한 선조는 한양을 떠나 피신하였고, 이틀 뒤 일본군은 조선의 수도 한양을 점령하고 말았어. 그 후로 일본군은 계속해서 북진하여 조선 북쪽 국경 근처에까지 이르게 되었고 결국 선조는 명나라에 원군을 요청하게 되었단다.

한편 이순신은 전라좌수사로 부임해 판옥선과 거북선을 만들며 전함과 무기를 정비했어. 그리고 전국 각지에서는 의병이 일어나 전쟁에 참여하였는데 의병들은 향토 지리에 익숙하여 지역 조건에 적절한 전술과 무기로 왜군에게 큰 타격을 주었지. 조선은 의병과 수병의 몸을 아끼지 않는 투혼으로 왜군을 격퇴할 수 있었어.

그런 가운데 1598년 8월 18일, 도요토미 히데요시가 사망했고 일본 조정에서는 조선에 남아있던 일본군의 퇴각 명령을 내렸지. 이때 이

순신의 함대는 돌아가던 일본 함대를 공격했어. 이 전투로 일본군은 약 200여 척의 전선을 잃으며 많은 사상자가 생겼고, 이순신 장군은 총상으로 죽게 되었어. 결국 이순신의 마지막 해전이었던 노량 해전은 조선과 명 연합 함대의 승리로 끝났지.

임진왜란은 조선과 명, 왜, 삼국에 큰 영향을 미친 국제 전쟁이었어. 조선은 7년여의 전쟁으로 국토가 황폐화되었고, 많은 유물이 약탈당하거나 파괴되었지. 한편 통신사라고 부르는 외교 사절단을 파견하였는데, 일본은 통신사들을 통해 조선의 신기술을 전달받을 수 있었어. 특히 조선의 도공들이 일본의 도자기 기술 발전에 큰 영향을 주었지.

그런가 하면 명나라는 임진왜란 이후에 경제가 서서히 쇠퇴하고 계속해서 반란이 일어나는 바람에 중앙 정부의 힘이 약해져 1644년에 여진족에 의해 멸망하고 말았어. 여진족은 이후 중국의 마지막 절대 왕정 국가였던 청나라를 세웠단다.

자산어보
조선 후기(1814년)에 정약전이 지은 수산 동식물 연구서

정약전은 천주교를 믿었다는 이유로 1801년(순조 1년) 신유사옥 때, 흑산도에 귀양 가게 되었어. 정약전은 흑산도에서 귀양 살이를 하는 동안, 흑산도 근해에서 채집한 수산물의 이름이나 분포, 형태, 습성

등을 조사하여 책으로 기록했지. 자산어보는 흑산도에서 정약전이 직접 보고 들은 것을 바탕으로 중국과 우리나라의 여러 문헌을 참조하여 만들었는데, 이렇게 해서 만들어진 것이 모두 3권 1책으로 되어 있어.

잠채
조선 후기, 정부의 광업에 대한 단속을 피해서 비밀리에 광산을 경영하던 현상

원래 조선 정부는 관영 광업 외에 광업의 개인 경영을 일체 허용하지 않았어. 하지만 17세기 이후, 국가의 재정 파탄으로 정부에서 직접 광산을 경영할 수 없게 되었던 거야. 게다가 청나라와의 무역이 확대되면서 은의 수요가 늘어나는 바람에 광업 정책을 수정하지 않을 수 없었어. 결국 정부의 통제 아래서 은점과 금점의 경영을 허가해 주었지. 그리고 그들로부터 세금을 수탈하는 설점수세제라는 제도가 시행되었어. 그런데 18세기에 들어서면서 금·은 광산의 수가 급격히 증가하는 바람에 정부의 통제가 어려워지게 되고 광세 수입도 급격히 줄어들었지. 이에 따라 정부는 몇 개의 은점만을 남겨두고 나머지 은광들은 모두 금지하는 광업 금지 정책을 강하게 내세웠어. 이로 인해 개인들이 정부 몰래 광산을 경영하는 잠채 현상이 성행하게 되었어.

잡과

고려 시대와 조선 시대에 기술관의 등용을 위해 실시하였던 과거

고려·조선 때는 문과, 무과와 별도로 잡과를 통해 의관·천문·지리· 역관·율관 등 기술관을 선발했지. 고려 시대에는 광종 때 과거 제도를 실시한 후에 많은 분야의 잡과를 두어 기술관을 선발했어. 잡과 지망자를 위해 국자감에서는 여러 교육 과정을 두어 교육하였지.

잡과 지망자는 주로 서민층(양인)으로, 합격자들에게는 국가에서 일정한 토지를 지급해 주었어. 응시 자격은 문과나 무과와 달리 호정 이하의 향리 자손도 가능했는데, 잡과 합격자는 향리의 역할이 면제되었기 때문에 고려 말에는 향리의 역할을 피하는 수단으로도 많이 활용되었어. 이 때문에 고려 말에는 향리 자제의 잡과 응시를 제한하는 법이 논의되기도 했지.

조선 시대에는 초기부터 문·무과와 더불어 역과·의과·음양과·율과 등의 여러 잡과를 두어서 기술관을 등용했어. 잡과는 3년에 한 번씩 시행하는 식년시와 국가에 경사가 있을 때마다 부정기적으로 시행하던 증광시가 있었는데, 초시(1차 시험)와 복시(2차 시험)의 2단계 시험을 거쳐서 입격자를 가렸어. 대신에 복시에 합격한 사람이 임금 앞에서 보던 과거인 전시는 없었어.

다시 말해 잡과는 고려 시대와 조선 시대에 전문직 중인을 선발하던 시험이라고 할 수 있어. 중인은 양반과 양인 사이의 중간에 해당하는 신분 계층으로 실무를 담당하는 전문직 관료였지.

잡색군

조선 시대 때 유사시에 대비하기 위해서 만든 예비역 군대

잡색군은 조선의 정식 군대 외에 생원과 진사, 향리, 교생, 장인, 공사천 등을 모아 형식적으로 조직한 군대야. 고려 시대에도 1268년(원종 9년) 이후에 잡색군과 관련된 기록이 몇 가지 있지만 그 성격이 명확하지 않아. 잡색군은 조선 시대에 들어와서야 체계적인 군대 조직으로 정비된 것으로 볼 수 있어. 하지만 조선 시대에도 세조 이후부터는 전국을 군사 조직으로 묶은 진관 체제가 완성되면서 유명무실한 조직이 되고 말았지.

장예원

노비의 부적과 소송에 관한 일을 관장하던 조선 시대 관청

장예원은 정3품 관청으로 사헌부·한성부와 함께 사법삼사라 하였지. 이곳에서는 노비 소송과 함께 노비 장적의 보관과 관리 등의 업무를 처리했어.

조선은 건국 초기에 고려 이래의 노비 문제가 큰 문제가 되면서 1395년(태조 4년)에 노비변정도감을 두어 노비 문제를 둘러싼 분쟁을 처리했지. 그러다가 형조도관·분도관·변정원 등을 두어 상설화했다가, 1467년(세조 13년)에는 이를 장예원으로 고쳤던 거야. 그리고 1764년(영조 40년)에는 형조에 병합되었지.

장용영

조선 시대 왕권을 강화하기 위한 목적으로 정조가 설치한 군영

이전에 국왕의 호위를 맡아보던 숙위소를 폐지하고 새롭게 조직한 군영으로 **궁중을 지키고 임금을 호위하던 친위병**이라고 할 수 있어. 장용영은 장용 내영과 장용 외영으로 구성되어서 각각 한양 도성과 수원 유수부의 숙위 업무를 담당했어. 그러다 정조의 갑작스러운 죽음으로 노론 벽파들에 의해서 해체되었고, 1802년(순조 2년)에 총리영으로 바뀌었지.

재물보

조선 정조 때, 이만영이 지은 책으로 백과 사전류의 책

하늘과 땅, 사람의 삼재 만물을 비롯해서 우리나라의 역대 제도와 문물의 이름을 모으고 풀이해 놓은 책이야. 우주와 자연은 물론이고 사회 제도에 이르기까지 잡다한 사항을 수집하고 분류해서 수록했으며 모두 8권 4책으로 구성되어 있어.

저화

고려 말기와 조선 초기에 발행된 닥나무 껍질로 만든 지폐

고려 말에 국가 재정이 극도로 나빠지고 화폐의 가치가 떨어지면서 기존에 쓰던 동전이나 은전 등의 유통이 점차 감소했어. 이런 이유로 **1391년(공양왕 3년)에 저화가 제조되었지만 역성 혁명을 앞둔 이성계 일파의 저지로 발행되지 못하고 끝내 소각**되고 말았지. 그러다가 조

선 초기인 1402년(태종 2년)에 처음으로 저화가 발행되어 성종 시대까지 약 90년 정도 법화로 쓰였어. 처음에는 저화 1장을 오승포 1필, 쌀 2말의 가치로 정해서 통용시켰지만, 먹지도 못하고 입지도 못하는 종이돈이라는 민간의 불신으로 인해서 1423년(세종 5년)에 이르러서는 저화 1장 당 쌀 1되밖에 쳐주지 않았다고 해. 그러다 시대가 갈수록 저화는 그 가치가 떨어져서 조선 중기에 와서는 자연히 소멸되었어.

전분 6등법
조선 시대에 시행된 전세 징수 방법

연분 9등법과 함께 세금 수취 방법의 하나로 토지의 비옥한 정도에 따라 여섯 개의 등급으로 나누어 세금을 정하던 수취 제도야.

전정
토지에 조세를 부과하여 거두는 수취 제도와 그와 관련된 행정 제도

조선 시대에 주로 양인 농민을 대상으로 징수하던 군정, 환곡(환정)과 더불어 삼정의 하나로 토지의 결수를 기준으로 거두어들이는 각종 세를 말해. 다시 말해 조선 후기 토지에 부과하던 모든 조세를 통틀어 전결세 또는 결세라 하였는데, 전정은 전결세와 관련된 일련의 수취 행정 제도를 총칭하는 말이야.

토지세는 여러 종류가 있었지만 양인 농민이 내야 하는 양은 총 수확량의 10분의 1도 안 되었어. 그런데도 각종 부가세와 수수료 때문에 당시 농민들이 실제로 부과해야 할 토지세는 무거웠지. 게다가 관리들은 황폐

한 토지에 대해서도 백지 징세라고 하는 세를 징수하였고, 사적으로 소비한 공금을 보충하려고 도결이라는 세를 징수하였어. 이로 인해 전정의 문란이 생기고 이는 결과적으로 국가의 수입을 급격히 감소시켰을뿐 아니라 농민의 부담을 가중시켜 농민 봉기의 원인이 되었어.

전의감
궁중에서 쓰는 의약의 공급과 의학 교육을 관장하던 조선 시대 관청

조선 시대에 궁궐 안에서 사용하는 약재를 공급하고 나라나 관청 등에서 국민에게 필요한 금품이나 물건 등을 내려 주던 일을 담당하던 관청으로 의학 교육 등에 관한 일도 담당했어. 1932년에 설치된 이 관청은 1894년 갑오개혁 때, 태의원이라는 명칭으로 바뀌었으며, 서양의 근대 의학이 들어오기 시작하면서 역할이 점점 줄어들었지.

전황
조선 후기에 화폐 경제가 발전하면서 나타난 동전 유통량의 부족을 뜻하는 말

전황 현상은 18세기 초반부터 19세기 초반까지 거의 만성적으로 계속되었지. 상공업이 발전하면서 화폐의 유통량보다 상품의 유통량이 많아지면서 생긴 현상으로 상업 자본의 원시적 축적을 보여주는 현상이기도 해.

정감록

조선 중기 이후에 민간에 성행하던 국가의 운명에 관한 예언서이자 신앙서

정감록은 앞으로 일어날 일을 예언하는 내용을 담은 참서의 하나로 여러 비밀스러운 기록을 모아 둔 책이지. 미래의 길흉화복에 관한 예언을 믿는 참위설과 풍수 지리설, 도교 사상 등이 혼합되어 이룩된 것이야.

정묘호란

1627년(인조 5년), 조선과 후금 사이의 전쟁

임진왜란 이후 후금과 조선은 광해군의 중립 외교 정책으로 큰 마찰을 빚지 않고 잘 지냈어. 광해군은 당시 명나라가 쇠퇴하고 후금이 일어서고 있는 동아시아의 정세 변화를 읽고, 명나라에 지원군을 보낼 때 강홍립을 시켜 형세가 불리해지면 후금에 투항하는 것도 주저하지 말라며 지시를 내렸지. 그러나 인조 반정으로 광해군의 뒤를 이어 인조가 즉위하면서 당시 집권 세력이던 서인의 친명 배금 정책으로 후금과의 사이가 나빠져 싸움을 피할 수 없었지. 후금이 쳐들어오자 인조는 강화도로 피신을 하였다가 결국 강화를 맺게 되었어. 후금과 형제의 관계를 맺어 양국의 군대가 서로 압록강을 넘지 않을 것과 조선은 후금과 강화를 맺어도 명나라를 배반하지 않는다는 등의 내용을 담은 화약이 성립되어 후금은 조선에서 군대를 철수하였지. 이로 인해 후금은 명나라와 불가능하던 교역의 타개책을 조선으로부터 얻을 수 있게 되었어. 하지만 조선은 강화 후에도 친명 배금 정책을 고수하였고, 이는 병자호란의 원인으로 이어지게 되었지.

정유재란
임진왜란의 2차 전쟁

1597년(선조 30년)에 임진왜란의 화의가 깨진 후, 왜군이 조선을 다시 쳐들어 온 사건이야. 이순신을 비롯한 수군 등의 활약으로 큰 타격을 입은 데다, 도요토미 히데요시의 사망으로 왜군이 철수하면서 전쟁은 막바지를 향하게 되었지. 조선 군대는 명나라 군대와 함께 육상에서 철수하는 왜군을 추격했지만, 갑자기 명나라가 군대를 철수시키는 바람에 일본군을 섬멸하지 못했어. 이순신이 이끄는 조선 수군은 진린의 지휘 아래 명나라의 수군과 함께 왜군의 퇴로를 막기 위해 노량에서 일본 전선 300여 척과 해전을 벌였지. 노량 해전에서 조선과 명은 왜군의 함선 200여 척을 격침시키며 최후의 승리를 거두었으나, 이순신은 전사하고 말았어. 노량 해전을 끝으로 일본과 조선의 7년에 걸친 전쟁은 끝나게 되었지.

정전론
조선 시대 실학자 정약용이 주장한 토지 개혁론

전국의 토지를 국유화한 다음 농민에게 고르게 분배함으로써, 농촌 경제를 안정시키려는 토지 제도를 말해. 정전제는 중국의 〈맹자〉, 〈주례〉, 〈한서〉 등에 전하는 내용으로, 토지의 한 구역을 '우물 정(井)'자 모양으로 아홉 개로 나누어 여덟 농가가 한 구역씩 경작하게 하는 거야. 그리고 가운데 있는 한 구역은 여덟 호가 공동으로 경작해서 수확물을 국가에 조세로 바치게 하는 제도지. 우리나라에서는 16세기 이후부터 정전론에 대한 논의가 시작되었는데, 정전론을 주장한 학자로 김평묵, 정약용, 이항로, 한태동 등을 들 수 있어. 이들 가운데 대표적인 인물은 정약용으로 그는 강진의 유배지에서 저술한 《경세유표》를 통해 당시의 토지 문제를 비롯한 농업 문제, 조세 문제 등에 대한 해결 방안으로 정전제의 실시를 주장했지. 정약용은 공동 농장제인 여전론이 현실에서는 시행하기 어려운 이상적인 토지 개혁론이라는 한계를 인식한 뒤, 여전론에 비해 실현성이 있다고 생각되는 정전론을 주장했던 거야. 그러나 이런 개혁론을 당장 실현하기는 불가능하다고 여겨 거의 모든 토지를 정전으로 구획하고, 그 중 1/9을 국가가 매입하여 공전으로 삼아 세를 거두는 방안을 제시하였어. 한편 정전제의 실시에 대해 반대하는 입장에서는 주로 지리적 조건이 적당하지 않다는 점과 인구수가 일정하지 않다는 점을 그 이유로 들었지.

조선경국전
1394년, 조선 건국 초에 정도전이 저술한 조선 왕조의 헌법이라 할 수 있는 법전

조선 건국 초에 정도전이 쓴 조선 왕조의 법전이야. 1397년에 편찬된 조선 최초의 공식 법전인 《경제육전》으로 이어졌고, 이후 《경국대전》을 비롯한 조선 왕조의 법전을 편찬하는 데 기초가 되었지. 조선 왕조의 건국 이념을 비롯한 정치와 경제, 사회, 문화에 대한 통치의 기본 방향을 설정해 두고 있어. 내용은 크게 임금이 해야 할 일과 신하가 해야 할 일로 나뉘어 있단다.

조선왕조실록

조선 태조에서 철종에 이르기까지 25대에 걸친 472년의 조선 역사를 연대순
(편년체)으로 기록한 책

총 1,893권 888책으로 이루어진 조선왕조실록은 국보 제151호로 지정
되어 있으며, 1997년에는 유네스코 세계 문화 유산으로 등록되었어. 조
선 시대 왕들의 재위 기간에 일어난 역사적 사실을 각 왕별로 연
월일 순서에 따라 기록한 역사서란다. 조선왕조실록은 우리가 조선
시대를 이해하는 가장 기본적인 사료로서 조선 시대의 정치를 비롯한 경
제 · 사회 · 문화 등 여러 분야에 대한 역사적 사실을 두루 수록하고 있는
매우 귀중한 문화 유산이지.

조운제

고려 시대와 조선 시대에 각 지방에서 거두어 들이는 조세를 중앙으로 운송
하던 제도

조운제는 고려, 조선 때 각 도에서 국가에 내는 전세(토지세)나 대
동미를 서울에 위치한 관곡 창고인 경창까지 물길로 수송하던 일이
야. 조운 제도를 시행하면서 전국의 각 지역에 곡식 보관을 위한 창고인
조창을 설치했는데, 국경과 맞닿아 있던 평안도 지역과 함경도 지역의 세
곡은 서울까지 운반하지 않았어. 대신 평안도와 함경도 지역의 세곡은 현
지에서 국방비나 사신 접대비 등으로 사용하였단다.

조의제문

단종을 죽이고 왕위를 빼앗은 세조를 비난하는 내용이 담긴 김종직의 글

조선 성종 때의 학자였던 김종직이 지은 글로 이 글은 무오사화의 원인이 되기도 했어. 계유정난을 일으켜 왕위에 오른 세조를 초나라의 의제를 죽인 항우에 빗대어 은근히 비난한 내용을 담고 있지. 조의제문은 김종직의 제자였던 사림파의 김일손이 사관으로 있을 때 사초에 기록해 놓았는데, 연산군이 즉위한 뒤 《성종실록》을 편찬하면서 이를 문제 삼기 시작했어. 당시 권력을 잡고 있던 훈구파가 김종직 일파를 세조에게 충성하지 않은 무리로 몰아 많은 사림파가 죽임을 당했단다. 이 사건을 '무오사화' 라고 하지.

종묘

조선 시대 역대 왕가의 위패를 모시던 사당

조선 시대 역대 왕가의 위패를 모시던 사당인 종묘는 국보 제227호이자 사적 제125호로 서울특별시 종로구 훈정동에 위치해 있어. 1421년(세종 3년)에 세워진 영녕전은 임진왜란 때 불타고, 지금 남아 있는 것은 1608년(선조 41년)에 다시 세운 것으로 1996년에는 유네스코 세계 문화유산으로 지정되었단다.

우리나라 종묘의 기원은 매우 오래되었는데, 392년(고구려 고국양왕 9년)에 처음 종묘를 수리했다는 기록이 남아 있어. 이처럼 우리나라는 삼국 시대부터 종묘 제도가 갖추어져 있었으며 고려 시대에는 건국 초기부터 종묘의 제도를 갖추기 시작하여 성종 때 완비되었지. 조선은 건국 이

후 고려의 종묘를 철거하고 새로 지었는데 1395년(태조 4년) 9월에 완공되었어. 종묘는 완공 이후에도 각종 보완 공사가 행해지기도 하고 소실되어 중건되기도 했단다.

주기론

우주 만물의 근본을 물질적인 기에 두고 감성과 외형적인 현실에 관심을 쏟은 이론

조선 시대 성리학의 이론 가운데 하나야. 주기론은 우주 만물의 근본을 물질적인 기(氣)에 두고 감성과 외형적인 현실에 관심을 쏟은 이론이야. 주기론의 대표적인 학자는 이이(율곡), 성혼, 김장생 등으로 후에 기호 학파로 이어졌지.

주리론

우주 만물의 근본을 이(理)로 보는 이황의 학설을 계승한 이론

주기론과 함께 조선 시대 성리학의 양대 이론 가운데 하나야. 우주 만물의 근본을 이(理)로 보는 이황의 학설을 계승한 이론으로 영남 학파로 이어졌지. 17세기 후반이 되면서 주리론을 계승한 이현일과 이재 등의 학자들을 중심으로 주리파가 하나의 학파로 성립이 되었단다. 이황의 학설을 이이와 그의 제자들이 비판한 내용을 재비판하는 형식으로 발전했어. 주리파는 이황의 학설을 계승하였다 하여 퇴계 학파라 하는데, 영남지방에 근거를 두고 활약하였기 때문에 영남 학파라고도 하지.

중농학파
토지 개혁과 농민 생활의 안정을 주장한 조선 후기 실학의 한 분파

중농학파는 국가와 사회를 이끌어가는 데 도움이 되는 학문이라는 의미에서 경세치용학파라고도 하며 유형원, 이익, 정약용 계열의 학자가 대표적인 인물이야.

중농학파 실학자들은 토지 제도의 개혁이 모든 개혁의 기초가 된다고 말했어. 이들이 내세운 토지 제도 개혁론은 정전제를 기반으로 하고 있으며 이익은 한전론, 유형원은 균전론, 정약용은 여전론을 제시했지. 한편 이들은 토지 제도의 개혁으로 얻은 성과를 국가 체제 전반으로 확대시켜야 하는데 그러기 위해서는 정치 세력과 신분제에 대한 개편이 필요하며 정치 참여층의 확대가 있어야 한다고 했지.

중상학파
상공업의 발달을 중시한 조선 후기 실학의 한 분파

중상학파는 실제 사회에 이용될 수 있는 학문이라는 의미에서 이용후생학파라고도 하고, 청나라의 문물을 적극적으로 수용하고 배워야 한다는 의미에서 북학파라고도 해. 박지원·박제가·홍대용 등이 대표적인 인물로 이들은 상공업의 유통과 생산 기구, 일반 기술의 발전을 강조하고 있어서 중상학파라고 하며, 개혁의 모델을 청나라 문물에 두어서 북학파라고 지칭하였어. 대표적인 저서로 박지원의 《열하일기》, 박제가의 《북학의》 등이 있어.

중종반정

조선의 제10대 왕인 연산군을 몰아내고 연산군의 이복 동생인 진성 대군을
왕으로 추대한 사건

연산군은 재위하던 12년 동안 무오사화와 갑자사화를 일으켜 많은 선
비들을 죽음으로 내몰았어. 당시 연산군은 임금에게 유학을 강의하던 경
연과 최고의 교육 기관이던 성균관까지 폐하여 오락의 장으로 만들었단
다. 이 무렵 연산군은 국정을 뒤로 하고 폭정을 일삼아 백성들의 원성이
높아졌어. 이에 이조 참판을 지내다 파직된 성희안이 중심이 되어 일으킨
거사야. 이들은 연산군을 폐하고 후에 중종이 된 진성대군을 왕으
로 세웠는데, 이 사건을 중종반정이라고 해.

증광시

조선 시대에 나라에 경사가 있을 때 임시로 실시하던 과거 제도

증광시가 처음 실시된 것은 1401년으로, 처음에는 임금의 등극을 축
하하는 의미로 임금이 즉위하던 해나 그 이듬 해에 실시하였지. 그
러다 선조 때부터 확대되어 실시했는데 소과와 문과, 무과와 잡과로 나누
어 실시했어.

지봉유설

이수광이 1614년 광해군 때 저술한 우리나라 최초의 백과 사전 형식의 책

이수광이 1614년 광해군 때 저술한 우리나라 최초의 백과 사전 형식의 책이야. 이 책은 조선 시대 실학의 선구자였던 지봉 이수광이 중국 사신에게서 구한 견문을 바탕으로 편찬한 목판본으로, 구성은 20권 10책으로 되어 있지. 조선을 비롯해 중국과 일본, 안남(베트남), 유구(오키나와), 섬라(타이), 자바, 말라카, 멀리 유럽까지 소개하여 우리 민족의 세계관을 넓히고 새롭게 하는 데 상당히 기여했다고 해.

직전법

조선 전기의 토지 제도로 현직 관리에게만 수조지를 나누어 준 제도

1466년(세조 12년)에 실시된 조선 전기의 토지 제도로, 전현직 관료 모두에게 지급하던 사전을 폐지하고 현직 관리에게만 수조지(나라에서 세금을 받을 권리를 관리에게 주는 땅)를 나누어 준 제도야. 직전법은 과전법의 문제점과 모순을 해결하기 위해 실시된 토지 제도로, 관료의 미망인과 유가족에게 지급하던 수신전과 휼양전도 폐지되었으며 과전에 비하여 지급액도 크게 줄었단다. 직전법을 통해 관리들의 경제력을 약화시키면서 국가의 재정을 강화하려는 데 그 목적이 있었기 때문이지. 또한 직전법은 세조의 집권을 인정하고, 관리로서 나라를 위해 봉사하는 이에게만 생활 기반을 마련해 주겠다는 정치적인 의미를 지닌 제도란다.

진경 산수화

조선 후기에 유행한 화법으로 산천을 사실 그대로 묘사하여 그린 산수화

우리나라의 진경 산수화는 실제 경치를 그린 실경 산수화의 전통을 기반으로 우리 자연에 맞는 독자적인 새로운 화풍을 만들며 발전했어. 기존의 형식화된 창작 태도에서 벗어나 우리 자연에 맞는 독자적인 기법으로 그림을 그렸어. 진경 산수화에서는 우리나라의 명승지 가운데서도 특히 금강산과 관동 지방, 한양 근교의 경관이 주로 배경이 되었어. 대표적인 작품으로 인왕산의 모습을 사실적으로 그린 정선의 인왕제색도를 들 수 있어.

진관

조선 시대 지방의 방위 체제이자 군사 조직

1457년 세조 때 중앙의 군사 조직인 오위 체제를 정비하는 과정에서 편성된 지방의 방위 조직이야. 진관 체제가 정비되던 초기에는 해안 지대와 국경 지대 등의 주요 지대에만 진을 설치하였단다. 그런데 변방만 지키다가는 외세의 침입에 대비하기 어렵다는 이유로 1455년에 전국을 여러 개의 진관으로 새롭게 편성하였지. 진관은 평시에는 지방군을 주관하던 금영인 주진의 관할 아래 있다가 전쟁이 나면 각 진영마다 독자적으로 군사 행동을 취하여 전투에 임하도록 되어 있었어. 하지만 임진왜란 이후 진관 체제는 여러 가지 한계로 무너지고 유성룡의 건의에 따라 진관 대신 각 지방에 속오군 등이 설치되었지.

집현전

학문 연구 기관으로 도서를 간직하고 이용하도록 하는 일과 학문 활동, 국왕의 자문 등을 맡아보던 관아

집현전 제도는 중국에 근원을 두고 있는데 한나라 때 시작되어 당나라 현종 때 정비된 제도야. 학사가 왕이나 세자 앞에서 경서를 강의하던 시강과 책을 간직하여 두는 장서, 책이나 문서를 베끼는 사서 등을 담당하였지. 우리나라에도 삼국 시대에 백제의 박사, 신라의 상문사, 통문 박사, 서서원 학사 등의 유사한 제도가 있었어. 우리나라에서 집현전이라는 명칭이 처음으로 사용된 시기는 고려 인종 때야. 당시 궐 안에 서적을 두고 임금과 신하들이 학술에 관하여 질의하던 연영전이 있었는데 이를 집현전으로 명칭을 바꾸고 대학사와 학사를 둔 뒤 시강 기관으로 삼았지. 하지만 충렬왕 이후부터는 유명무실한 기관이 되었고, 충목왕대에 가서 시강을 담당하던 경연제 설치와 함께 폐지된 것으로 보여. 그래서 흔히 집현전이라고 하면 조선 초기 1420년(세종 2년)에 설치한 것을 말해. 이 시기에 설치한 집현전은 조선 왕조가 유교주의 국가로서 갖추어야 할 의례와 제도를 확립하고 인재를 양성하기 위해 설치한 기관이야. 집현전에서는 정치에 귀감이 되고 후세에 모범이 될 각종 사서를 편찬하는 일 등도 활발히 하였지. 집현전은 유망한 젊고 혈기가 왕성한 인재들로 채워졌고, 집현전 학자들에게는 여러 특전이 주어졌어. 특히 학자들에게 휴가를 주어 독서당에서 공부하게 하던 사가 독서를 내려 학문에 전념할 수 있도록 하였지.

찰방

조선 시대에 각 도의 역참을 관리하던 종6품 관리

찰방은 각 도의 역참을 관리하던 관리로 마관 또는 우관이라고도 했어. 고려 시대까지만 해도 역의 운영은 역장과 역리가 했고 정부에서는 가끔 관리를 파견하여 순시하는 정도였어. 그러다 고려 말에는 사회 혼란으로 인해 역제가 크게 문란해지는 일이 생기면서, 공양왕 때 조준의 건의로 역마다 6품관을 두어 역을 관리하도록 했지.

조선 시대에는 수많은 역마다 참상관을 두어 관리하는 것이 어려워 태종 때부터는 역참의 일정한 지역을 책임지고 관리하는 정역 찰방이 다시 등장했어. 조선 초기에는 고려 시대의 전통을 이어 역장보다는 감찰관으로서의 임무를 수행하는 경우가 많았지. 찰방은 다른 감찰관과 달리 암행 감찰을 하기도 해서 조선 후기에 발달한 암행어사의 선구가 되었단다.

천주실의

'천주에 대한 참된 토론' 이라는 뜻을 지닌 책

이탈리아의 예수회 사제인 마테오 리치가 1603년에 중국에 가서 쓴 천주교 교리서야. 단순한 교리 문답서가 아니라, 중국의 학자와 서양 교주와의 토론, 문답 형식으로 가톨릭교 신학을 서술한 교리서란다. 천주실의는 동북 아시아 지역의 유교 전통 사회에 가톨릭 신앙을 심어준 책으로 중세 동북 아시아 사회에 가톨릭 신앙과 서구 윤리 사상을 유포하는 데 기여했지. 서구인이 한자로 저술한 책 가운데 가장 큰 영향을 끼쳤다고 할 수 있어.

청구영언
조선 후기, 1728년에 김천택이 엮은 시조집

　　현존하는 시조집 가운데 가장 오래된 대표적 시조집으로 고려 말기부터 편찬 당시까지 역대 시조 998수와 가사 17편이 실려있지. 〈청구영언〉은 여러 종의 이본이 전해오는데, 대체로 시조를 작가와 시대별로 배열하여 실었단다. 작자가 있는 것을 먼저 싣고 작자 미상의 작품을 뒤에 배열했어.

청화백자
정선된 백토로 형태를 만들고 문양을 그린 백자의 일종

　　정선된 백토로 형태를 만들고 투명유를 입혀 그 위에 문양을 그린 뒤 1,250℃ 이상의 고온에서 구워낸 백자의 일종이야. 청화백자는 중국에서 처음 만들어진 자기이지만, 제작 시기에 대해서는 중국에서도 여러 가지 학설이 있어. 우리나라에서 청화백자가 제작된 것은 조선 초기로 볼 수 있는데 중국 원나라의 청화백자가 고려 말 경에 우리나라에 전해진 것으로 보여. 15세기 무렵의 청화백자는 주로 중국 명나라의 청화백자 문양과 기형 등이 그대로 반영되어 있는 것들이 많아. 16세기에는 문양과 기형에서 중국적인 특징들이 서서히 사라지면서 한국적인 성격이 강해지는데, 회화적인 필치의 초화 무늬, 포도 무늬, 칠보 무늬 등이 나타났단다. 17세기 전반에는 청화 안료의 부족으로 산화철 안료를 사용한 청화백자의 생산이 증가했다가 다시 17세기 중반 이후가 되면서 청화백자가 증가하게 되는데, 이러한 현상은 18세기까지 꾸준히 계속돼. 청화백자는 조선 초기부터 사용하던 고급 그릇으로 조선 말기에는 왕실에서뿐만 아니라 일부 민간에서도 누릴 수 있게 되었어.

초계문신

조선 후기 규장각에서 교육과 연구 과정을 밟던 문신들

조선 정조 이후 규장각에 소속되어 재교육을 받던 나이 어린 문신들이야. 정조는 즉위한 직후 규장각을 세워 재능 있고 젊은 인물들을 뽑아 학문을 연구하게 했단다.

초계문신 제도는 조선 전기 학자들에게 휴가를 주어 독서당에서 공부하게 하던 사가독서제의 전통을 이어받아 실시한 제도로 정조는 37세 이하의 벼슬아치 가운데 선발한 문신들에게 본래의 직무를 면제해 주고 연구에 전념하게 했어. 이들은 한 달에 두 차례의 구술 고사와 한 차례의 필답 고사로 성과를 평가받았는데 정조가 친히 강론에 참여하거나 직접 시험을 보기도 하였지. 당시 대표적인 초계문신으로 정약용·홍석주·김재찬 등을 들 수가 있는데 이들은 나중에 당대 최고의 학자이자 관료가 되어 19세기 조선의 정치와 문화를 주도해 나갔단다.

추사체

조선 시대의 문신이자 서화가인 추사 김정희의 글씨체

김정희는 소년 시절부터 북학파 학자였던 박제가에게 학문을 배우면서 청나라의 금석학 등 새로운 사조에 눈을 뜨게 되었어. 1809년에는 베이징에 가서 학문을 익혔는데 그곳에서 금석고증학의 영향을 받아 서예 원류에 대해 본격적으로 연구하게 되었고, 20세를 전후해서는 서법으로 천하에 이름을 떨쳤다고 해. 이러한 김정희의 글씨체를 그의 호를 따 추사체라고 하지.

춘추관
고려 시대와 조선 시대에 당시의 정치를 기록하는 일을 맡아보던 관청

'춘추관'이라는 명칭은 중국의 사서오경 가운데 하나인 〈춘추〉에서 가져온 말인데, 엄정하면서도 비판적인 자세로 역사를 기록하는 곳이라는 의미가 담겨 있지. 오늘날에도 청와대에 춘추관이 있는데 대통령이 기자 회견을 하는 장소이면서, 청와대 출입 기자들이 사무실로 사용하고 있어. 현재의 청와대에 있는 '춘추관' 역시 엄정하게 역사를 기록한다는 의미를 확장시켜 자유 언론의 정신을 상징하는 곳이라고 할 수 있단다.

취재
조선 시대에 하급 관리를 뽑기 위해 실시하던 관리 임용 시험

조선 시대에 군사나 기술관 등의 하급 관리를 선발할 때 치렀던 시험이야. 조선 시대 이전에도 하급 관리를 위한 시험을 보았지만 고려 시대까지만 해도 제도적으로 자리 잡지는 못했어. 조선 건국 후 정도전의 주장으로 취재 제도가 대폭 정리되었지.

측우기
조선 시대에 만들어진 강우량 측정 기기

세계 최초의 기상 관측 장비로 조선 세종 이후부터 조선 말기까지 강우량을 측정하는 데 쓰던 기구야. 측우기는 1441년 세종 23년에 호조에서 측우기를 설치해달라는 건의를 한 것이 계기가 되어 만들어졌단다. 그 후 일 년이 지난 1442년 5월에 세종은 측우에 대한 제도를 새로 제정하고 측우기를 제작해서 서울을 비롯한 각 도의 군현에 설치하였지.

칠정산
조선 시대에 세종 임금의 명을 받아 편찬한 역서

1444년(세종 26년)에 이순지와 김담이 주축이 되어 펴낸 우리나라 최초의 역법이야. 우리나라의 역대 역법을 정리한 것을 토대로 하고, 원나라와 명나라의 역법을 참고하여 만든 것으로, 칠정산 내편과 칠정산 외편으로 나뉘어져 있지. 칠정은 수성·금성·화성·목성·토성인 다섯 개의 행성과 해와 달의 운동에 대한 수학적인 계산법을 완성해 놓은 것인데, 고려 때까지만 해도 칠정에 대한 완전한 계산법이 없었던 것으로 보여. 칠정산 내편이 완성되면서 칠정에 대한 계산이 완벽해지고, 서울에서 일어날 일식을 비롯한 여러 천문 현상을 정확하게 예보할 수 있게 된 거야.

타조법

조선 시대 전기의 지대법으로 고려 시대 병작 반수제의 관행이 이어진 제도

타조법은 병작 반수제 또는 지주 전호제라고도 해. 지주가 소작인에게 땅을 대여해 주고 그에 대한 대가로 수확량의 절반 정도의 세금을 거두어들이는 제도야. 조선 후기가 되면 수확량과 상관없이 일정한 액수의 소작료를 미리 정하는 도조법이 실시되었는데, 도조법은 수확량의 약 1/3 가량을 지주에게 바쳤어. 도조법은 지주의 간섭이 적기 때문에 타조법에 비해 소작인에게 유리한 제도였단다.

탕평책

조선 후기 당쟁을 해소하기 위해 실시한 것으로 인재를 고르게 등용하던 정책

조선 후기 붕당 간의 대립으로 정치 기강이 문란해지고 왕권이 약화되었어. 이에 숙종 때 처음으로 당파를 초월하여 인재를 등용하는 탕평책을 시행했지. 하지만 그럼에도 불구하고 노론과 소론 사이의 대립은 나아지지 않았어. 왕위에 오르기 전부터 붕당 정치로 인한 폐해를 몸소 겪은 영조는 즉위 후 바로 탕평책을 실시하였지. 그리고 성균관 입구에 '탕평비'를 세웠단다. 영조의 뒤를 이은 정조도 자신의 거실을 '탕탕평평실'이라고 하며 적극적으로 탕평책을 실시했어. 정조는 노론과 소론은 물론 서얼까지도 고루 등용하였으며, 남인 출신을 영의정으로 뽑는 등 탕평책을 통해 많은 효과를 거두었지.

택리지

조선 시대 실학자 이중환이 전국을 현지 답사한 내용을 토대로 쓴 인문 지리서

택리지는 우리나라 최초의 근대적 지리서야. 1751년(영조 27년)에 간행한 택리지는 전국 각지의 교통과 지리, 문화, 인물, 특산물 등을 정리한 인문 지리서란다. 풍수 지리설에 입각하여 전국 8도의 살기 좋은 곳을 선정하고, 각 지방의 지역성을 정치, 경제, 사회, 문화, 인물 등과 연관지어 서술하고 있어.

이 책은 사민 총론, 팔도 총론, 복거 총론으로 구성되어 있는데, 사민 총론에서는 사·농·공·상의 유래와 사대부의 역할, 사대부의 사명에 대해 서술하고 있어. 팔도 총론은 조선 팔도의 위치와 역사적인 배경, 지리적 특성을 그 지방 출신의 인물과 관련지어 서술하였지. 복거 총론에서는 사람이 살기에 좋은 입지 조건으로 지리와 생리(경제)·인심·산수 등 네 가지를 들어 서술하여 실용성과 과학성을 높였단다.

통신사

개화기 전까지 조선에서 일본에 파견한 공식적인 문화 · 외교 사절

조선 통신사라고도 하며 1876년(고종 13년) 강화도 조약 이후에는 수신사로 이름이 바뀌었어.

일본은 이중 통치 구조를 가진 국가로 명목상 최고의 지도자는 천황이지만, 실질적인 통치는 군사 실력자인 '장군'이 맡았지. 일본은 장군이 새로 취임할 때마다 조선과 여러 외교 문제를 논의하기 위해 통신사라는 사절단을 교환했어.

통신사라는 명칭은 고려 때부터 있었지만 일본과 통신사가 처음으로 교환된 건 1429년(세종 11년)이었는데, 임진왜란을 계기로 단절되었단다.

그 후 일본의 끈질긴 요구로 통신사 파견은 재개되었는데, 일본에 서양 문물이 전래된 이후부터는 일본에서 통신사 파견을 거부했지.

판소리

우리나라 민속악의 한 갈래로 광대의 소리와 대사로 이야기를 엮어 가는 극 형식의 노래

판소리는 넓은 무대를 의미하는 '판'과 노래를 의미하는 '소리'가 합쳐진 말로 넓은 놀이판을 무대로 소리꾼이 몸짓과 이야기를 섞어 북 장단에 맞추어 부르는 노래를 말해.

판소리는 서민 문화가 생겨나기 시작한 조선 숙종 무렵에 만들어진 것으로 판소리의 사설은 사람들 사이에서 입에서 입으로 전해 내려오는 설화를 토대로 발전해 온 거야. 무당의 열두 굿과 같이 열두 마당으로 이루어져 있는데 그 열두 마당이 바로 《춘향가》와 《심청가》를 비롯한 《흥부가》, 《변강쇠타령 : 가루지기타령》, 《토별가(수궁가 : 토끼타령)》, 《적벽가》, 《장끼타령》, 《숙영낭자전》, 《무숙이타령》, 《배비장타령》, 《강릉매화타령》, 《옹고집타령》 등이야.

조선 후기로 가면서 신재효가 기존 판소리 열두 마당을 《춘향가》와

《심청가》, 《박타령》, 《가루지기타령》, 《토끼타령》, 《적벽가》 등의 여섯 마당으로 정비하였지. 현재는 여섯 마당에서 《변강쇠타령》이 빠지고 다섯 마당이 전해내려오고 있단다.

팔도도

조선 시대 최초의 지도로 1402년(태종 2년)에 이회가 제작한 것으로 보이는 전국 지도

팔도도는 고려 말에 제작된 「팔도지도」를 토대로 수정·보완한 것으로 보이는 조선의 전국 지도야. 현재 팔도도의 원본은 남아 있지 않지만 지도의 내용상 정치와 군사적인 목적으로 만들어진 것으로 추정돼. 또한 이회가 '혼일강리역대국도지도'를 제작할 때 우리나라에 대한 부분은 자신이 만들었던 팔도도를 기초로 하였을 것으로 추정하고 있지.

팔도지리지

조선 시대 세종의 지시에 따라 윤회와 맹사성 등이 편찬한 전국 종합 지리서

1432년에 왕명에 의해 편찬한 우리나라 전국 지리서로 지리서의 선구적인 저술이라고 할 수 있어. 중앙 정부에서 조세와 공물을 거두는 데 참고하기 위해 만든 것으로 정부는 팔도지리지의 편찬을 위해 전국의 각 도에서 해당 자료를 수집하였단다. 현재는 〈경상도지리지〉만 전해오고 있어.

필암서원

1590년(선조 23년) 전라남도 장성군에 하서 김인후의 도학을 기리기 위해 세운 서원

필암서원은 사적 제242호로 호남 지역의 유림들이 김인후의 높은 절의와 학문을 추모하기 위해 세운 서원이야. 김인후는 성균관에서 퇴계 이황과 함께 공부한 인물로 과거에 급제한 후 세자 시절 인종의 스승으로 명성을 얻었지. 하지만 인종이 세상을 떠난 후부터는 고향으로 내려와 다시 벼슬길에 오르지 않고 이곳에서 지역의 유림들과 평생을 지냈다고 해.

이 서원은 1597년 정유재란으로 소실되었다가 두 차례에 걸쳐 다시 세워졌는데 인조 때 한 번 다시 지어졌다가 현종 때 필암서원으로 사액(임금이 이름을 지어서 새긴 액자)을 받게 되었어. 이때부터 '필암서원'은 토지와 노비 등이 지급되었고 서원으로서의 제 기능을 하게 되었지.

한성부

조선 시대에 한성(서울) 지역의 행정과 사법을 관할하던 관청

한성부는 조선 시대 서울특별시의 명칭이면서 동시에 그 지역의 행정을 담당하는 관청을 일컫는 말이야. 오늘날의 서울 시청과

같은 곳이지. 한성부는 수도의 행정은 물론 성곽 밖의 10여 리까지의 호적과 토지, 가옥, 묘지 등에 대한 소송까지도 관리하였어. 그래서 형조, 사헌부와 함께 법을 맡아 다스리는 삼법사라고도 해. 한성부의 최고 책임자로는 2품의 한성부 판윤이 있었고, 한성부 부윤이 그 다음으로 있었단다.

향교

고려 시대와 조선 시대에 유학을 교육하기 위해 설립한 지방의 교육 기관

향교는 지방 학생들의 유학 교육을 담당한 관학으로 서당을 마치고 진학하는 중·고등 교육 기관이자 중앙의 4부 학당과 같은 기관이라고 할 수 있어. 향교는 유생을 교육하는 일뿐만 아니라 공자를 제사 지내는 문묘가 있어 민간인의 도덕적 기풍을 수립시키고 지방 문화의 향상에도 많은 기여를 했단다. 향교를 졸업하면 소과에 응시하여 진사나 생원의 하급 관리가 될 수도 있었고 성균관에 입학할 자격이 주어졌지.

향리

지방의 행정 실무를 맡아 관리하던 조선 시대 하급 관리

고려 시대와 조선 시대에 지방의 수령을 도와 행정 실무를 담당하던 최하위 관리로 조선 시대에는 지방 수령이 근무하는 관아 앞에 향리들이 근무하는 곳이 있다 해서 '아전'이라고도 불렀어. 지방 관청에 소속되어 중앙에서 파견된 수령을 보좌하고 지방의 실무를 담당하였지. 향리는 대물림으로 내려오는 하급 관리로 원래 지방 호족 출신이었는데 고려 시대에 정부가 지방 통제책으로 이들의 지위를 하락시켜 조선

시대에는 하급 관리에 이르게 되었어.

조선 시대에는 정부가 지방관을 통제하기 위해 그 임기를 짧게 한 탓에 지방관들은 해당 지역의 사정에 어두웠단다. 그러다보니 향리들에게 의존하는 부분이 많아지게 되었고 이는 향리들의 횡포가 심해지는 결과를 낳았단다. 특히 삼정과 같은 세금을 거두는 분야에서 이들의 횡포는 더욱 두드러졌어. 이같은 향리들의 횡포는 농민들의 고통으로 이어져 조선 후기의 크고 작은 민란의 원인이 되기도 했지. 사극에서 볼 수 있는 이방과 같은 인물들이 향리의 대표적인 인물이라고 할 수 있어.

향약

조선 시대 향촌의 상부상조를 위하여 만든 자치 규약

마을 사람들 간의 상부상조를 목적으로 만든 향촌 규약으로 조선 중종 때 조광조를 비롯한 사림파가 중국 송나라의 여씨 향약을 본떠 만들었어. 향약이 반포되고 초기에는 법적인 효력이 없어 널리 행해지지 않았지만 이황이 예안 향약, 이이가 서원 향약·해주 향약 등으로 우리나라의 실정에 맞게 만들면서 전국 각지에서 시행되었지. 조선 중기 이후부터 영, 정조 때까지 전국 각지에서 시행된 향약의 기본 강령은 '좋은 행실은 서로 권한다'는 덕업 상권, '옳지 않은 일은 서로 규제한다'는 과실 상규, '예의와 풍속으로 서로 사귄다는' 예속 상교, '어려운 일을 당하면 서로 돕는다'는 환난상휼이야.

향청

조선 시대 지방 수령을 자문하고 보좌하던 지방 자치 기구

향청은 지방 군·현의 수령을 보좌하고 향리의 횡포를 막는 등 지방민을 대표하는 기구야. 초기에는 여러 차례 존폐를 거듭하다가 1489년(성종 20년)에 부활되었단다.

우두머리는 향정 또는 좌수라고 불렸고, 선거로 추천된 자를 임명하였지. 이들은 풍속 교정·향리 규찰·정령 시달 등의 일을 맡아보았어.

그러나 향민을 대표해서 지방관을 감시할 책임이 있었던 향청은 때때로 그 권한을 남용하여 민폐를 끼치는 사례가 많았단다.

향회

조선 시대 지방에 거주하던 사대부들이 주축이 되어 운영한 지방 자치 회의

향회는 오늘날의 지방 의회와 비슷한 것으로 유향소(향청)와 함께 사대부들이 지방을 통치하는 수단이었어. 향회의 구조나 성격, 운영 등은 지역에 따라 조금씩 달랐는데 16, 17세기에는 향안이라고 하는 향회의 출석부에 이름이 등록되어 있는 이들만 지배층 행세를 할 수 있었지. 하지만 점차 중앙 권력이 강화되고 중앙에서 파견된 수령의 권한이 강해지면서 나중에는 세금 징수를 위한 단순한 자문 기관 정도의 역할만 하게 되었어. 그러다 19세기에 들어서면서부터는 피지배층의 성장으로 평민들도 향회에 참가하게 되었고 일부 지역에서는 평민층의 의견을 모으는 역할을 하기도 했단다. 1862년에 대규모 민란이 일어났을 때 평민들은 향회를 이용해 집단 행동을 하여 저항 조직으로서의 역할

을 하기도 했어.

현량과
조선 중종 때 조광조의 건의에 따라 시행한 관리 임용 제도

조선 시대에 중앙과 지방 관청의 추천을 받아 왕 앞에서 직접 시험을 치르게 하여 인재를 선발하던 제도야. 시험을 통한 선발제인 과거제와 추천제를 결합한 형태로 훈구파에 맞서 새로이 떠오른 사림파의 지도자 조광조의 건의로 시행되었지. 당시는 사림파의 중앙 정계 진출이 과거제만으로는 어려웠던 탓에 지방의 신진 사류의 중앙 진출의 길을 열어놓기 위해 이같은 관리 선발 방법을 시행하였어. 하지만 기묘사화로 조광조가 물러나면서 훈구파에 의해 현량과도 폐지되었지.

현릉원
조선 제22대 정조 임금의 아버지 사도세자의 묘

사도세자의 무덤은 원래 영우원이라는 이름으로 한양의 동쪽인 양주 배봉산 자락에 위치해 있었는데, 풍수 지리상 좋지 않다는 이유로 수원부 뒷산으로 옮기게 되었어. 이때 현릉원으로 명칭이 바뀌었고, 1899년(광무 3년)에는 융릉으로 격상되었지. 현릉원은 정조의 신도시 화성을 탄생시킨 으뜸 요인이라고 할 수 있어.

호패는 오늘날의 신분 증명서와 같은 것으로 우리나라에서는 고려 시대 공민왕 때 처음으로 원나라에서 이 제도를 받아들였지만, 잘 시행되지 않다가 조선 태종 때 비로소 전국적으로 시행되었어. 호패는 왕실을 비롯한 양반과 양민, 천민, 노비에 이르기까지 16세 이상의 모든 남자가 사용한 것으로 인구 수를 파악하고 군역과 세금 내는 기준을 밝혀 국가의 세금 수입을 늘리기 위한 것이 가장 큰 목적이었어. 당시 국가에서는 호패를 소지하지 않고 다니면 곤장 50대, 남에게 빌려주면 곤장 100대의 벌을 내렸지. 그리고 죄인들이 거짓으로 호패를 위조했을 경우에는 사형을 당하기도 했어.

홍경래의 난

조선 후기 평안북도에 대한 차별 대우로 홍경래가 중심이 되어 일어난 농민 반란

1811년(순조 11년)에 일어난 난으로 서 북농민 항쟁이라고도 해. 당시는 삼정의 문란과 세도 정치 등으로 국가의 기강이 몹시 흔들리고 있었어. 특히 평안도는 당시 상업이 활발한 지역으로 경제적으로는 발전되어 있었지만 중앙 정치권으로부터 소외된 지역이었지. 중앙의 차별 대우로 출세가 어려워진 이들은 불만이 커졌어. 이에 몰락한 양반 출신인 홍경래가 비슷한 처지의 동료들을 모아 지역 차별과 정치적 모순을 바로 잡기 위해 난을 일으켰단다. 이들은 한때 청천강 이북의 8개 고

을을 모두 점령하기도 했지만 이듬해 관군에 의해 진압되었어. 이렇다 할 개혁안을 내놓지 못해 전국적으로 확대되지는 못했지만 농민을 비롯한 광산 노동자와 날품팔이꾼 등 하층민이 참여한 대규모 항쟁으로 이후에 많은 민란에 영향을 주었지.

홍문관
조선 시대 중앙 관제인 삼사의 하나로 왕의 자문 역할을 하던 관청

홍문관은 왕의 자문을 맡아보던 문필 기관으로 경사와 서적을 관리하고 경연, 고서 작성 등을 맡아 보던 기관이야. 사헌부, 사간원과 함께 삼사라고 하였으며 세종 때의 집현전을 홍문관이라고 개칭하였지. 당시 삼사는 언관의 역할을 수행하여 왕권을 견제하는 기관이었어.

화성
조선 후기의 읍성으로 정조가 정치 혁신을 위해 경기도 수원에 세운 계획 도시

18세기에 정조가 자신의 아버지 사도 세자의 묘를 수원으로 옮기고, 건설한 계획 도시야. 화성은 길이 6km의 성곽으로 둘러싸여 있으며, 내부의 건축물이 매우 과학적이고 합리적으로 구성되어 있어. 뿐만 아니라 매우 아름다운 디자인으로 세계적으로 우수한 건축물로서 가치를 인정받고 있지. 화성은 계획된 신도시로 거주지로서의 읍성과 방어적 성격의 산성이 결합된 성곽 도시로 전통적인 축성 기법과 서양의 과학적 기술을 적극적으로 활용하였단다.

조선 후기 실학자 정약용이 만든 거중기를 활용하여 만든 것으로

1997년 종묘, 팔만 대장경, 창덕궁, 석굴암 등과 함께 유네스코 세계 문화 유산에 지정되었어.

환곡

흉년이나 춘궁기에 국가에서 빈민에게 곡식을 대여해 주었다가 추수기에 회수하던 조선 시대 빈민 구휼 제도

환곡은 봄에 국가에서 관청의 곡식을 빈민들에게 빌려 주었다가 가을이 되면 이자를 더해 회수하던 제도를 말해. 삼국 시대부터 실시된 빈민 구휼 제도로 환상 또는 환자라고도 하며 고구려의 진대법, 고려의 흑창과 상평창 등이 비슷한 성격을 띤단다. 삼국 시대부터 시작된 환곡이 제대로 된 제도로 확립된 것은 조선 시대부터라고 할 수 있어. 그런데 조선에서도 임진왜란과 병자호란 이후 국가 재정이 어려워지면서 환곡이 본래의 기능인 빈민 구제보다는 관청의 경비를 마련하기 위한 재원으로 사용되기 시작했단다. 이때부터 환곡은 세금과 같은 성격으로 변했고 탐관오리들의 부당한 횡포까지 더해져 백성들의 원망을 사게 되었지.

환국

조선 숙종 때 왕권 강화를 위해 숙종이 일방적으로 지배 세력을 교체한 일

조선 숙종 때는 서인과 남인이 첨예한 대립을 하는 붕당 정치가 계속되었어. 이러한 상황에서 숙종은 왕권 강화를 위해 일방적으로 지배 세력을 교체하곤 했지. 이 일을 '환국'이라 하는데 숙종 때 환국

은 총 세 번 발생했어. 첫 번째는 1680년 서인이 집권하게 된 '경신환국'(숙종 6년), 두 번째로 1689년 남인이 집권하게 된 '기사환국'(숙종 15년), 마지막으로 1694년 다시 서인이 집권하게 된 '갑술환국'(숙종 20년)이 숙종 때 발생한 환국이야. 이 환국을 통해 많은 사람들이 목숨을 잃게 되고 붕당 정치는 서로를 인정하지 않는 당쟁으로 변질되었단다.

후금
여진족이 세운 나라의 이름으로 후에 청으로 이름을 고침

1616년 누르하치는 여진족을 통일하고 스스로 황제 자리에 올랐어. 그리고 12세기 만주에 세워졌던 대금을 계승한다는 의미로 나라 이름을 '금'이라고 정했단다. 흔히 후금이라고 부르지. 후금은 조선과도 인연이 깊어. 나라를 건국한 이후 이들은 조선을 공격했지. 이 전쟁이 바로 '정묘호란'이야. 또한 1636년 태종 때 나라 이름을 '청'으로 고친 후 다시 한 번 조선을 공격해 '병자호란'을 벌였단다. 이후 조선과 청은 군신 관계가 되어 조선은 청을 섬겨야 했어.

훈구 세력
조선 전기의 지배 세력으로 흔히 세조가 왕위에 오르는 데 공을 세운 세력

'훈구파'라고도 하는 '훈구 세력'은 조선 전기 지배 세력이야. 조선 건국에 참여한 사대부 세력들은 그 공을 인정받아 많은 토지와 노비를 받았어. 이후, 조선 전기에 있었던 두 차례의 왕자의 난, 수양대군이 권력을 잡은 계유정난과 왕위 찬탈 사건, 연산군을 몰아낸 중종반정 등에

서 공을 세운 이들에게도 토지와 노비를 수여했지. 또한 이들 모두에게 공신의 지위를 주었어. 이들 외에 왕실과 혼인 관계를 맺고 조선의 주요 지배층으로 성장한 이들이 있었는데 이를 외척이라고 한단다. 이렇게 공신과 외척들은 조선 전기의 주요 지배층으로 성장했고, 이를 훈구파 또는 훈구 세력이라고 불러. 일반적으로 세조가 왕위에 오르는 데 공을 세운 공신들을 훈구파라고 일컫기도 한단다.

이들은 조선 전기의 지배 세력으로 각종 제도와 문물을 정비해 조선의 기틀을 마련했어. 하지만 점차 권력을 휘두르며 부패해갔지. 이에 성종 때 등장한 사림들(조선 건국에 참여하지 않은 온건 신진 사류로 지방에서 학문과 교육에 힘쓰던 사람들)이 훈구 세력을 비난하기 시작했어. 이에 훈구 세력은 네 번의 사화(훈구파와 사림파의 싸움에서 사림이 화를 입음)를 통해 사림들을 제거했지. 하지만 훈구파는 선조 때 결국 사림들에게 정권을 빼앗긴단다.

훈련도감

조선 후기 군사 기관으로 군사 훈련과 수도의 수비를 맡아보던 군영

임진왜란 전후에 군사 기관을 5위제에서 5군영으로 개편했어. 훈련도감은 5군영 중 하나로 군사 훈련과 수도의 수비를 맡았지. 이는 1593년 선조 때 유성룡의 건의로 설치되었고, 1882년 폐지될 때까지 약 300년간 지속되었어. 임진왜란이 일어난 후 조선은 조총 등 새로운 무기와 군사 기술을 도입하고 군사 조직 체계를 개편해 새로운 군대를 육성할 필요성을 느꼈단다. 이에 훈련도감을 설치하고 군사들을 훈련시켰지. 이때 군사를 포수, 사수, 살수, 즉 3수병으로 분류하여 훈련시켜서 전문 기

술을 가진 특수 부대를 육성할 수 있었어. 훈련도감의 병사들은 포수, 사수, 살수를 훈련하는 비용으로 거두던 쌀인 삼수미를 받고 고용된 급료병으로 장기간 복무했지. 이것은 조선 후기의 군대가 직업 군인화 되어 가고 있다는 것을 뜻해. 군역을 담당하는 의무병이었던 조선 전기와는 확실하게 달라졌지.

훈민정음
조선 시대 세종대왕이 창제한 한글의 첫 이름

훈민정음은 한글의 첫 이름으로 조선 시대 한글이 창제되고 반포되었을 때의 공식 명칭이었어. 한글은 세계 2,900여 종의 언어 중 유네스코에서 최고의 평가를 받는 우리나라의 자랑스러운 문화 유산이지. 세계적으로는 아직도 문맹자가 매우 많아. 하지만 우리나라의 문맹자는 비교적 적은 편이지. 그래서 유네스코는 지구촌의 문맹 퇴치를 위해 많은 노력을 한 개인이나 단체에게 '세종대왕상'을 주기로 했단다. (1989년 6월 21일)

이렇게 자랑스러운 한글이 정작 조선 시대에는 별로 환영받지 못했어. 조선 시대 전까지 우리나라는 글이 없어 한자로 글을 적었어. 하지만 우리 말을 한자로 옮기는 것은 매우 어려운 일이었지. 특히 복잡하고 어려워 백성들은 배울 엄두조차 내지 못했어. 그러니 글은 양반들의 전유물이 되었지. 이를 안타깝게 여긴 세종대왕은 누구나 쉽게 배울 수 있는 글, 즉 '훈민정음'을 만들었어. '훈민정음'이란 '백성들을 가르치는 바른 소리'라는 뜻이야.

훈민정음의 창제는 출발부터 순탄치 않았단다. 최만리 등 여러 학자들은 훈민정음을 창제하는 것은 큰 나라에 대한 예의가 아니며 스스로 오랑캐가 되는 일이라며 격렬하게 반대했지. 하지만 세종대왕은 뜻을 굽히지 않았고, 집현전 학자들과 끊임없이 연구한 결과 1443년 훈민정음을 창제했어. 이후 세종대왕은 훈민정음을 널리 보급하기 위해 〈용비어천가〉, 〈석보상절〉, 〈월인천강지곡〉 등 훈민정음으로 쓴 책을 보급했지.

이처럼 훈민정음은 새로 만든 글자를 말하지만 1446년 펴낸 훈민정음 해설서의 이름이기도 해. 한글을 창제한 목적, 세종이 쓴 서문, 한글을 만든 원리와 이를 풀이한 해례 등이 자세히 설명된 책이지. 세종대왕은 훈민정음 서문에서 '나라의 말이 중국과 달라 어리석은 백성들이 말하고 싶어도 그 뜻을 펴지 못한다. 이것을 딱하게 여겨 새로 스물여덟 글자를 만들었으니 사람들이 쉽게 익혀서 날마다 편리하게 사용하기를 바란다'라고 훈민정음의 창제 목적을 밝혔지. 한글은 우리나라 국보이자 유네스코 세계 기록 유산으로 지정되었단다.

훈민정음 운해

조선 영조 때 실학자 신경준이 지은 훈민정음 음운 연구서

1750년 영조 때 실학자 신경준은 훈민정음의 음운 원리를 설명한 책을 썼어. 이 책을 〈훈민정음 운해〉 또는 〈훈민정음 도해〉라고도 한단다. 신경준은 이 책을 통해 훈민정음의 음운 원리를 자모의 오행 상형설, 발음기관 상형설, 순설작용 상형설로 구분해 과학적으로 연구했고, 이로써 훈민정음의 우수성이 다시 한 번 확인되었지. 〈훈민정음 운해〉는 1824년 유희가 지은 〈언문지〉와 함께 조선 후기 음운학의 중요한 저서로 손꼽힌단다.

근현대

중 학 생 을 위 한 역 사 개 념 교 과 서

2

ㄱ

간도
만주의 동남쪽 지역으로 두만강 유역 지방을 통틀어 부르는 말

간도는 만주의 동남쪽 지역으로 남쪽은 두만강을 접하고 우리 나라와 국경을 맞대고 있으며 동쪽은 러시아 연방의 연해주와 맞대고 있어. 간도는 원래 한반도 초기 국가였던 읍루와 옥저의 땅이었다가 후에 고구려와 발해의 영토가 되었지. 그러다가 고려 때와 조선 초기에는 여진족이 각지에 흩어져 살았어. 이 지역은 원래 여진족이 살던 곳이야. 여진족은 후에 후금, 즉 청나라를 건국했던 민족이지. 여진족은 청나라를 세운 후부터 간도 지역을 조상의 성지라고 하며 다른 민족이 거주하는 것을 금지했지만 조선인들이 곳곳에 이주해 살기 시작했어. 이 때문에 종종 국경 분쟁이 발생했고 조선은 간도에 살고 있는 조선 사람들을 보호하기 위해 간도 관리사를 파견하기도 했어. 이러한 문제를 해결하기 위해 청나라와 조선은 숙종 때 백두산에 정계비를 세워 국경을 확정했

어.(1712년) 백두산 정계비에는 청과 조선의 국경을, 동쪽은 압록 강으로 서쪽은 토문강으로 삼는다고 기록되어 있어. 그런데 이 토문 강 때문에 또다시 국경 문제가 발생했어. 19세기 후반 토문강을 조선은 쑹화 강으로, 청나라는 두만강으로 해석한 거야. 하지만 우리 민족은 꾸준히 이곳으로 이주했고, 특히 1864년을 전후로 많은 사람들이 흉년과 가혹한 정치와 일본의 침략 때문에 간도로 이주했다고 해. 이렇게 조선인들이 많이 이주했기 때문에 사실상 대한제국 때까지는 우리 영토나 다름없었고, 1903년 정부는 간도 지역을 다스리기 위해 정식으로 간도 관리사를 파견하기도 했어. 그러나 1909년 국권을 침탈하는 과정에서 일제는 만주 지역의 안동-봉천 철도 부설권, 무순 탄광 개발 등 4대 권리를 획득하는 대가로 청나라에 간도 소유권을 넘겨주었어. 이를 간도 협약이라 하지. 이후 이 지역은 우리 민족의 삶의 터전일 뿐만 아니라 독립 운동의 근거지가 되기도 했어. 1930년대에는 조선족이 인구의 80%를 차지하였고, 현재도 많은 교포들이 간도에서 살고 있단다.

간도참변(경신참변, 간도대학살)

1920년 일본군이 독립군을 토벌한다는 목적으로 만주를 침략해 만주 지방의 무고한 한국인을 대량으로 학살한 사건

1919년 3·1 운동 이후 독립 운동이 본격화되었어. 이때 만주 일대에 수많은 독립군 부대가 생겼고, 활발한 독립 운동을 전개하였지. 많은 독립군들은 국경을 넘어 국내로 들어와 일제의 식민 통치 기관을 공격하곤 했어. 일본은 만주의 중국 군벌까지 끌어들여 독립군을 토벌하려 했지만 뜻대로 되지 않았어. 그러던 중 독립군과의 두 전쟁에서 일본은 거의 전

멸에 가까운 패배를 당하고 말아. 1920년 6월, 10월에 벌어진 청산리 대첩과 봉오동 전투가 바로 그 전쟁이야. 이에 화가 난 일본은 정규군 대부대를 만주에 직접 보내 만주 일대의 독립군을 모두 소탕한다는 독립군 토벌 작전을 펼치지. 일본은 만주에 정규군을 보내는 것을 정당화하기 위해 계획을 세워. 1920년 10월 일본은 중국에서 말을 타고 다니며 도둑질을 일삼는 마적에게 일본 영사관을 습격하도록 지시하지. 일본은 이를 빌미로 만주에 군대를 보내게 된 거야. 하지만 독립군은 이 사실을 눈치채고 일본군이 공격하기 힘든 산 속 또는 작은 국경 지대로 숨어버리지. 계획에 차질이 생긴 일본군은 한국인에 대한 무차별 학살 작전을 펼쳐. 일본은 수많은 한국인 마을을 불태우고 재산과 식량을 약탈하였으며, 한국인들을 무차별적으로 학살했어. 10월 9일에서 11월 5일까지 27일 간 간도 일대에서 학살된 사람들은 확인된 수만 해도 무려 3,469명에 이른단다. 그런데 이게 끝이 아니야. 확인되지 않은 숫자와 3~4개월에 걸쳐 학살된 수를 합하면 피해자는 적어도 수만 명에 이를 것으로 추정된다는구나.

간도 협약

1909년 9월 청나라와 일본이 간도의 소유권에 관해 체결한 조약

간도 지역의 영토 분쟁 문제는 청나라와 조선의 오랜 문제였어. 조선 사람들이 간도로 이주해 살기 시작하면서 청나라와 조선 사이에 분쟁이 발생한 거지. 이에 숙종 때 청나라와 조선은 백두산 정계비를 세워 국경을 확정하기도 했어.(1712년) 백두산 정계비를 보면 청나라와 조선의 국경선은 동쪽으로는 토문강, 서쪽으로는 압록강으로 삼는다고 기록되어

있어. 그런데 이 토문강 때문에 또다시 국경 문제가 발생한 거야. 19세기 후반 토문강을 조선은 쑹화 강으로, 청나라는 두만강으로 해석했단다. 따라서 또다시 쑹화 강과 두만강 사이의 영토 분쟁이 발생한 거지. 그런데 일본은 1905년 을사조약으로 우리나라의 외교권을 빼앗은 뒤, 남만주의 안동—봉천 철도 부설권, 무순 탄광개발 등 4대 권리를 획득하는 대가로 간도를 청나라에 넘겨주는 협약을 체결하였어. 이를 간도 협약이라고 해. 간도 협약을 할 때 조선은 가만히 보고 있을 수 밖에 없었단다. 을사조약으로 외교권을 빼앗긴 조선은 간도 협약에 참석도 하지 못했어. 조선은 이렇게 허무하게 간도 지역을 빼앗기고 말았단다.

갑신정변

1884년 김옥균, 서재필, 박영효 등 개화파가 수구파를 몰아내고 조선의 근대화를 위해 일으킨 정변

조선 후기, 조선 사회 안에서는 봉건 체제의 낡은 틀을 깨고 근대 사회로 나아가려는 움직임이 일었고, 밖에서는 무력을 앞세워 통상 수교를 요구해 이를 빌미로 식민지를 넓히려는 제국주의 나라들의 침략 위험이 높아지고 있었어. 이러한 시기에 일부 지식인들과 양반 관료들 사이에서는 세계의 흐름에 따라 조선의 모습을 바꾸려는 개화 사상이 형성되었고, 이에 따라 정치를 개혁하려 한 이들이 바로 개화파야. 김옥균, 박영효, 서재필, 홍영식 등 양반 출신 개화파들은 민씨 정권의 개화 정책에 참여했지.

당시 조선은 흥선 대원군이 물러난 뒤 개화 정책으로 나라의 문을 열

고 새로운 문물을 받아들이기 시작했단다. 조선 조정은 '개화'로 뜻을 모 았지만 개화의 방법에 대해서는 입장이 달랐어. 김홍집, 어윤중, 김윤식 등의 온건 개화파, 즉 수구파는 여러 개혁 정책을 실현하되 민씨 정권과 손을 잡고 청나라에 대한 사대 외교를 유지하면서 점진적인 개혁을 하자 는 입장이었어. 하지만 김옥균, 서재필, 박영효 등 급진 개화파는 청나라 와의 사대 관계를 청산하고 민씨 정권 역시 타도해야 한다고 주장했지. 그리고 일본을 모델로 급진적인 개혁을 실시해야 한다고 생각했 지. 그러던 와중에 민씨 정권이 개항 이후 양성한 신식 군대, 즉 별기군 과의 차별로 구식 군대가 일으킨 '임오군란'이라는 사건이 터졌어. 조선 정부는 청나라의 도움으로 이 난을 진압했지. 이후 청나라의 간섭이 심해졌고, 민씨 정권 역시 청나라의 힘에 의지해 정권을 유지하고자 했 어. 이들에게 개화파는 걸림돌이었고 이에 민씨 정권은 개화파를 압박하 기 시작했어. 이러한 분위기에서 개화파가 뜻을 펴기가 더욱 어려워졌지.

그러던 중 프랑스와 베트남(안남) 문제로 대립하게 된 청나라는 전쟁이 일어나자 조선에 주둔하고 있던 청나라 군사 가운데 절반을 철수시켜야 했어. 이를 기회로 삼아 1884년 김옥균, 서재필, 박영효, 홍영식 등 개화파는 일본의 힘을 빌려 민씨 정권을 몰아내고 근대적 정부를 수립하기 위해 우정국 개국 파티 때 정변을 일으키지. 원래는 연회 가 시작할 때 별궁에 방화를 하여 반대파를 암살하려고 했지만 방화 계획 은 실패하고 말아. 이에 김옥균은 급히 고종에게 가서 청군이 변을 일으 켰다고 보고하고 일본군의 호위로 고종을 경우궁으로 모시지. 이후 궁으 로 들어오는 민태호 등 반대파를 살해하고 다음 날 새로운 정권 수립을 선포해. 그러나 청나라가 난을 진압하러 군대를 보냈고 일본은 군대 지원 약속을 지키지 않았어.

결국 갑신정변은 청의 군대에 의해 3일만에 진압되었고, 그래서 이를 3일 천하라고 불러. 갑신정변 실패의 직접적인 원인은 청나라 군대의 개입이라고 볼 수 있어. 하지만 이것이 다는 아니야. 갑신정변은 소수의 지식인들이 주도해 백성들의 지지를 받지 못했고, 지나치게 일본에 의존했기 때문에 실패했다고 볼 수 있어. 하지만 입헌 군주제의 근대적 국가를 수립하려고 했고, 평등 사회를 건설하려고 했던 점에서 갑신정변의 역사적 의의를 찾아볼 수 있지. 갑신정변 후 일본은 조선과 한성 조약을, 청나라와 톈진 조약을 체결하며 조선 침략의 기틀을 마련하지.

한성 조약은 정변으로 인한 일본인 피해자들의 보상금과 일본 공사관 재건비의 지급 등을 규정하고 있는 조약이고 톈진 조약은 청나라와 일본은 조선에 주둔하고 있는 군사를 동시 철수하고 동시 파병하자는 내용의 조약이야. 이 조약으로 동학 농민 운동 때 청·일 전쟁이 일어나지. 갑신정변으로 청나라는 조선의 정치적 주도권을 장악하고 일본은 경제적 측면에서 조선에 영향력을 끼치게 된 거야. 갑신정변의 주도자인 김옥균, 박영효 등 개화파 9명은 일본으로 망명하였단다.

갑신정변의 주요 내용

- 청에 잡혀간 흥선 대원군을 돌아오게 하고, 청에 조공하는 허례를 폐지할 것
- 문벌을 폐지하여 인민 평등의 권리를 세우고 능력에 따라 관리를 임명할 것
- 조세법을 개혁해 관리의 부정을 막고 백성을 보호하며 국가 재정을 확보할 것
- 내시부를 폐지하고 그 중에서 재능 있는 자가 있으면 등용할 것
- 탐관오리 중에서 심한 자는 처벌할 것

- 순사 제도를 시급히 실시하여 도적을 방지할 것
- 대신과 참찬(의정부에 속한 벼슬)은 의정부에 모여 정치상의 명령이나 법령을 의결하고 반포할 것

갑오개혁

1894년에 근대 국가 건설을 위해 실시한 근대적 개혁, 일본에 의해 실시된 타율적 개혁

동학 농민 운동을 계기로 조선 정부는 구시대적 정치를 바로 잡기 위한 개혁을 실시했어. 조선 정부는 개혁을 추진하기 위해 교정청을 설치하여 농민군들이 제기한 문제를 중심으로 정치 개혁을 실시하려 했지. 하지만 일본군이 대원군을 앞세워 경복궁을 공격해 민씨 세력을 몰아내고 압력을 가해 개혁을 추진했단다. 온건 개화파였던 김홍집을 총리로 세우고 새로운 정부를 구성한 일본은 조선 정부가 세운 교정청 대신 군국기무처라는 임시 기관을 신설하지. 군국기무처는 정치, 경제, 사회 등 국가의 주요 정책에 대한 개혁안을 심의했어. 이때 실시된 개혁이 바로 갑오개혁이야. 갑오개혁에는 같은 해에 일어난 동학 농민 운동의 요구 사항을 비롯해 10년 전에 있었던 갑신정변에서 제기된 신분제 폐지 등 여러 내용들이 포함되어 있었어. 이뿐만 아니라 정치, 경제, 사회의 각종 제도를 근대적으로 개혁하고자 했지.

이후 청·일 전쟁에서 승리한 일본은 조선에 대한 일본의 지배를 인정하는 시모노세키 조약을 맺어 조선에서 청나라 세력을 완전히 제거했어. 개혁에 소극적이었던 대원군이 물러나고 갑신정변 이후 일본과 미국에 망

명 중이었던 박영효, 서광범 등이 귀국해 2차 개혁을 추진했어. 조선 정부는 우리나라가 독립 국가임을 내세우며 홍범 14조를 발표해 개혁의 내용을 밝히고, 교육 입국 조서를 발표해 교육의 중요성을 강조하면서 근대적 교육을 실시하고자 했지. 그러나 2차 개혁을 추진했던 박영효가 1895년 반역 혐의로 쫓겨나 일본에 망명하면서 2차 개혁은 끝이 났어.

을미사변 이후 일본은 김홍집을 중심으로 한 친일 내각을 다시 구성해. 그리고 3차 갑오개혁을 추진하지. 소학교 설치, 우체사 설치, 태양력 사용 등을 주요 내용으로 한 3차 개혁은 단발령 시행으로 인해 유생을 중심으로 한 전국적인 반일 운동을 일으켜. 또한 고종이 러시아 공사관으로 도망간 아관 파천 이후 김홍집 내각은 붕괴되고 심지어 분노한 국민들에 의해 김홍집이 피살되고 말지. 이로써 3차에 걸친 갑오개혁은 끝이 나.

갑오개혁 당시 일제는 자신들에게 유리하도록 군대의 개혁을 소홀히 하며 일본의 조선 침략에 유리한 내용을 개혁안에 담았어. 또한 동학 농민 운동의 가장 중요한 요구 사항 중 하나인 토지 개혁이 빠져 국민들의 지지를 얻는 데에는 실패했지. 이처럼 갑오개혁은 조선의 구제도를 새롭게 하는 근대적 개혁이었지만 일본의 침략적 의도에 따라 강행된 개혁으로, 일본이 조선을 침입하는 중요한 계기가 된 안타까운 개혁이야. 하지만 갑오개혁의 정신은 독립 협회 운동과 애국 계몽 운동으로 이어져 한국의 근대화에 기여했어.

갑오개혁의 주요 내용

1. 정치
• 개국 기원 사용
• 왕실 사무와 행정 사무 분리
• 사법권 독립
• 과거제 폐지

2. 경제
• 재정의 일원화
• 조세의 금납화
• 도량형의 통일

3. 사회
• 신분제 폐지
• 조혼 금지
• 과부의 재혼 허용

강화도 조약

1876년 조선이 일본과 맺은 최초의 근대적 조약이자 불평등 조약

1876년 2월(고종 13년)에 조선이 강화도에서 일본과 체결한 조약으로 공식 명칭은 조일 수호 조규이고 병자 수호 조약이라고도 해.

당시 조선은 권력다툼으로 흥선 대원군이 집권한 지 10년만에 물러나고 왕비를 중심으로 한 민씨 세력이 정권을 잡게 되었어. 흥선 대원군이 철저하게 쇄국 정치를 한데 반해 민씨 세력은 이와 다른 길을 걷게 되지. 이러한 상황을 알게 된 일본은 조선에 교섭을 하자고 적극적으로 요구했고 1875년 교섭을 위해 조선에 사신을 파견해 왔지만 교섭은 성립되지 않았지. 이에 일본은 조선과 교섭을 할 빌미를 만들기 위해 운요호 사건을 일으켜. 그리고 이 사건을 구실로 조선에 통상 조약을 맺을 것을 강요했지. 조선은 일본이 군사력을 동원해 위협적인 행동을 하자 일본의 행위가 침략적이라며 그들과 대화할 것을 거부했지만 조선 조정의 일부 관리들은 서양 문물을 받아들여야 한다고 주장했고, 결국 강화도에서 두 나라의 대표가 만나 강화도 조약을 맺게 되었어. 1876년 2월 27일 조선의 대표 신헌과 일본의 대표 구로다 기요다카 사이에 12조의 조약을 체결한 거야.

조약의 주요 내용은 다음과 같아.

- 조선은 자주국이며, 일본국과 평등한 권리를 가진다.
- 조선은 부산, 원산, 인천 항구를 20개월 이내에 개항한다.
- 치외 법권을 인정하여, 개항장에서 일본인의 범죄 발생시 일본인은 일본인의 법률에 의해 처벌된다.
- 조선의 해안을 일본국의 항해자가 자유로이 측량한다.
- 조선과 일본 양국은 수시로 사신을 파견하고 무관세 무역을 인정한다.

조약의 내용에서 볼 수 있듯이 조약 이후 부산, 원산, 인천의 세 항구를 개항하고 이곳의 일정 지역에서는 일본인이 거주할 수 있도록 했어. 또한 조선이 자주 국가임을 밝혔지. 강화도 조약은 조선이 외국과 맺은 최초의 근대적 조약이라는 큰 의미를 지닌 조약이지만 불평등 조약이기도 해. 이 조약에는 조선에 불리한 내용이 포함되어 있었거든. 일본이 조선의 해안을 자유롭게 측량할 수 있도록 한 것이나 치외 법권을 인정한 것 등은 조선에 매우 불리한 규정이었지.

강화도 조약 이후 조선은 미국, 영국 등 서양의 여러 나라들과도 수호 통상 조약을 맺어 나라의 문을 열었어. 드디어 세계사의 흐름에 발맞추게 된 거야. 하지만 이러한 조약도 치외 법권을 인정한 불평등한 조약이었단다. 서양의 새로운 문명을 수입할 수 있었지만 열강의 침략을 받게 되는 시발점이 되었지.

개벽
3·1운동 이후 천도교에서 펴낸 월간 잡지

개벽은 1920년 6월 25일에 창간된 천도교의 월간 잡지야. '개벽'이란 명칭은 천도교의 '후천개벽' 사상에서 비롯된 것이지. 천도교를 배경으로 한 잡지이기 때문에 당연히 일제에 대한 항쟁을 기본으로 삼았어. 그러다보니 1926년 결국 일제에 의해 폐간되었지. 폐간될 때까지 개벽은 창간호가 압수당한 것을 시작으로 발매 금지 34회, 정간 1회, 벌금 1회의 탄압을 받았지. 그 뒤 차상찬, 김기전 등이 13호를 다시 간행해 모두 85권의 개벽이 발행되었어.

개화 사상

1876년 개항을 전후로 형성된 정치 사상으로 서구 문물을 수용하고 근대적
개혁을 하자고 주장함.

개화란 '사람의 지혜가 열려 새로운 사상이나 풍속이 발달한
다'는 말이야. 조선 후기에 들어서면서 조선 시대를 지배했던 성리학
적 세계관에서 벗어나 서구 문물을 수용하고 근대적 개혁을 하자
고 주장했던 정치 사상이지. 1850~60년대에 박지원의 손자인 박규수
를 비롯해 오경석, 유대치 등을 중심으로 형성되기 시작한 개화 사상은
1870년대 김옥균, 박영효, 홍영식, 유길준 등에 의해 발전되었어. 이들
은 서구 문명을 적극적으로 수용해 조선을 개혁하고, 근대 국가
를 수립하자고 주장했단다.

개화파(개화당, 급진 개화파)

19세기 중엽 조선의 개항을 전후로 해 김옥균, 박영교, 박영효, 서광범 등이
중심이 되어 개화 정책을 추진한 급진 개화파

19세기 중엽 조선의 개항을 전후하여 일부 양반과 중인들이 형
성한 개화파는 조선 후기 실학 사상을 계승한 사람들이지. 이들은
조선 후기의 실학 사상과 개화 사상 그리고 청나라에서 들여온 서양 학문
에 대해 공부하면서 형성되었어. 조선 후기 대표적인 실학자인 박지원의
손자 박규수와 역관 출신 오경석, 의관출신 유홍기 등 지식인이 중심이
되었지. 이들은 문호를 개방해 서양의 발전된 문물을 받아들이는 것이 평
등한 근대 사회를 만드는 지름길이라고 생각해 양반 자제 중 젊고 유능한

청년인 김옥균, 박영효, 박영교, 홍영식, 서광범, 김윤식 등을 모아 서구 사회의 문물을 소개한 책들을 중심으로 개화 사상을 공부하게 했어.

이들은 1876년 강화도 조약으로 인한 개항을 계기로 일본과 만남이 잦아지면서 일본의 메이지 유신에 관심을 갖게 되었어. 메이지 유신은 일본이 근대화를 이룬 계기잖아. 또한 개항 이후 이들은 민씨 정권의 개화 정책에 참여하면서 개화 사상을 현실 정치에서 실현하려는 정치 세력, 즉 개화파(개화당)를 형성하였어. 개화파는 잘 알다시피 갑신정변을 일으킨 주도적 세력이지.

그런데 이들의 근대화를 위한 노력은 1882년 신식 군대와의 차별에 분노한 구식 군대의 난, 즉 임오군란을 계기로 큰 위기를 맞이했어. 민씨 정권은 이를 진압하기 위해 청나라 군대에 도움을 청했고, 청나라 군대는 임오군란을 진압해 주는 대신 조선의 내정에 더 적극적으로 개입하기 시작했어. 청나라의 내정 간섭이 강화되면서 민씨 정권은 지금까지 진행된 개화 정책을 후퇴시켰지. 이들에게 개화파는 자신의 세력을 위협하는 존재였으니까 말이야. 그리하여 청나라와 민씨 정권은 개화 정책을 크게 후퇴시켜 개화 운동을 방해하고 개화파를 탄압했지. 이때부터 개화파는 온건 개화파와 급진 개화파로 분리되었어.

온건 개화파는 김홍집, 어윤중, 김윤식 등을 중심으로 형성되었어. 이들은 조선 사회의 발전을 위해 여러 가지 개혁 정책을 실현하되 민씨 정권과 타협하는 방향을 선택했어. 이들은 민씨 정권과 타협하며 유교 사상을 기반에 두고 서양의 근대 과학 기술 문명만 받아들여 점진적 개혁을 하자고 주장했어. 또한 청나라와는 사대 관계를 계속 유지하자고 주장했지. 이들의 개화 정책은 청나라의 양무 운동과 비슷했어.

반면 김옥균 · 서광범 · 박영효 등의 급진 개화파는 일본의 메이지 유신을 모델로 삼고 서양의 과학 기술 문명뿐만 아니라 근대적 사상이나 제도까지 적극적으로 수용해야 한다고 주장했어. 따라서 민씨 정권을 타도의 대상으로 삼았으며 청나라와의 사대 관계는 청산해야 한다고 했지. 이후 김옥균을 중심으로 한 급진 개화파, 즉 개화당은 갑신정변을 일으키기에 이르러. 하지만 갑신정변이 3일 천하로 끝나자 개화당은 몰락하고 말아. 이후 일본으로 망명갔던 박영효가 갑오개혁 때 돌아와 개혁에 참여하고, 1895년에는 미국으로 망명갔던 서재필이 돌아와 독립 협회를 만들면서 개화당의 맥을 이어갔단다.

거류지(조계)

서로 조약을 맺은 나라가 그 영토의 일부를 한정하여 외국인들이 거주하고 영업하도록 허락한 지역

거류지는 외국인의 국내 거주와 자유를 허용하지 않는 국가인 쇄국적인 조건을 지닌 국가에 설정된 외국인 거주 지역이야. 중국에서는 제2차 세계대전 때까지 조계지라는 이름으로 계속되었어. 즉, 서로 조약을 맺은 나라의 국민은 조약 맺은 국가의 일정 지역 토지를 빌려 집을 갖거나 영구적인 거주 또는 영업도 가능하도록 한 것이지.

거문도 사건

1885년부터 1887년까지 영국이 2년 동안 거문도를 불법으로 점령한 사건

영국은 러시아의 남하 정책을 견제하기 위해 거문도에 불법으로 군대를 주둔시키고 2년간 군사 기지로 사용하였지. 러시아를 견제한

것은 영국뿐만이 아니었어. 흥선 대원군은 프랑스를 이용해 러시아를 견제하려고 했고, 청나라 외교관인 황준헌은 《조선책략》을 통해 조선은 미국·일본·청과는 연합하여야 하고, 러시아와는 멀리 해야 한다는 내용을 담아 러시아를 견제했지. 또한 일본이 명성 황후를 시해한 을미사변도 러시아를 견제한 일이라고 볼 수 있어.

거문도 사건의 결과 이홍장은 청나라에 있는 러시아 공사로부터 러시아는 한국의 영토를 점령하지 않겠다는 약속을 받았어. 그 사실을 영국에 통보한 이후 1887년 영국 함대는 철수했지.

경인선
서울과 인천을 연결하는 우리나라 최초의 철도

경인선의 역사는 1897년에 시작돼. 1896년 미국인 J.R.모스는 한국 정부로부터 철도 부설권을 얻었어. 그리고 1897년 인천 우각현에서 공사를 시작했지만 자금이 부족해 중단되었어. 이후 일본인의 회사인 경인철도 회사에서 철도 부설권을 인수해 1899년 다시 공사를 시작하였지. 즉 1897년 미국인에 의해 인천에서 공사를 시작해 1899년에 일본의 경인철도 회사가 부설권을 인수해 제물포와 노량진 사이의 철도가 개통되었고, 1900년에 이르러 노량진과 서울 사이의 철도가 완공된 거야. 이는 서울과 인천을 연결하는 우리나라 최초의 철도라는 의미가 있어. 처음에 경인선은 화물 수송을 목적으로 한 철도였지만 점차 교통 수단이 되어가면서 복선화 공사를 시작하면서 1965년에 영등포와 인천 사이의 복선 노선이 개통되었단다. 이후 수도권 전철화 계획으로 1974년에는 전철화되어 지하철과 직접 연결해 운행하게 되었어.

고문 정치

조선 말기 일본이 한국을 속국으로 만들기 위해 고문관을 파견해 통치한 정치 형태

러·일 전쟁 이후 한국을 침략한 일본은 한국과 러시아 사이에 체결된 모든 조약을 폐기하도록 해. 그리고 제1차 한일 협약을 강요하고, 1904년 8월 22일 결국 한일 협약을 체결하게 돼. 한일 협약의 결과 외교 고문, 재정 고문 등 각 기관에 고문들을 임명해 한국에 파견하지. 한국에 파견한 고문들을 중심으로 한 고문 정치를 실시한 거야. 이에 한국 정부는 외국과 조약을 맺거나 그 밖에 중요한 외교 안건을 처리할 때 일본이 임명한 일본인 고문들과 사전에 협의를 거쳐야 했단다. 한국 정부의 실권은 대부분 일본인 고문들의 손으로 넘어가게 된 거야.

고부 민란

1894년 1월 전봉준이 주도해 일으킨 농민 봉기로 동학 농민 운동의 시발점이 됨

조선 말 탐관오리들의 횡포는 극에 달했어. 특히 전라도 고부 군수 조병갑은 군수로 부임한 후 면세를 약속하고 농민에게 황무지를 개간하게 한 뒤, 추수할 때 강제로 세금을 받고 불효, 음행, 잡기 등의 죄명으로 2만 냥 이상의 돈을 강탈했어. 또 대동미를 거둘 때 좋은 쌀을 거둔 뒤 상납할 때는 나쁜 쌀을 사서 바치게 한 뒤 그 차액을 자신이 차지하는 등 탐욕이 끝이 없었단다. 또한 만석보(저수지)에 아무 문제가 없는데도 농민을 강제로 동원해 임금 한 푼 주지 않고 새로운 보를 쌓게 하고 가을에 봇물을 이용하는 대가로 세금(수세)을 더 거두어 들였어. 이에 전봉준 등이

조병갑에게 찾아가 만석보 수세를 감면해 줄 것을 요청했지만 조병갑은 이를 받아들이지 않았지. 이러한 횡포에 참다못한 농민들과 동학 교도들은 전봉준의 지휘로 고부 관아를 점령했지. 1,000여 명의 농민군을 이끌고 관아를 습격한 전봉준은 군수를 쫓아내고 아전들을 벌한 뒤 농민들에게 곡식을 나누어 주었어. 또한 조병갑의 횡포를 시정할 것과 외국 상인들의 침투를 금하라는 등 13개의 요구 사항을 정부에 제시했어. 그 결과 정부는 농민군에게 폐단이 많은 정치를 시정하겠다는 약속을 했고, 농민군은 고부 관아를 점령한 지 10여 일 만에 해산했어. 이를 고부 민란이라고 해. 그런데 고부 민란을 조사하러 온 안핵사 이용태가 민란 관련자들을 도리어 역적죄로 몰아 혹독하게 탄압했어. 결국 이 일은 동학 농민 운동의 원인이 되었단다.

곤여 만국 전도
1602년 이탈리아 선교사 마테오 리치가 중국에서 제작한 세계 지도

곤여 만국 전도는 한자로 제작된 최초의 과학적인 세계 지도야. 전 세계를 타원형 지도로 나타냈고, 중국을 지도의 중앙에 놓았지. 지도 안에 세계의 지지학을 간단히 적어 중국인에게 중국 이외에도 광대한 세계가 있다는 사실을 깨우치게 했어. 즉 중국인들의 세계관을 변화하게 한 거야. 때마침 중국 베이징에 파견되어 있던 조선의 이광정과 권희가 1603년(선조 36년) 귀국할 때 이것을 가지고 왔어. 곤여 만국 전도는 한국에 전래된 실질적인 최초의 세계지도라고 볼 수 있어.

관동 대학살

1923년 일본의 관동 대지진 때 일본 정부와 민간인들이 한국인들을 학살한 사건

1923년 9월 1일, 일본의 관동 지역에서 대지진이 일어난 후 일본 군인과 경찰은 이 지진을 이용해 헛소문을 퍼뜨렸어. 이 지진은 일본의 중심부인 도쿄와 요코하마에서 일어나 많은 피해를 주었지. 이에 일본 정부는 지진으로 혼란스러운 민심을 수습하기 위해 한국인을 이용한 거야. 이들은 한국인이 폭동을 일으킨다는 헛소문을 퍼뜨리고 계엄령을 선포했지. 그리고 아무 죄도 없는 한국인 수천 명을 학살했단다. 군인과 경찰들뿐만 아니라 민간인들이 만든 자경단까지 힘을 합쳐 조선인들을 학살했지. 학살된 한국인의 수는 정확하지 않은데 일본인 기록에 의하면 2,534명으로, 한국인 김승학이 쓴 책의 기록에 의하면 6,066명으로 집계된다는구나. 무고한 한국인을 학살한 잔인한 일본의 행위는 일본 역사에서 씻을 수 없는 오점이 되었지.

관동 학회

1908년 3월 서울에서 강원도 출신 유학생들이 조직한 애국 계몽 운동 단체

1908년 남궁억을 비롯한 강원도 출신 서울 유학생들은 애국 계몽 운동 단체를 설립했어. 실질적으로 국권이 침탈당한 그 당시 이들은 국권 회복을 위해서는 무엇보다 교육을 통한 민중의 계몽이 중요하다고 판단한 거야. 이를 통해 항일 정신을 키우고 더 나아가 같은 지역 출신 사람들끼리 단결하고 협동하기 위한 것이었지. 처음 이 학

회가 설립되었을 때는 1907년 7월이었고, 당시 이름은 동도홍학회였어. 하지만 1908년 3월 관동 학우회에서 관동 학회로 개칭하였지. 직접 사립 학교를 설립해 운영하기도 하면서 교육과 계몽 운동에 힘쓰고, 일제의 지배 하에 청년들의 역할을 인식시키는 데 많은 영향을 끼쳤지만 1910년에 일본에 의해 강제로 해산되었단다.

광무

1897년 제정한 대한제국의 연호

갑오개혁 때 여러 개혁안을 추진하며 조선의 첫 연호를 건양으로 정했지. 조선은 독자적인 연호를 사용하면서 중국과의 종속 관계에서 벗어나 자주적인 국가로 나아간 거야. 하지만 이것에는 일본이 우리나라를 침략하려는 의도가 숨어있었어. 이후 일본은 명성 황후를 시해하고, 강제로 단발령을 시행하는 등 조선인들을 자극했지. 이에 반일 감정이 심해져 전국 방방곡곡에서 의병이 일어나는 등 조선은 매우 혼란스러웠단다.

당시 왕이었던 고종은 무엇을 하고 있었을까? 명성 황후가 피살되고 난 후 신변의 위협을 느낀 고종은 러시아 공사관으로 거처를 옮기고 친러 정권을 수립했어. 이를 아관 파천이라고 하지. 아관 파천 이후 러시아의 영향력이 커지자 독립 협회를 중심으로 한 여론이 고종이 다시 궁에 돌아올 것을 요청했고 결국 1897년 2월 고종은 환궁을 했어. 그리고 왕 대신 황제라는 칭호를 사용하면서 새로운 연호인 '광무'를 제정하게 된 거야. 첫 번째 연호인 건양을 사용한 지 1년 7개월만에 두 번째 연호가 제정된 거지. 광무라는 연호를 처음 사용한 때는 1897년 8월 14일로 순종이 즉위하는 1907년 8월까지 10년 동안 사용되었단다.

광무개혁
1897년 대한제국 수립 후 광무 연간에 실시된 자주적인 개혁

대한제국 수립 전까지 갑오개혁, 을미개혁 등 근대적 개혁이 실시되었어. 그런데 이러한 개혁들은 모두 지나치게 외세에 의존한 개혁이고, 외국 제도를 모방한 개혁이었지. 이러한 반성에서 시작된 것이 바로 광무개혁이야.

고종은 먼저 왕권을 강화하려고 대한 국제 9조라는 최초의 법을 만들었어. 이 법은 황제의 무한한 권한을 인정하는 것으로 고종이 군주가 주권을 가지고 모든 통치권을 갖는 전제 군주제를 실시하려 했음을 알 수 있지. 또 토지 조사 사업은 양전 사업을 실시해 국가의 재정을 확보하려고 했어. 그리고 토지의 소유권을 법적으로 인정하는 문서인 지계를 발급해 근대적 토지 소유 제도를 확립했단다. 이뿐만 아니라 상공업의 발전을 위해 국가가 직접 공장을 설치하고, 주요 회사에 투자를 하며 해외에 유학생을 보내 근대 산업 기술을 배우게 하는 등 많은 노력을 했지. 이뿐만 아니라 호적제를 실시하고 재판소가 설립되며, 종합 병원으로 제중원, 구휼 기관으로 혜민원 등이 설립되면서 근대적 사회로 변화할 수 있도록 했어. 관리들은 양복을 입고 단발령을 내려 관리나 군인, 경찰이 상투를 자르면서 의생활 면에서도 많은 변화를 주었어. 하지만 러·일 전쟁 이후 일본의 간섭이 심해지면서 광무개혁은 결국 중단되었어.

공무개혁은 갑오개혁이나 을미개혁의 내용을 그대로 다시 행한 것이긴 하지만 외세에 의존하지 않고 자주적으로 개혁을 하려 했다는 점에서 그 의의가 있지.

광복군 총영
1920년 만주에서 조직된 무장 독립 운동 단체

일본의 독립군 토벌 작전으로 만주 일대에서 조직된 광복군 사령부가 각지로 흩어지게 되었어. 광복군 사령부가 해산될 때 그 일부가 군대로 조직되었는데 이를 광복군 총영이라고 했어. 광복군 총영은 국내외 각 지역에서 일본의 기관들을 공격하는 등 활발한 활동을 했지. 그러다가 1922년 광한단 등 여러 단체들과 힘을 합쳐 대한 통군부가 되면서 광복군 총영은 해산되었어.

광복군
1940년 중국의 충칭 지역에서 지청천을 중심으로 만들어진 항일 군대

1937년에 벌어진 중·일 전쟁 이후 국내외 각지에 흩어져 독립 운동을 하던 애국 단체들은 대한민국 임시 정부를 중심으로 단합을 하게 되었어. 임시정부의 김구와 지청천 등은 당시 만주, 시베리아 등에서 일본에 저항 운동을 펼치던 신흥 무관 학교 출신의 독립군들을 비롯해 중국에서 독립 운동을 하던 수많은 청년들을 모아 광복군을 조직했어. 1941년 태평양 전쟁이 발발했을 때 광복군은 일본에 선전 포고를 하고 2년 뒤 영국과 연합 작전을 실시하기도 했지. 그리고 1945년 9월에 국내 진공 작전을 세우고 열심히 훈련을 하고 있었는데 8월 15일 해방을 맞이하면서 이 작전은 실행에 옮기지 못했지.

광성보

강화도에 위치한 조선 시대의 진(군사적으로 중요한 위치에 설치한 지방 행정 구역)

강화도의 열두 진보 가운데 하나인 광성보는 1658년에 설치되었어. 이곳은 신미양요 때 치열했던 격전지로 잘 알려져 있지. 1871년 미국은 강화도 초지진에 상륙해 이곳을 점령하고 이어 덕진진까지 함락했어. 그리고 광성보로 쳐들어왔단다. 이때 광성보를 지키고 있던 어재연 장군을 비롯한 많은 병사들은 미국군에 비해 열악한 무기로 대항하다 몇 명을 제외하고 전원 순국하였지.

광제원

조선 말기 질병 치료를 목적으로 설치한 국립 병원

1900년 국민들의 질병 치료를 목적으로 서울에 설치한 국립 병원이야. 의료비는 국가의 보조를 받았지만 약값은 무의탁자나 죄수를 제외하고는 시중 약값보다 더 싼값으로 환자가 부담했어. 환자를 치료하는 일 외에 전염병을 취급하기도 했어. 광제원에 속한 제약사들은 각종 약료를 검사하고 학생들에게 제약법과 화약법을 가르치는 일도 했단다. 광제원은 1907년에 폐기되고, 대한 의원으로 이관되었어.

광주 학생 항일 운동

1929년 11월 3일 광주에서 시작돼 1930년 3월까지 전국적으로 벌어진 학생들의 항일 운동

1929년 10월 나주역에서 큰 싸움이 일어났어. 지금의 광주 제일 고등 학교인 광주 고등 보통학교(이하 광주고보) 학생들과 일본인 학교인 광주 중학 학생들 사이에서 일어난 충돌이 계기가 되어 일어난 싸움이었지. 광주 중학에 다니는 일본인 학생 후쿠다는 광주에서 나주로 가는 통학 버스에서 광주 여고보에 다니는 조선 여학생 박기옥을 희롱했어. 이 장면을 박기옥의 사촌 동생인 박준채가 보고 후쿠타와 싸움이 벌어졌어. 결국 이 싸움은 광주 고보 학생들과 광주 중학 학생들의 패싸움으로 확대되었지. 이때 출동한 일본 경찰은 일방적으로 일본인 학생 편을 들며 조선 학생들을 마구 때리고 광주 고보와 광주 농업 학교 학생을 구속했어. 이 소식을 들은 광주 고보 학생들은 참을 수가 없어 11월 3일, 일본의 왕 메이지의 생일에 거리를 가득 메우고 항의 시위를 벌이고, 통학 버스 안에서의 사건에 대해 편파적으로 보도한 광주일보사에 몰려가 인쇄 기계에 모래를 뿌리기도 했어. 또한 신사 참배를 마치고 돌아오던 광주중학의 일본인 학생들과 큰 싸움이 벌어지기도 했지. 이 시위에는 광주 고보 학생들뿐만 아니라 광주 여고보, 광주 농업 학교 학생들까지 참여했지. 일본은 이 시위를 진압하기 위해 광주 시내 모든 중등 학교에 휴교령을 내리고 시위에 참여한 학생들 수십 명을 구속했단다.

이 소식을 들은 항일 단체 신간회와 청년 조직인 조선 청년 동맹과 학생전위 동맹도 조사단을 파견했다고 해. 이들은 광주 학생 항일 운동을 전국적으로 확산시키고자 했지. 11월 12일 광주 고보, 광주 농업 학

교, 광주 여고보, 광주 사범 학교 학생들과 함께 광주 시내에서 대규모 시위를 벌였어. 이때 수백 명의 학생들이 일본 경찰에 체포되고 구속되었지. 이 소식은 광주 전역으로 퍼져나갔고 이후 서울을 비롯한 전국으로 확산되었어. 그리고 이 운동은 다음 해인 1930년 10월 3일에 전국 194개 학교와 5만 4,000명의 학생들이 참여한 항일 독립 만세 운동으로 발전했어. 이 운동은 3·1 운동 이후 가장 규모가 큰 만세 운동이었단다. 이 운동으로 580명의 학생이 퇴학 처분을 당했단다.

광혜원

미국인 선교사 알렌이 정부의 협조로 1885년에 세운 우리나라 최초의 근대식 병원

광혜원은 1885년 서울에 세워진 최초의 현대식 병원이야. 1884년 미국인 알렌은 의료 선교사로 한국에 왔어. 알렌은 외국 공사관의 의사로 일하다가 갑신정변 때 칼에 맞은 민영익의 생명을 구해 주어 고종과 민비의 인정을 받게 되었어. 이후 왕실의 시의관으로 임명된 알렌은 고종으로부터 병원을 세우는 일에 대해 허락을 받았지. 고종은 알렌에게 홍영식의 저택을 하사하고 광혜원이라는 이름도 지어 주었어. 이로써 1885년 2월 25일 우리나라 최초의 현대식 병원이 설립된 거야. '광혜'는 '널리 은혜를 베푼다.'는 뜻으로 일반 백성들의 병을 치료하는 일을 담당했어. 이후 광혜원은 3월 12일부터 제중원이라 부르게 되었단다.

갑오개혁으로 근대적 교육 제도가 마련되고, 이어서 교육 입국 조서가 발표되었지. 1895년 2월 2일, 고종이 '국가의 부강은 국민의 교육에 있다.' 는 내용으로 발표했지. 교육 입국 조서는 근대식 학제를 성립하는 기반을 마련했어.

앞서 말했듯이 교육 입국 조서는 '국가의 부강은 지식의 개명에 달려 있으니, 교육은 실로 국가를 보존하는 근본' 이라는 내용으로 구성되어 있어. 정부는 이 정신에 따라 소학교, 중학교, 사범학교, 외국어학교 등 각종 관립 학교를 설립했어. 또한 근대적 교육 제도에 따라 새로운 교과서도 등장했지.

1919년 상하이에 대한민국 임시 정부가 수립되었어. 이때 교통부는 비서국, 철도국, 통신국, 해운국 등 4개의 지국으로 설치되었지.

철도국은 철도 건설과 국유 철도 관리, 육상 운수 감독에 관한 사항 등을 맡아 처리했어. 통신국은 우편, 저금, 환전에 관한 일을 하고 해운국은 해운과 항업, 항구 표지, 선박, 선원, 수상 운수에 관한 사항을 처리했단다. 또한 교통부 관할 하에서 국내와 연락을 하며 활동한 교통국도 있었어.

구월산대

1920년 황해도 구월산에서 결성되어 황해도 지방에서 활동하였던 무장 독립 운동 단체

대한 독립단은 대한민국 임시 정부의 지원으로 만주에서 활동한 독립운동 단체야. 구월산대는 이 대한 독립단의 한 부대로 1920년 황해도 송화군 구월산에서 결성되었어. 구월산대는 독립단 조직을 확대하고 구월산을 중심으로 군자금 모금 활동을 시작했지. 또, 독립운동을 방해하거나 친일파를 색출해 응징하기도 했어. 그러던 중 1920년 9월에 일본에 이들의 본거지가 밀고되면서 결국 대장을 비롯한 여섯 명의 대원이 전사하였고, 20여 명이 체포되었단다.

국채 보상 운동

1907년에서 1908년 사이에 대구를 중심으로 전개된 경제적 항일 운동

1907년 일본은 경제적으로 우리나라를 지배하려는 목적으로 돈을 빌려주는 정책인 차관 정책을 실시했어. 이로써 대한제국은 일본에 1,300만 원의 빚을 지게 되었지. 이에 대구에서 서상돈을 중심으로 나라의 빚, 즉 국채를 국민의 힘으로 갚아 주권을 지키자는 국채 보상 운동이 전개되었어. 서상돈은 국채 보상 기성회를 조직하고 황성 신문, 대한 매일 신보 등의 적극적인 지원을 받아 이 운동을 전국적으로 실시할 수 있었지. 대한제국의 여성들이 자신의 패물을 기탁하기도 하고, 남성 등은 술과 담배를 끊어 그 돈을 기부하며 적극적으로 나선 결과 약 230만 원을 넘게 모을 수 있었지. 하지만 운동이 전국적으로 확산되자 매국 단

체인 일진회와 통감부는 이를 방해했어. 국채 보상 기성회의 간사인 양기탁을 보상금 횡령 혐의로 구속을 한 거야. 이러한 방해 때문에 국채 보상 운동은 결국 실패하고 말았단다.

군국기무처
1894년 일본이 갑오개혁을 추진하고자 설치한 기관

동학 농민 운동 이후 조선을 침략하려는 기회를 노리던 일본은 주한 공사 오토리를 통해 내정 개혁안 5개조를 제시했어. 고종을 비롯한 조선 정부는 이를 거부하고 자주적인 개혁을 추진하고자 교정청을 설치했어. 그러자 일본은 이를 막기 위해 군사를 동원해 경복궁을 포위하고 무력으로 군국기무처를 설치했어. 즉 군국기무처는 일본의 협박으로 만들어진 기관이야. 김홍집을 총재로 한 군국기무처는 갑오개혁을 주도하고 이때 실시한 개혁 내용을 추진하며 왕의 권한보다 더 큰 영향력을 행사하였단다.

근우회
1927년에 창립된 여성 항일 운동 단체

1927년에 창립된 여성 항일 운동 단체이자 여성 지위 향상 운동 단체였어. 1927년 항일 운동 단체인 신간회가 조직된 후 자매 성격을 띠고 창립된 단체지. 김활란, 유영준, 유각경, 최은희, 현신덕, 박원민 등의 주도 아래 한국 여성의 단결을 꾀하고 새로운 여성 운동을 전개했지.

근우회는 여성의 단결과 지위 향상, 봉건적 굴레와 일제 침략으로부터의 해방을 목표로 활동을 했어. 여성 문제 토론회, 강연회를 개최하고, 야학 등을 통해 문맹 퇴치 운동을 전개하기도 했어. 또한 광주 학생 운동과 각종 항일 운동을 지도하고 지원했지. 하지만 1931년 신간회가 해체되면서 자연스럽게 해산되었단다.

기기창
1883년 신식 기계를 만들기 위해 설치한 관청

기기창은 우리나라 최초의 근대 무기 제조 공장이야. 1881년 고종은 김윤식 등 38명의 공학도를 중국 톈진 기기국에 파견했어. 그리고 그곳에서 신식 무기와 과학 기계 제조법을 배워오도록 했지. 이후 1882년에 일어난 임오군란으로 이들이 귀국하게 되었는데 이때 기증받은 과학 기술 서적과 신식 기계들을 바탕으로 1883년 기기창을 건립하게 되었어.

기기창에서는 청나라로부터 조총기기, 내찬혈기, 세포기, 제약기 등을 구입하고 무기와 화약을 생산하였지. 하지만 1894년 동학 농민 운동과 청·일 전쟁으로 문을 닫게 되었어.

기유각서
일제가 강압적으로 우리나라의 사법권과 감옥 사무의 처리권을 빼앗은 협약

1905년 을사조약으로 외교권을 빼앗은 일본은 1909년 7월 12일 우리나라의 사법권과 감옥 사무의 처리권까지 빼앗았어. 이때 체결되었던 협약이 바로 기유각서야. 기유각서는 을사조약에 앞장섰던 한

국의 총리 대신 이완용과 일본의 통감 소네 사이에서 맺어졌지. 이 각서로 우리나라의 법부와 재판소는 폐지되었고, 그 사무를 모두 통감부의 사법청이 맡게 되었어. 통감부의 직원은 당연히 일본인으로 임명했지. 이로써 우리나라는 외교권, 경찰권에 이어 사법권까지 강탈당한 것이란다. 이는 우리나라를 강제로 병합하기 위한 전초 공작이었지.

낭가 사상
1920년 신채호가 체계화한 우리 민족의 전통 사상

신채호는 낭가 사상이 우리 민족의 원시 종교인 수두제 신앙에서 유래했다고 이야기했어. 단군은 조선을 건국하고 수두(단군)제전을 거행했지. 이 수두제는 부여의 영고, 고구려의 동맹, 동예의 무천, 삼한의 소도로 계승되었어. 그리고 고구려의 태조왕과 차대왕 때 '선배'라는 제도로 발전했지. 이후 신라의 화랑 제도는 바로 고구려의 선배 제도에서 성장·발전한 거야. 이렇게 이어진 것이 바로 낭가 사상이지.

신채호는 유, 불, 선교 가운데 선교가 한국의 전통 사상이라고 파악하고, 이를 낭가 사상의 핵심으로 간주했지. 낭가 사상은 신채호의 한국 고대사 인식과 서술의 근거가 되었고, 일제 강점기 때 국권 회복의 이념으로 발전했지.

내선일체
일본과 조선은 하나라는 뜻

내지, 즉 안쪽 땅과 조선은 하나라는 뜻이야. 일본은 2차 세계대전 전 일본의 식민지를 외지로, 일본을 내지로 일컬었어. 일본은 조선의 식민 통치를 아름답게 꾸미기 위해 내선일체, 즉 조선과 일본은 한 몸이라는 말을 만들어냈지. 일본과 조선은 한 몸이니 조선인도 일본 백성의 한 사람으로 식민 지배에 적극적으로 협조하자는 뜻으로 만들어 낸 말이야. 이를 통해 일본은 조선에 1937년 중국과의 전쟁에 협력할 것을 강요했어. 일본은 내선일체라는 말을 쓰면서 우리 민족의 저항을 차단하려는 민족 말살 정책을 펼쳤지.

ㄷ

단발령
1895년 고종 때 김홍집 내각이 백성들에게 머리를 깎게 한 명령

1895년 명성 황후가 일본에 의해 살해된 을미사변 이후 일제에 의해 김홍집 내각이 수립되었어. 이는 친일 내각으로 일본의 힘을 빌려 내정 개혁을 추진했지. 그 개혁 중 하나가 바로 단발령이란다. 단발령은 성년 남자들에게 상투를 자르도록 내린 명령으로 전국적으로 실시되었지. 가장 먼저 일본의 강요로 고종이 서양식 머리를 깎았고, 이어 내부 대

신 유길준은 관리들로 하여금 가위를 들고 성문이나 거리 등에서 강제로 백성들의 머리를 자르게 했어. 하지만 머리카락은 부모에게서 물려받은 것이므로 소중히 간직해야 한다는 유교적 전통에 물들어 있던 조선 백성들은 이 명령에 쉽게 따를 수 없었어. 결국 을미사변으로 반일 감정이 고조된 시기에 단발령은 민심을 또 다시 자극했고, 이는 항일 의병 운동을 전개하는 계기가 되었단다. 이때 전개된 의병 운동을 '을미의병'이라고 해.

당백전

조선 고종 때 흥선 대원군이 경복궁 중건 비용을 위해 발행한 동전

조선 말기 정권을 잡은 흥선 대원군은 부패한 나라를 개혁하고 왕권을 강화하기 위해 노력했어. 왕권을 강화하는 일의 일환으로 임진왜란 때 불탄 경복궁을 다시 짓기 시작했지. 하지만 경복궁을 다시 지으려니 비용이 만만치 않았어. 이에 흥선 대원군은 경복궁 중건 비용을 마련하기 위해 '당백전'이라는 동전을 발행했단다. 당백전은 당시 일반적으로 쓰였던 상평통보보다 100배 정도 더 큰 가치가 있는 화폐였어. 그러니 당백전의 발행으로 물가가 급등하고 서민 경제가 매우 어려워졌지. 결국 1868년 재정상 혼란을 가져온다는 최익현의 상소로 발행이 폐지되었단다.

대동상회

1883년 평안도에 설립된 우리나라 최초의 회사

대동상회는 1883년 평안도에 설립된 우리나라 최초의 회사로 무역업에 종사하였으며 전국적인 영업망을 가지고 있었단다. 대동상회사 또는 평양상회라고도 부르지.

당시 영국 영사의 보고서에 따르면 평안도 상인 20명이 수십 만 냥 이상의 자금을 투자해 설립했다고 해. 즉 1인당 5,000에서 1만 달러씩 투자해 설립한 거야.

설립 초에는 쌀, 쇠가죽, 목화 등 국내 상품을 전국적으로 매매했고, 선박도 소유하고 있었지. 이후 무역을 실시해 인천을 통해 목화를 상해에 수출하는 등 국내 상품을 외국에 수출하는 일도 했어. 또한 외국 상인에게 물건을 수입해 국내 시장에 파는 일을 하기도 했지. 그러나 당시 국내 시장 유통을 지배하던 객주와 많은 분쟁이 일기도 했고, 특권 상인인 도고, 시전들과의 마찰도 피할 수 없었어.

이렇게 대동상회는 개항 초기에 설립된 회사로 당시로서는 가장 큰 규모를 자랑하는 근대적 기업이었단다.

대성 학교

1908년 안창호가 평양에 세운 학교

애국 계몽 운동 단체인 신민회의 가장 중요한 사업 중 하나는 독립 운동에 적극적으로 참여할 인재와 국민 교육의 모범이 될 만한 사람을 양성하는 것이었어. 이러한 목표를 가지고 안창호가 1908년 평양에 세운 학교가 바로 대성 학교야. 대성 학교를 세울 때 평양에서 큰 영향력을 행사하는 김진후가 2만 원을 기부했고, 이를 바탕으로 학교를 운영했다고 해. 대성 학교의 교장은 윤치호였고, 중등 교육 기관이었지만 실질적으로는 민족 교육에 중점을 두었지. 전국에서 인재들이 찾아와 대성 학교에 입학했단다. 대성 학교를 세울 당시 조선 각 도에 분교를 하나씩 세워 그 학교 출신 인재들이 각 군과 면의 초등 학교를 운영하도록 계획을 세웠어. 그런데 그 계획은 실현되지 못했단다. 그 이유는 1911년 일본 총독부가 독립 운동을 탄압하기 위해 총독 암살 미수 사건을 조작해 105인의 독립 운동가를 감옥에 가둔 105인 사건으로 신민회가 해체되었거든. 이 때문에 겨우 1회 졸업생을 배출한 후 학교가 설립된 지 3년만에 문을 닫게 되었단다.

대전회통

〈대전통편〉을 기본으로 해 1865년 고종 때 간행한 법전

조선 후기 정권을 잡은 흥선 대원군은 1865년 〈대전통편〉을 기본으로 왕의 교명, 규칙, 격식 등을 모아 보충해서 법전을 편찬했어. 이는 조선의 마지막 법전으로 〈대전회통〉이란다. '대전'은 법전을 '회통'을 모아서 통일시켰다는 것을 뜻하지. 이전의 법전인 〈경국대전〉, 〈속대전〉, 〈대전통편〉 등을 종합하고 사회 상황을 반영해 수정, 보완한 거야. 흥선 대원군이 정권을 잡았을 때 조선은 세도 정치가 판을 치고 민란이 끊이지 않았지. 이에 흥선 대원군은 세도 정치를 끝내고 민란을 수습하고자 했어. 이에 왕권을 강화하고 국가의 기강을 확립하기 위해 법전을 편찬한 거야.

대종교

우리나라의 시조 단군을 숭배하는 민족 종교

대종교는 단군 숭배 사상을 기초로 한 민속 신앙이야. 그래서 초기에는 단군교라고 불렸지. 환인, 환웅, 환검의 삼위일체인 '한얼님'을 숭배 대상으로 삼은 우리나라의 민족 종교이지. 1909년에 나철과 오기호 등이 처음으로 열어 현재 우리나라에 약 50~60만 명이 대종교를 믿고 있대.

한일합방 후 일본의 탄압으로 나철은 구월산에서 자결했고, 이후에도 대종교는 단군을 숭배한다는 이유로 일제에 많은 탄압을 받았단다. 이 탄압은 결국 활발한 독립 운동으로 이어졌지. 이들은 중국 본토와 만주 등에서 활발한 독립 운동을 펼쳤어. 청산리 대첩의 주요 부대인 북로군정서군의 상당수가 바로 대종교 신도였다고 해. 날이 갈수록 심해지는 일제의 탄압에 3대 교주 윤세복이 취임한 이후 많은 신도들이 학살되었지만 대종교의 민족주의는 신채호를 비롯한 많은 독립 운동가들에게 큰 영향을 주었어.

대한 광복회

1915년 경북 대구에서 결성된 독립 운동 단체

대한 광복회는 원래 1913년 경북 풍기에서 김상옥, 채기중, 유창순, 한훈 등이 조직한 비밀 독립 운동 단체였어. 이때는 대한 광복단이라는 이름을 사용했지. 그러다가 1915년 박상진, 우재룡, 양제만 등이 함께 하며 대한 광복회로 이름을 바꿨지. 이들은 군자금을 모아 무기를 구입하고 장비를 갖춰 독립군을 길렀어. 그리고 독립군을 중심으로 중국의 신해혁명처럼 혁명을 일으켜 공화주의를 표방한 독립을 이루고자 했지. 혁명을 위한 군자금을 모으는 과정에서 협조하지 않은 악질 관리와 친일파를 처단하기도 했어. 이러한 광복회의 소문이 전국에 퍼지면서 민족적 각성을 일으키는 데 많은 영향을 끼쳤단다. 이와 같이 혁명 단체로 출발한 대한 광복회는 1917년 말부터는 의열 투쟁 단체로 전환되었어. 그런데 1918년 조직망이 발각되어 박상진, 김한종, 채기중 등이 사형 선고를 받고 그 외 많은 사람들이 옥에 갇혔지. 이처럼 공화주의 이념을 표방하며 만들어진 대한 광복회는 민족주의를 발전시켰고, 독립운동에 크게 이바지하였단다.

대한 국민 의회

1919년 러시아 연해주의 블라디보스토크에 성립된 임시 정부

1919년은 세계적으로는 1차 세계대전이 종결되었으며, 우리나라에서는 3·1 운동이 일어났던 해야. 이에 러시아 연해주의 블라디보스토크에 임시 정부를 세워 당시 세계대전 종결과 3·1 운동 전개 등에 대처하려 했지. '임시 정부' 하면 '상하이'가 가장 먼저 떠오르고, 러시아의 임시 정부는 조금 생소한데, 거기에는 그럴만한 이유가 있어. 당시 서울과 상하이에도 임시 정부가 수립되어 이를 통합하려는 논의가 일었지. 그래서 대한 국민 의회는 해체되고 너희들이 잘 알고 있는 상하이 임시 정부로 통합된 거야. 이때 협의 과정에서 충돌이 일어나 1920년 몇몇 사람들이 다시 결성했지만 당시 러시아의 내란에 휩쓸려 결국 대한 국민 의회는 해체되고 말아.

대한 독립군

1919년 홍범도를 사령관으로 하여 모집한 독립군으로 만주 지역에서 활동함.

1919년 홍범도를 사령관으로 하여 만주 일대에서 400여 명의 독립군을 모집했어. 홍범도를 중심으로 한 이 항일 무장 단체를 대한 독립군이라고 해. 대한 독립군은 두만강과 압록강을 넘어 국내 진압 작전을 펼쳐 조선 내의 일본국 기지를 공격해 많은 성과를 올렸지. 대한 독립군의 이러한 활동으로 일본군은 분노했고, 결국 대한 독립군을 섬멸하기로 했단다. 이에 1920년 대한 독립군의 근거지인 봉오동을 공격했어.

이 소식을 들은 홍범도가 봉오동 주변의 골짜기에 독립군 600여 명을 매복시켜 일본군의 침략에 대비해 유인 작전을 펼친 거지. 이 작전에 걸린 일본군은 157명이 전사하고 2백여 명이 중상을 입는 등 많은 피해를 입었어. 하지만 독립군은 4명이 전사하고 2명이 중상을 입는 정도의 피해만 입었지. 이 전투가 바로 봉오동 전투야. 이후 일본은 청산리 전투에서도 패했고, 이에 대한 분풀이를 만주의 조선인 마을에 사는 조선인들에게 했어. 일본인들은 만주에 사는 조선인들을 무차별적으로 학살하는 간도 학살 사건을 일으켰단다. 일본인들의 학살에 대한 독립군은 중국과 러시아의 국경 지대인 헤이룽 장성의 미산으로 탈출해. 그리고 다른 독립군 부대와 통합해 1920년 12월 대한 독립 군단을 조직했단다.

대한 매일 신보

1904년 양기탁이 영국인 베델과 함께 창간한 국한문 일간지로 애국과 교육의 자주성을 강조한 항일 운동의 선봉이 됨.

대한 매일 신보는 1904년 7월 18에 양기탁이 1904년에 일어난 러일 전쟁을 취재하러 온 영국인 베델과 함께 발간한 일간 신문으로 일제와 동맹을 맺은 영국의 베델이 사장을 맡았기 때문에 일본의 간섭을 피할 수 있었어. 이에 양기탁, 신채호, 박은식 등은 적극적으로 항일 논설 활동을 했지. 대한 매일 신보는 국문뿐만 아니라 영문, 국한문 등 3종의 신문 1만 부를 발행하는 등 우리나라 최대의 신문이었어. 또한 국채 보상 운동을 지원하는 등 일제의 한국 침략에 정면으로 반박했지. 이에 일본은 발행인 배설을 2차례 재판에 회부했고, 양기탁도 국채 보상 의연금 횡령 혐의로 체포했어. 물론 양기탁은 무죄로 석방되었지. 하지만 1909년 일본의 탄압에 싸우다가 배설이 죽고, 설상가상으로 일제의 간섭이 점점 심해져 신문사의 경영이 힘들어졌어. 결국 1910년, 국권을 빼앗긴 후에는 총독부에 매입, 흡수되어 총독부의 기관지로 변질되기도 했어. 현재 〈서울신문〉의 모체가 바로 대한 매일 신보란다.

대한민국 임시 정부

1919년 3·1 운동 이후 중국 상하이에 설립된 임시 정부

1919년 3·1 운동 이후 해외의 독립 운동은 더욱 활발해졌단다. 이에 우리나라는 체계적인 독립 운동의 필요성을 느끼고 1919년 4월 상하이에 대한민국 임시 정부를 수립했어. 왕이 주인이 아닌 국민이

주인이 되는 '대한민국'을 세운 거지. 대한민국 임시 정부의 초대 대통령으로 임명된 이승만은 안창호 등과 함께 많은 일을 했어. 우선 연락망을 확보하기 위해 교통국을 설치하고 연통제를 실시해 독립 운동 자금을 모았어. 또한 활발한 외교 활동으로 국제 사회에서 우리나라의 입지를 굳혔지. 그리고 다양한 역사서를 편찬하고 〈독립신문〉을 발간하는 등 언론 활동에도 힘을 기울여 애국심을 높였어. 이뿐만 아니야. 무력으로 일본에 저항하는 무장 독립운동도 전개했어. 물론 1920년 일제의 방해로 지원이 끊기고 독립운동가들의 의견이 달라 어려움을 겪기도 했지만 김구가 다시 뜻을 모으고 자금을 확보해 각종 군사 활동과 의거 활동을 지원함으로써 임시 정부는 독립 운동의 중심이 되었지. 임시 정부에서 조직한 광복군은 2차 세계 대전 당시 연합국의 일원으로 일제에 대항한 국내 침공 작전을 계획하기도 했어. 하지만 아쉽게도 이 작전은 일제가 항복하며 결국 실현하지 못했어.

대한민국 임시 정부는 우리나라의 독립을 위해 많은 노력을 했음에도 불구하고 국제적으로 인정받지 못했어. 그래서 독립 이후에 임시 정부 임원들은 개인 자격으로 귀국했단다. 또 정부 수립 과정에도 제대로 참여할 수 없었지. 하지만 현재 우리나라 헌법에는 임시 정부가 대한민국의 모태가 되고 있음을 밝히고 있어.

대한 자강회

1906년 교육을 통한 국민 계몽을 목적으로 조직한 정치 계몽 단체

1905년 을사조약으로 우리나라는 외교권을 빼앗겼고, 한국인의 정치 활동이 금지되었어. 이에 윤효정, 장지연 등이 교육을 통한 국민 계

몽으로 독립을 이루자는 목적으로 세운 정치 계몽 단체가 바로 '대한자강회'야. 대한자강회는 연설회를 개최하고 정부에 개혁적·계몽적 건의안을 제출하는 등 다양한 활동을 하는 한편, 교육 활동도 적극적으로 실시했어. 또한 일제에 맞서 고종의 퇴위와 순종의 즉위를 반대하기도 했지. 결국 이 일 때문에 1907년 8월에 일제에 의해 강제로 해산되었단다. 하지만 대한 자강회의 주요 인물들은 여기서 무너지지 않았어. 같은 해 11월에 대한 협회를 결성해 대한 자강회에서 하던 활동을 이어나갔단다.

대한 협회

1907년 11월 서울에서 조직된 애국 계몽 단체

1906년 국민 계몽을 목적으로 조직한 대한 자강회가 1907년 일제에 의해 강제로 해산당하자 그 해 11월 대한 자강회의 주요 인물들인 권동진, 남궁억, 오세창, 윤효정, 장지연 등이 애국 계몽 단체를 조직했어. 이들은 국력을 키우고 교육과 산업을 발전시키기 위한 목적으로 이 협회를 만들었지. 대한 협회는 애국심을 키우고 국권을 회복하는 것을 목적으로 조직된 단체야. 이러한 이유 때문에 대한 협회는 한때 국민들의 폭넓은 지지를 받아 전국에 70여 개의 지회를 두고 수만 명의 회원을 확보했어. 하지만 일제의 감시를 피할 수는 없었지. 날로 심해지는 일제의 감시와 박해에 합법적 운동을 하기 힘들어져 적극적인 활동을 펼 수가 없었어. 결국 지도층의 일부가 친일단체인 일진회와 연합해 친일화 되기도 했고, 1910년 국권을 잃은 후 해체되었단다.

독립문

1896년 서재필이 이끄는 독립 협회가 조선의 자주 독립을 알리기 위해 세운 문

독립문은 1896년에 세운 것으로 종로구 교북동에 있어. 원래 이곳은 청나라 사신을 환영하던 영은문이 있던 곳이었어. 하지만 1896년 독립 협회는 영은문이 청나라에 대한 굴복의 상징이라면서 이것을 헐고 조선의 독립을 상징하는 독립문을 설치하기로 했어. 이에 전국적으로 많은 성금이 모였고, 드디어 독립문이 완공되었지. 독립문은 프랑스의 개선문을 본떠 화강암으로 만들었고, 가운데는 무지개 모양의 홍예문이, 왼쪽에는 꼭대기로 올라가는 돌층계가 있단다. 현재는 서대문구 현저동 독립 공원 안에 있는데 1979년 성산대로를 개설하면서 종로구에 있던 것을 독립 공원으로 이전해 복원한 거야.

독립 선언서

1919년 3·1 운동 당시 육당 최남선이 작성한 독립 선언문

1919년 3월 1일 독립 운동 당시 민족 대표 33인이 대한민국의 독립을 국내와 국외에 알리기 위해 선언한 글이야. 육당 최남선이 작성하고 손병희를 비롯한 33인의 민족 대표가 공동으로 서명했지. 이를 작성할 때 최남선은 손병희가 세운 선언서 작성의 대원칙에 따라 평화적이고 온전하며 감정에 흐르지 않을 것, 동양 평화를 위해 조선의 독립이 필요하며 민족 자결과 자주 독립의 전통 정신을 바탕으로 정의와 인도에 입각한 운동을 강조한다는 정신을 바탕으로 작성했어.

최남선이 약 3주만에 선언서를 완성하고, 2월 27일 저녁 2만 1천 장을 인

쇄해 3월 1일 서울을 비롯한 전국 주요 도시에 배포했지. 그리고 민족 대표 33인은 이날 아침 인사동의 태화관에 모여 오후 2시에 선언식을 가졌어. 만 해 한용운이 선언서를 낭독한 후 대표들은 대한 독립 만세를 삼창하고 축배를 들었어. 그런 후에 일본 경찰에 스스로 연행되었지. 하지만 이날 같은 시각 파고다 공원에 모인 각급 학교, 학생, 시민 등 5천여 명은 그냥 돌아갈 수 없었어. 이에 정재용이 선언서를 낭독하고 만세 운동을 벌였단다.

독립 신문

1896년 서재필을 중심으로 애국 계몽과 교육 등을 목적으로 창간된 우리나라 최초의 민간 신문

독립 신문은 1896년 미국에서 귀국한 서재필을 중심으로 창간된 우리나라 최초의 민간 신문이야. 애국 계몽과 교육 등을 목적으로 창간했어. 우리 민족의 정신을 일깨우고 백성들에게 신학문, 신사고를 유도해 민족 계몽의 중대한 역할을 했어. 독립 신문은 총 4면으로 구성되어 있었는데 3면은 한글, 1면은 영어로 되어 있고, 주 3회 발간되었지. 우리나라 최초의 근대 신문인 한성순보는 정부에서 발간했고, 한문으로 기사를 썼는데 독립 신문이 한문 대신 한글을 사용한 이유는 누구나 쉽게 여러 가지 정보를 알 수 있도록 하기 위함이었어. 독립 신문은 독립 협회 창설 이후 독립 협회의 기관지가 되었고 나중에는 한글판, 영문판 두 종류로 매일 간행했단다. 하지만 독립 협회에 대한 정부의 탄압이 점차 심해져 1899년 12월 4일자 발간을 마지막으로 폐간되었어. 이후 1919년 대한민국 임시 정부가 똑같은 명칭으로 1921년까지 소식지를 발간했지.

이처럼 독립 신문은 19세기 말 한국 사회의 발전과 우리 민족의 계몽을

위해 큰 역할을 수행한 신문이란다.

독립 의군부
1912년 고종의 밀명으로 전라남도에 조직된 독립 운동 단체

1912년 9월 고종은 임병찬에게 몰래 명령을 내려 비밀리에 독립 운동 단체를 조직하도록 했어. 이에 전라 남도를 중심으로 조직된 독립 운동 단체가 바로 '독립 의군부' 야. 독립 의군부는 일본 정부와 조선 총독 및 주요 관리들에게 일제의 강제 점령의 부당함을 알리고 국권 반환을 재촉하는 요구서를 보냈지. 또한 일제를 몰아내기 위해 의병 전투를 준비했어. 이후 독립 의군부는 호남 지방의 의병과 유생을 모아 의군부 조직을 전라남북도로 확대했지. 1914년에는 서울로 본거지를 옮기고 전국적인 조직으로 확대하면서 대한 독립 의군부로 명칭을 고쳤어. 그리고 같은 해 5월 국권 반환 요구서를 발송하고 일본군의 철병을 요구하는 전화를 하기로 했지. 하지만 23일에 단원 김창식이 붙잡혀 조직이 드러났고, 임병찬을 비롯한 주요 임원이 일본 경찰에 잡히면서 대한 독립 의군부는 해체되었단다. 임병찬은 붙잡힌 후에도 끝까지 항쟁하다 거문도에 유배되었고, 이후 여러 차례 자결을 시도했지만 실패했지. 그리고 1916년 병에 걸려 순국했단다.

독립 협회
1896년 자주 독립과 계몽을 목적으로 결성된 정치 단체

1895년 을미사변 이후, 고종은 러시아 공사관에 머물렀어. 이에 영향력

이 커진 러시아와 일제는 심각한 대립 관계가 되었지. 이러한 상황을 비판하며 창설된 조직이 바로 독립 협회야. 독립 협회는 자주 독립과 계몽을 목표로 결성되었지. 독립 협회는 청나라 사신을 맞이하는 영은문 자리에 우리나라의 자주 독립을 알리는 독립문을 세우고 고종이 러시아 공사관에서 돌아올 것을 촉구했어. 또한 〈독립신문〉 간행을 추진했으며, 종로에서 만민 공동회를 열어 우리 민족의 애국심을 높였지.

처음에는 정부 관료들도 활발히 참여했는데 독립 협회가 민심을 얻으며 왕권을 위협하자 탈퇴했어. 그리고 정부는 독립 협회가 왕을 몰아내려 한다는 소문을 퍼뜨려 보부상들을 중심으로 고종 황제를 지지하는 황국협회를 결성하도록 했지. 결국 정부는 황국 협회와 충돌한다는 것을 이유로 1898년 독립 협회를 해산시켰어. 독립 협회는 해산되었지만 이후 만민공동회라는 이름으로 지속되었지. 만민 공동회는 1898년 말 해산하였고, 대한 자강회와 대한 협회를 통해 독립 협회의 정신이 이어졌단다.

독사신론

민족주의 사학의 연구 방향을 제시한 신채호의 글로 〈대한 매일 신보〉에 연재됨

1908년 신채호는 식민 사관과 그 영향을 받아 편찬된 일부 국사 교과서를 비판하기 위해 글을 썼어. 이 글이 바로 '독사신론'이야. 이는 〈대한 매일 신보〉에 연재되었지. 독사신론에서 신채호는 기자와 위만으로 이어지는 기존의 역사 인식을 거부하고 단군에서 부여, 고구려로 계승되는 고대사를 제시했어. 그 이유는 우리 민족을 역사 전개의 주체로 해석하기 위함이었지. 또한 신채호는 신라가 당나라를 끌어들여 같은 민족인 고구려를 멸망시킨 것을 지적하고 비판했지. 이러한

신채호의 노력은 근대 민족주의 역사학의 바탕이 되었고, 왜곡되어 가던 한국사를 바로잡는 바탕이 되었어.

동도서기

동양의 도리를 지키면서 서양의 기술만 받아들이자는 생각

전통적인 사상과 가치관, 문화 풍습 등 동양의 도리인 동도는 지키면서 서양의 과학 기술과 기기 등 서기는 받아들이자는 구호 야. 청나라의 양무 운동에서 나타난 중체서용론(유교를 근본으로 하여 서양의 발달된 기술 문명을 수용하자)이나 일본의 화혼양재론(일본의 전통적 정신을 기반으로 서양의 기술 제도를 받아들이자)과도 유사한 성격을 지니고 있지. 1880년대 초반에 나타난 조선 정부의 점진적이고 온건한 개화 정책을 뒷받침했던 사상이라고 볼 수 있어. 조선은 1876년 일본과 강화도 조약을 체결한 뒤 일본에 수신사를 파견했어. 1차에는 김기수를, 2차에는 김홍집을 보내 일본의 문물을 수용하였지. 또한 근대적 개혁을 관장하기 위해 통리기무아문을 설치하고 별기군을 창설하는 등 근대화 정책을 본격적으로 추진했어. 청나라에는 영선사를 파견하여 신식 화약과 탄약 제조법 등을 배워오게 했지. 청과의 전통적인 관계를 중시하면서 점진적인 개화를 추진한 김윤식, 김홍집 등의 온건 개화파를 동도서기파라고 부르기도 해.

동문학

1883년 통역관을 양성하기 위해 세운 관립 영어 학교

1882년 조미 수호 통상 조약을 체결한 이후 우리나라는 서양 여러 나라와 조약을 맺고 교섭을 하게 되면서 영어를 할 줄 아는 통역관을 필요로 하게 되었어. 그래서 당시 통리교섭 통상사무아문의 협판 겸 총세무사로 부임하게 된 독일인 묄렌도르프가 통상사무아문의 부속 기관으로 설치한 거야. 40여 명을 선발하여 오전·오후 반으로 나누어 일어, 영어, 서양의 계산법 등을 가르쳤다고 해. 설립되던 첫 해에는 남궁 억이 입학하여 1884년 1등으로 졸업했다는 기록이 있어. 이 학교는 3년 동안 운영되다가 1886년 육영공원이 세워지면서 문을 닫았어.

동양 척식 주식 회사

1908년에 일본이 조선의 경제를 독점하고 착취하기 위해 설립한 회사

1905년 을사조약을 체결한 후 조선의 산업 자본을 키운다는 명목 하에 일본이 천만 원의 자본을 들여 서울에 설립한 회사야. 이 회사는 주로 조선의 토지를 매입하여 소작을 주거나 일본인에게 매각하는 방법으로 회사를 운영했어. 토지 조사 사업으로 약탈한 토지를 매입하여 소작농에게 빌려 주고 5할이 넘는 고율의 소작료를 받았고, 빌려준 곡물에 대해서도 추수 때 2할 이상의 고리로 거두어들여 일본으로 반출했어. 이러한 가혹한 착취는 농민들의 분노를 사 1925년에는 나석주가 동양 척식 주식 회사에 폭탄을 투척한 일도 있었지. 이후 일제는 회사법을 고쳐 본점을 동경으로 옮기고 우리나라에는 17개의 지점을 두고 아시아 전

역에 52개의 지사를 세워 경제적 침략을 꾀했단다.

동의수세보원
이제마가 저술한 의학서

　모두 4권 2책으로 되어 있어. 1894년(고종 31년)에 일부를 간행, 계속 수정·보충하다가 이제마가 죽자 1901년(광무 5년)에 그의 제자인 김영관, 한무연 등이 유고를 정리하여 완간했지. 이제마는 인체를 기질과 성격에 따라 '태양, 소양, 태음, 소음'의 사상으로 나누고, 질병을 치료하는데도 병의 증세보다는 체질에 중점을 두고 시술해야 한다고 주장했어. 이를 사상 의학설이라고 해. 사상 의학설은 음양 오행설을 중시하는 기존 한의학의 전통을 벗어난 획기적인 학설이라 할 수 있지.

동학
1860년 최제우가 창시한 민족 종교

　새로운 종교가 탄생하는 배경에는 늘 사회의 혼란상이 존재한단다. 민족 종교인 동학이 만들어질 때도 세도정치로 인한 혼란이 가중될 때였어. 사회가 혼란스러워졌는데도 기존 종교인 불교와 유교는 제 구실을 다 하지 못했어. 때마침 중국을 통해 천주교가 들어왔고 평등 사상을 기반으로 한 천주교는 급속히 퍼져가기 시작했지. 그런데 천주교는 우리의 전통적인 정서와 맞지 않는 면이 있었어. 그건 바로 조상에 대한 제사를 금지하는 것이었지. 이 때문에 천주교가 우리의 미풍 양속을 해친다고 생각하는 사람들이 많았단다. 이에 최제우는 천주교의 다른 이름인 '서학'에 대항한다는 의미로 '동학' 을 만들었던 거야. 동학의 교리에는 유교, 불교, 도교와 민간 신앙이 결합되어 있었지. 동학에서 가장 중심이 되는 교리는 인내천 사상이야. 인내천이란 '사람이 곧 하늘' 이라는 뜻이야. 동학에서는 사람을 하늘처럼 떠받들어야 하는 존재로 보았기 때문에 신분제 아래에서 신음하던 일반 백성들의 환영을 받아 급속히 확산되기 시작했단다.

하지만 조선 정부에서는 동학을 조선의 신분 질서와 사회 질서를 어지럽히는 사악한 종교라고 보고 탄압하기 시작했지. 결국 동학의 창시자 최제우는 세상을 어지럽히고 백성을 속였다는 죄로 처형당하고 말았어. 동학의 1대 교주가 죽음을 당했지만 동학의 위세는 꺾이지 않았고 정부의 탄압에도 불구하고 계속 성장해 갔지. 동학은 개인의 신앙 차원에 머무르지 않고 사회 개혁 운동의 성격을 띠었단다. 동학은 서양 세력에 맞서 나라를 돕고 백성을 편안하게 하자는 보국안민과 이 세상이 멸망하고 새로운 세상이 열린다는 후천 개벽 사상을 내세웠지. 이처럼 동학은 혼란한 사회를 바로잡고 백성을 구제한다는 개혁적이고 실천적인 면모를 가지고 있었어. 이러한 성격은 1894년에 동학 농민 운동에 동학 교도들이 적극적으로 참여한 이유가 되었단다.

동학 농민 운동
1894년(고종 31년) 전봉준이 중심이 되어 일으킨 농민 운동

전라도 고부의 동학 접주인 전봉준이 중심이 되어 일으킨 농민 운동이야. 당시 조선은 개항 이후 근대 문물의 수용과 각종 배상금 지불로 인해 국가 재정이 어려웠어. 자연히 농민들의 세금 부담으로 이어졌고

청과 일본의 경제 침탈이 더해진 데다 탐관오리의 수탈이 심해졌지. 특히 전라도 고부 군수 조병갑은 여러 비리와 부정으로 농민들을 힘들게 했어. 이에 전봉준은 농민들을 모아 고부 관아를 습격하여 조병갑을 몰아냈단다. 정부가 이 사건의 주도자들을 가혹하게 탄압하자 동학 농민군은 황토현 전투에서 관군을 물리치고 전주성을 점령했어. 전주성이 함락되자 정부는 청에 원군을 요청했지. 그러자 일본도 톈진 조약을 내세워 군대를 파견했단다. 조선을 둘러싸고 청과 일본의 충돌이 예상되자, 농민군은 폐정 개혁안의 실시를 조건으로 정부와 전주 화약을 맺고 해산했지. 이후 농민들은 전라도 각지에 집강소를 설치하여 자신들이 제시한 폐정 개혁안을 실천해 나갔어. 정부는 청과 일본에 군대 철수를 요구했지만 일본은 경복궁을 점령하고 청일전쟁을 일으켰지. 농민군은 일본을 물리치기 위해 다시 봉기했어. 이번에는 항일 구국이 목표였지. 농민군은 공주 우금치에서 일본군과 격렬한 전투를 벌였지만 결국 패했어. 이후 전봉준을 비롯한 지도자들이 체포되면서 동학 농민 운동이 끝났지. 동학 농민 운동은 신분 차별 철폐, 봉건적 폐습 타파 등을 주장했고, 외세의 침략을 물리치려 한 반봉건, 반외세 민족 운동이었어.

폐정개혁안의 주요 내용

- 탐관오리는 그 죄목을 조사하여 엄하게 징계할 것
- 노비문서는 불태워 버릴 것
- 천인의 대우를 개선하고 백정 머리에 쓰는 패랭이를 없앨 것
- 관리의 채용은 지벌을 타파하고 인재를 등용할 것
- 왜와 내통하는 자는 엄하게 징계할 것
- 토지는 평균으로 나누어 경작하게 할 것

② 러·일 전쟁

1904년~1905년에 러시아와 일본이 만주와 한국의 지배권을 두고 벌인 전쟁

청·일 전쟁으로 일본과 청나라 사이에 시모노세키 조약이 체결되어 일본이 요동반도를 차지했지. 그러자 러시아는 프랑스, 독일과 함께 삼국 간섭을 주도하여 이를 무효화해 버렸어. 그리고 아관파천 이후 조선에서 러시아의 세력이 커지자 만주와 한반도를 둘러싸고 러시아와 일본의 대립이 점차 심해졌지. 일본은 러시아를 견제하던 영국과 동맹을 맺어 입지를 강화한 후, 1904년 2월 러시아를 공격했어. 일본의 육군은 한반도를 거쳐 남만주로 진격하여 1905년 1월 여순 요새를 함락시키고 봉천을 점령했어. 해군은 유럽에서 원정 온 러시아의 발틱 함대를 대한해협에서 격파하고 해상에서 완승을 거두었어. 전쟁에서 승리한 후에는 러시아와 포츠머스 조약을 체결하여 조선에 대한 지도, 감독권을 인정받았고, 러시아는 일본에 여순, 대련의 조차권과 남만주의 철도를 양도했어. 또 사할린 남부를 할양, 북위 50도 이남을 일본령으로 넘겨주고 연해주와 캄차카의 어업권도 인정했지.

러·일 전쟁은 표면상으로는 한국과 만주의 지배권을 둘러싼 러시아와 일본 간의 싸움이었지만, 그 배후에는 영·일 동맹, 미국의 일본 지원, 러시아·프랑스 동맹이 복잡하게 얽혀있던 제국주의 전쟁의 전초전에 해당한다고 볼 수 있어. 전쟁의 결과 러시아에서는 혁명운동이 진행되었고, 일본은 한국에서의 지배권을 확립하고, 만주 진출을 확정했으며, 미국과 대립하기 시작했어.

만민 공동회
독립 협회가 주관한 대중 집회

　　서재필이 중심이 되어 조직한 독립 협회의 정치 활동 중 하나로 시민, 단체, 정부 관료 등 모든 사람이 참여한 대중 집회를 말해. 관료의 참여에 의의를 두어 관민 공동회라고 부르기도 하지. 1896년 아관 파천 이후 러시아의 간섭과 이권침탈이 계속되자 독립 협회는 1898년 3월 10일 종로에서 만민 공동회를 개최하고 자주 외교와 국정 개혁 등을 주장했지. 첫 집회에 1만여 명이 참가했고 러시아의 절영도(현재의 부산 영도) 조차(조약에 의해 다른 나라로 부터 영토를 빌리는 것) 요구 반대, 일본의 국내 석탄고 기지 철수, 한러 은행 철거 등을 요구하고 자주 독립의 강화를 결의했어. 이를 계기로 러시아의 절영도 조차 요구가 철회되고 일본도 국내의 석탄고 기지를 되돌려 주었단다. 또한 러시아와 일본은 한국의 내정에 간섭하지 않는다는 협정을 체결하는 등 성과를 얻었어. 그해 10월에 개최된 만민 공동회에서는 윤치호를 회장으로 선출했으며 정부의 매국적 행위를 공격하고 시국에 대한 개혁안인 헌의 6조를 결의했어. 고종은 개혁안의 실시를 약속했지만 보수적인 관료들의 반대로 실현되지 못했지. 또 독립 협회의 세력이 커질 것을 우려한 보수파 관료들이 독립 협회가 황제를 폐위하고 공화정을 실시하려 한다고 모함했어. 결국 황국 협회를 내세워 두 단체가 충돌하게 하여 강제 해산시키고 독립 협회의 활동은 애국 계몽 운동으로 계승되었단다.

만세보

1906년에 천도교 교주 손병희의 발의로 창간된 일간 신문

사장에 오세창, 발행인 겸 편집인에는 신광희, 주필은 이인직이 맡았어. 이 신문은 친일단체인 일진회를 논설로 공격하기도 하고, 내부 대신 이지용과 군부 대신 이근택의 반민족적 행위를 단호히 규탄하기도 했어. 또 이인직의 〈혈의 누〉, 〈귀의 성〉을 연재하는 등 다채로운 지면 구성을 시도했지. 고종황제도 이 신문을 애독하여 내탕금(임금이 사사로이 쓰는 돈)에서 1,000원을 하사하기도 했단다. 그러나 천도교측의 지원에도 불구하고 경영난을 이기지 못해 1907년 6월 29일 제293호를 마지막으로 종간되었고 이후 이인직이 시설 일체를 인수하여 1907년 7월 18일부터 〈대한신문〉으로 제호를 바꾸어 간행했어.

만주 사변

1931년 일본군이 중국 만주 지방을 침략한 전쟁

1905년 러·일 전쟁에서 승리한 일본은 중국 만주 지역 철도에 대한 이권을 획득했단다. 이제 만주는 일본에게 상품 시장과 원료 공급지로 중요한 지역이 되었지. 하지만 1929년 세계 대공황의 여파로 만주 철도의 운영 수익이 감소하였고 중국 전역에서 국권 회복 운동이 일어나면서 일본은 불리한 상황에 처하게 되었어. 그러자 일본은 만주 전역을 침략할 것을 결정했단다. 일본은 1931년 9월 18일에 류타오거우에서 만주 철도의 선로를 폭파하고 이를 중국 군대의 소행으로 돌리는 억지를 쓰면서 전쟁을 일으켰는데 이 전쟁을 만주사변이라고 한다. 서양

열강이 세계 대공황을 수습하느라 신경 쓸 겨를이 없는 틈을 노려 일본은 중국 만주의 대부분 지역을 장악했지. 그리고는 1932년 3월 1일에 톈진에서 망명 생활을 하고 있던 청나라의 마지막 황제 푸이를 내세워 만주국을 수립했어. 그 후 만주국은 일본 침략 전쟁을 위한 병참기지로서 큰 역할을 하게 되었어. 이에 국제 연맹은 일본군의 철수를 권고하였지만 일본은 오히려 1933년에 국제 연맹을 탈퇴하고 말았지. 이후 일본은 군국주의 노선을 걸으며 중일 전쟁(1937년)과 태평양 전쟁(1941년)을 일으켰단다.

무단 통치

일제가 우리 민족을 무력으로 다스린 통치 방식

일본이 우리나라를 강제 점령한 후 1910년부터 1919년 3·1 운동까지 헌병 경찰을 동원하여 강압적으로 통치한 방식을 무단 통치라고 해. 일본은 헌병 경찰 제도를 만들어 헌병들이 경찰의 임무를 수행하게 하였고 교원들도 제복을 입고 칼을 찬 채 교육을 했어. 정치, 언론, 집회의 자유를 박탈하여 민족 신문의 발행을 막고 애국지사들을 체포하고 투옥했어. 이런 강압적인 통치는 심한 저항의식을 불러일으켜 1919년 3·1 운동이 일어나자 일본은 무단 통치 방식을 문화 통치로 바꾸게 되었단다.

문화 통치(민족 분열 통치)

3·1 운동 이후 일본의 식민지 통치 방식

3·1 운동이 일어나자 일본은 무단 통치의 한계를 깨닫고 우리 민족의 문화와 관습을 존중한다는 점을 내세우면서 지배 방식을

문화 통치로 바꾸었어. 헌병 경찰제를 보통 경찰제로 전환하고 교육의 기회를 확대했지. 언론, 출판, 집회, 결사의 자유를 보장하여 신문의 간행도 허용했어. 이에 따라 조선일보와 동아일보 등 민족 신문이 발행되었지. 하지만 문화 통치는 실제로는 아주 기만적인 정책이었어. 이 기간에 경찰의 수는 오히려 늘었고 치안유지법을 만들어 독립운동에 대한 탄압을 강화했단다. 언론에 대해서도 검열 제도를 만들어 신문 기사를 삭제하거나 정간, 폐간도 서슴지 않았지. 문화 통치는 겉으로는 탄압의 강도를 완화한 것처럼 보였지만 실제로는 친일파를 길러 우리 민족끼리 싸우고 분열하도록 만든 민족 분열 통치였던 거야. 일제의 목표는 우리 민족의 단결을 방해하여 독립 운동을 저지하는 데 있었단다.

물산 장려 운동
조선 물산 장려회가 중심이 되어 전개한 국산품 장려 운동

1920년대에 일본 기업들의 조선 진출이 활발해지자 한국인의 산업을 보호하고 민족 자본을 육성하여 경제적 자립을 해야 할 필요성이 높아졌어. 이에 조만식을 비롯한 민족 지도자들이 평양에서 물산 장려회를 만들어 조선인이 생산한 상품을 쓰자는 국산품 애용 운동을 펴기 시작했지. 1923년에는 서울에서 조선 물산 장려회가 설립되어 전국으로 확산되었단다. 하지만 무명옷 등 토산품 수요가 늘자 토산품 가격이 치솟아 상인들만 큰 이익을 거두었어. 또 큰 규모의 조선인 공장이 설립되지 못하여 일본 제품을 대체할 상품 생산에도 어려움이 있었지. 게다가 1934년부터는 재정난에 빠져 큰 성과를 거두지 못한 채 1940년 8월 일본에 의해 강제로 해산되고 말았어.

미소 공동 위원회

모스크바 삼상 회의의 합의에 따라 설치된 미·소 양국의 대표자 회의

1945년 12월 모스크바에서는 전후 문제를 처리하기 위해 미국, 소련, 영국의 외무장관이 모인 모스크바 삼상 회의가 열렸어. 이 회의에서 세 나라는 한국은 임시정부를 구성할 것, 임시 정부 수립을 위해 미소 공동 위원회를 설치할 것, 이를 위해 최대 5년간 신탁 통치를 실시할 것 등에 합의를 했어. 이 합의에 따라 열린 회의가 바로 미소 공동 위원회야. 1차 미소 공동 위원회는 1946년 3월 20일 서울에서 개최되었어. 그런데 모스크바 삼상 회의의 결과를 들은 국내 우익 세력은 신탁 통치를 결사적으로 반대하였고 좌익 세력은 찬성했어. 이에 소련은 모스크바 삼상 회의의 결과에 따르지 않고 신탁 통치를 반대하는 정당과 사회단체는 임시 정부 수립 논의에 참여시킬 수 없다고 주장했어. 하지만 미국은 의사 표시의 자유 원칙에 따라 신탁 통치안을 반대한다고 해서 논의에서 제외될 수 없다며 맞섰지. 결국 회의는 결렬되고 말았어. 1947년 5월 21일 제2차 미소 공동 위원회가 열렸지만 양측의 의견 대립으로 합의를 이끌어내지 못하고 또 다시 결렬되고 말았단다. 결국 한반도의 정부 수립 논의는 유엔으로 옮겨졌지. 유엔은 유엔의 감시 하에 남북한 총선거를 결의했지만 소련은 이를 거부했어. 결국 1948년 5월 10일 남한만의 단독 총선거가 실시되어 8월 15일에 대한민국 정부가 수립되었단다.

민립 대학 설립 운동
우리 민족의 힘으로 민립 대학을 세우려는 운동

1922년 일제가 조선교육령을 공포하자 **이상재를 비롯한 민족주의 자들이 일제 식민지 교육에 맞서 민족 교육과 민족 간부 양성을 목표로 민립 대학을 설립하고자 했어.** 이에 따라 1923년 이상재, 이 승훈 등이 민립 대학 기성회를 조직했지. 이들은 설립 기금으로 1천만 원을 모으기로 하고, '1천만이 1원씩'이라는 구호를 내걸면서 전국적인 모금 운동을 벌였지. 하지만 일제가 이 일을 가만히 보고 있을 리가 없었겠지? 모금 운동이 전국으로 확산되는 조짐을 보이자 일제는 조선교육령을 개정하고 관립 경성 제국 대학 설립을 서두르기 시작했어. 또 민립 대학 기성회의 활동을 방해하기 시작했어. 결국 일제의 방해와 탄압으로 민립 대학 설립 운동은 실패하고 말았어.

민족 말살 정책
우리 민족의 뿌리를 말살하여 침략 전쟁에 동원하려는 일제의 정책

일본 제국주의는 1930년 이후 조선의 통치 방식을 민족 말살 정책으로 바꾸었어. **우리 민족의 의식을 말살하여 저항 의지를 꺾어 침략 전쟁에 쉽게 동원할 수 있도록 하기 위해서 채택한 정책**이야. 1931년 만주사변을 기점으로 일본은 제국주의 침략 전쟁을 본격화했어. 1937년에는 중일 전쟁을, 1941년에는 태평양 전쟁을 일으켰지. 중일 전쟁 이후 일본은 한국을 전쟁 물자를 보급하는 보급처로 활용하기 위해 '병참기지화 정책'을 펴기 시작했어. 이를 위해 **내선 일체**와 **황국 신민화** 등의 구

호를 내세웠지. 내선일체란 일본인과 조선인이 한 몸이라는 뜻이고, 황국 신민화란 한국인을 충성스런 천황의 백성으로 만들겠다는 뜻이야. 이를 위해 조선인의 이름을 일본식 이름으로 바꾸는 창씨 개명을 단행했고 우리말 사용을 금지하며 일본어 사용을 강요했지. 또 '황국 신민의 서사'를 외우게 하고 각지에 일본 신사를 세워 신사 참배 하도록 했단다.

민족 자결주의

한 민족이 자신의 정치적 운명을 스스로 결정하게 하자는 원칙

1919년 1월 제 1차 세계 대전의 처리를 위해 개최한 파리 강화 회의에서 미국의 윌슨 대통령이 제창한 주장이야. 민족 자결주의란 한 민족이 어떤 국가의 간섭도 받지 않고 자신의 정치적 운명을 스스로 결정하게 한다는 원칙이야. 이를 주장한 윌슨의 의도는 패전국인 독일과 오스트리아 등이 갖고 있던 식민지를 반환하게 하고, 영국과 프랑스 등 승전국이 패전국의 식민지를 차지하지 못하게 하는 데 있었어. 이 주장은 식민지에서 해방되어 독립을 이루고 싶어 하는 약소 민족들에게는 큰 희망을 주었지. 우리 민족도 윌슨의 민족 자결주의 주장에 영향을 받아 우리의 독립 의지를 알리기 위해 3·1 운동을 전개했으니까 말이야. 하지만 윌슨의 민족 자결주의 원칙은 승전국이 가진 식민지에는 적용되지 않는 원칙이었어. 그러니까 승전국에 속한 일본의 식민지였던 우리나라에는 해당되지 않았단다.

박문국
개항 이후 설치한 출판 기관

개항 이후 서양 문물 수용의 일환으로 1883년(고종 20년)에 세운 신문, 잡지 등의 편찬과 인쇄를 맡아보던 기관이야. 김옥균, 박영효, 서광범 등이 중심이 되어 설립했고 1883년 우리나라 최초의 근대 신문인 한성순보를 발간했어. 한성순보는 열흘에 한 번씩 간행되었는데 주로 정부의 개화 정책을 홍보하는 글을 많이 실었지. 갑신정변이 실패한 후 잠시 폐지되었다가 1885년(고종 22년)에 다시 설치되었어. 1889년 재정 문제로 통리교섭통상아문에 부속되면서 문을 닫았단다.

방곡령
1889년 일본에 곡물 수출을 금지한 명령

1876년 강화도 조약으로 개항한 이후에 일본 상인들은 조선에서 쌀과 콩을 사들이고 영국제 면제품을 팔았어. 콩은 일본의 주요 식료품인 간장과 된장의 원료였기 때문에 일본 상인들에게 중요한 무역 품목이었지. 하지만 곡식이 일본으로 계속 유출되자 조선 농민들의 생활은 점점 더 어려워졌단다. 1889년에는 흉년이 들어 식량난이 더욱 심각해지고 각지에 폭동이 일어나기도 했지. 그러자 9월 함경도 관찰사 조병식은 원산에 거주하는 일본 상인들에게 10월부터 콩과 쌀의 수출을 금한다는 방곡령을 내렸어. 하지만 예고 기간이 짧아 일본 무역상들이 타격을 입게 되자 일본 정부는 방곡령을 당장 해제하고 조병식을 처벌할 것 등 손해 배상을 조선에 요구해 왔어. 결국 조선 정부는 일본 상인들의 손해를 배상해 주었단다.

방군 수포제
농민이 국가에 군포를 납부하면 군역을 면제받는 제도

조선 전기(15세기)의 군역 제도는 양인 개병, 병농일치(양인을 징집해 병역을 부여하는 것, 즉 병사들이 평소에는 농사를 짓다가 때가 되면 군에 동원되는 것)를 원칙으로 했어. 그러다가 15세기 말에 음성적으로 면포를 주고 대신 군역을 부탁하는 편법이 생기기 시작했는데 이를 가리켜 '대립제' 라고 해. 점점 대립제가 확산되어가자 국가에서는 이 제도를 양성화하여 새로운 제도를 마련했어. 즉 농민 장정이 1년에 군포 2필을 내면 군역을 면제해 주는 방군수포제를 실시하게 된 거야. 그 후 영조 때는 군포 2필 내던 것을 한 필로 줄여주는 균역법을 실시하여 농민들의 부담을 줄여주었단다.

105인 사건
일본 총독부가 데라우치 총독의 암살미수 사건을 조작하여 105인의 독립 운동가를 탄압한 사건

1910년 8월 국권을 잃은 후 평안도와 황해도 등지에서는 독립 운동이 점차 확산되고 있었어. 그 중 평북 선천에서 안명근이 데라우치 총독을 암살하려다 실패한 사건이 있었지. 그러자 일본은 한국의 독립 운동가를 탄압할 계획을 세우고 이 사건을 신민회가 뒤에서 조종한 것

처럼 조작하여 윤치호, 양기탁, 이승훈, 이동휘, 김구 등 6백 명이 넘는 신민회 회원과 기독교인들을 검거했어. 일본 경찰들은 이들에게 모진 고문을 가하여 거짓 자백을 받아 6백 명 중 대표적인 인물 105명을 기소했지. 이들은 모두 1심에서 유죄 선고를 받고 상고하여 2심에서 99명은 무죄로 석방되고 윤치호, 양기탁, 이승훈, 안태국, 임치정, 옥관빈 등 6명만 주동자로 몰려서 4~5년형을 받고 복역했어. 이 사건으로 1907년 설립되어 비밀리에 활동하던 신민회는 큰 타격을 받아 해체되었고 독립 운동 세력도 크게 약화되었단다.

별기군
개항 이후 창설한 신식 군대

1881년(고종 18년) 5군영에서 지원자를 받아 뽑은 80명의 신식 군대를 말해. 별기군은 무위영에 소속되었는데 일본인 교관을 초빙하고 통역관을 두어 가르쳤어. 별기군은 급료와 군복 지급 등에서 구식 군대에 비해 훨씬 대우가 좋았어. 이에 신식 군대에 비해 차별을 받았다고 생각한 구식군대는 1882년 임오군란을 일으키게 되지.

병인박해
병인년(1866년)에 천주교도를 박해한 사건

병인박해 사건의 원인은 러시아의 남하 정책에 있었어. 1864년(고종 1년)에 러시아인이 함경도 경흥부에서 통상을 요구하자 대원군을 비롯한 정부 요인들은 러시아를 견제하기 위해 어떻게 해야 할지 고심했어. 대원군은 조선에 들어와 있던 프랑스 선교사를 통해 프랑스에 도움을 요청하려고 했지. 하지만 이 일은 별다른 성과를 얻지 못하였고 오히려 '운현궁에 천주교도가 출입한다' 는 소문이 퍼지면서 대원군이 천주교도와 가깝게 지낸다는 비난이 일었지. 이에 정치적 부담을 느낀 대원군은 1866년 가톨릭 교도를 탄압하는 교령을 내렸어. 이 때 국내 신도 8천여 명과 함께 국내에 들어와 있던 프랑스 선교사 12명 중 9명이 죽음을 당했단다. 이때 탈출한 리델 신부는 중국으로 건너가 톈진에 있는 프랑스 해군사령관 로즈 제독에게 이 사실을 알리게 되었고 결국 병인양요가 일어나게 되었단다.

병인양요
1866년 프랑스와 조선의 전쟁

1866년(고종 3년)에 프랑스가 병인박해를 구실로 조선의 문호를 개방하기 위해 강화도를 침범한 사건이야. 병인박해 때 프랑스 신부 9명도 처형당했다는 얘기를 했었지? 그때 피신에 성공한 리델 신부가 청나라의 톈진으로 탈출해서 프랑스의 해군 사령관 로즈 제독에게 이 사실을 알리고 보복해 줄 것을 청했어. 이 사건은 프랑스에게 좋은 구실이 되었지. 프랑스는 조선의 문호를 개방하고 불평등한 통상조약을 맺고 싶어 했거든. 주중 공사 벨로네는 로즈 제독을 시켜 조선 침략을 명령했어. 강화를 점령한 후 로즈는 조선이 프랑스 선교사 9명을 학살한 것을 문제삼아 통상조약을 맺자고 조선 정부를 협박했어. 9월 20일 문수산성에서 패한 조선군은 양헌수를 비롯한 549명의 병사를 정족산성에 보내 잠복하게 했지. 드디어 10월 3일 정족산성을 공격해 온 프랑스군을 물리쳤단다.

하지만 프랑스군은 외규장각을 불태우고 외규장각 도서를 약탈해 갔단다. 의궤는 외교적 노력 끝에 145년만인 2011년에 영구 임대방식으로 반환되었어. 이 사건으로 흥선 대원군은 전국에 척화비를 세워 쇄국정책을 더 강화했단다.

병작반수

지주와 소작농이 수익을 반으로 나누어 갖는 제도

지주와 소작농이 수익을 반으로 나누는 병작반수제도는 삼국 시대부터 시작되어 신라를 거쳐 고려 말기에 이르러 토지 경영의 지배적 형태로 자리 잡았고 한국 소작 제도의 대표적인 유형이 되었어.

병참 기지화 정책

일제가 한반도를 대륙 침략의 기지로 삼기 위해 추진한 식민지 정책

일제는 1931년 만주사변 이후부터 해방 직전까지 한반도를 일본의 대륙 침략과 태평양 전쟁에 필요한 전쟁 물자를 보급하는 병참기지로 만들었어. 전쟁 물자를 생산하기 위해 금속 기계, 화학 계통의 군수 공장을 건설하고 철, 석탄, 텅스텐 등 지하자원의 생산을 늘렸지. 전쟁이 막바지에 이르자 고철, 놋그릇, 수저, 못 등 생활 필수품까지도 무기에 재료로 쓴다며 공출해 가고, 비행기 연료로 쓰기 위해 소나무 껍질을 벗겨 송진을 뽑기도 했어. 군수 물자뿐만 아니라 인력도 강제로 동원했지. 광산이나 공장에 강제 징용으로 끌고 가 노동을 강요했고 학병제, 징병제를 실시하여 청년들을 전쟁터로 내몰았어. 여성들도 근로 보국

대, 여자 근로 정신대로 끌고 가 노동력을 착취했지. 또한 많은 수의 여성을 강제로 동원하여 군 위안부를 만들어 비참한 생활을 강요했어.

보빙사

1883년에 미국에 처음으로 파견된 사절단

1882년 조선은 미국과 조미 수호 통상 조약을 체결했어. 다음 해인 1883년(고종 20년)에 미국 공사 푸트가 내한하였고 조선은 그에 대한 답례로 친선을 위한 사절단을 파견했지. 전권 대신 민영익, 부대신 홍영식을 비롯하여 종사관 서광범, 수행원 유길준 등 11인이 파견되었어. 이들은 40여 일 동안 미국에 머물며 외국 박람회, 병원, 신문사, 육군사관학교 등을 시찰하고 미국의 정치와 농사법에 대한 지식도 배웠지. 이들이 받아들인 신문물은 신식 우편 제도와 육영 공원 설치에 영향을 주었고 농업 기술 연구에도 기여했지.

보안회

1904년 일본의 황무지 개간권 요구에 반대하기 위해 설립한 단체

1904년 러일 전쟁에서 전세가 일본에 유리해지자 일본은 각종 이권을 취하는 등 경제적 침탈을 강화하려고 했어. 특히 일제는 일본 공사를 통해 조선 정부를 압박하여 황무지 개척권을 요구했단다. 이 사실이 알려지자 유학자와 관리들은 반대 상소를 올렸고 각 언론 기관도 반대하는 논설을 실었지. 일본이 물러서지 않자 송수만, 심상진 등은 일본의 요구를 저지하기 위하여 보안회를 설립하고 황무지 개척권 반대 운

동을 계속했어. 일제는 이에 맞서 보안회의 집회를 해산시키고 주모자들을 체포했어. 그럼에도 보안회는 일본 군경에 맞서 생각을 꺾지 않았고 일본과의 무력 충돌이 계속되었지. 결국 조선 정부가 일본의 황무지 개간권 요구를 거절하자 보안회의 집회는 중지되었고, 구속자들도 석방되었어. 보안회 등 한국인의 저항 운동으로 일본은 황무지 개간권을 확보하지 못하고, 1908년 동양 척식 주식 회사가 설치될 때까지 미루게 되었단다.

봉오동 전투

1920년 6월 중국 지린성 봉오동에서 대한 독립군 등이 일본군을 크게 물리친 전투

1919년 3·1 운동 이후 많은 애국 청년들이 나라 밖으로 이동하면서 1920년대에는 만주 지역을 중심으로 무장 독립 전쟁이 활발히 전개되었어. 이들은 국내에 진입하여 일본군과 경찰서를 공격함으로써 일본군에 타격을 주었지. 특히 홍범도의 대한 독립군은 활발한 국내 진압 작전을 펼쳤어. 그러자 일본은 독립군을 토벌하기 위해 중국을 통해 봉오동을 습격했지. 홍범도가 이끄는 대한 독립군을 중심으로 한 연합 부대는 봉오동의 산지에 매복해 있다가 일본군을 기습공격하여 큰 승리를 거두었어. 중국 영토인 만주지역에서 독립군과 일본군 사이에 벌인 최초의 대규모 전투였어. 이 전투에서 승리함으로써 독립군의 사기는 크게 높아졌고 1920년대에 무장 독립 전쟁이 더욱 활발히 전개되는 계기가 되었지.

북로 군정서군
1919년 중국 만주지역에서 활약한 독립 운동 군대

1919년 만주에 설립된 독립군 부대야. 총사령관에는 김좌진, 연대장에는 이범석 등이 임명되었어. 1920년 8월에는 총병력 1,600명이 넘는 대규모 군사조직으로 발전했고 10월에는 홍범도의 대한 독립군을 비롯한 여러 독립군 부대와 함께 한 전투에서 일본군에 큰 승리를 거두었는데 이 전투가 바로 청산리 대첩이야. 청산리 대첩 이후 일제의 무자비한 토벌 작전이 시작되자 이를 피해 연해주로 이동하여 10여 개의 독립군 부대와 통합해서 대한 독립군단으로 재편되었다가 구소련에 의해 무장 해제당했어.

브나로드 운동
일제 강점기에 동아일보사가 이끌었던 농촌 계몽 운동

1931년부터 1934년까지 동아일보사가 4회에 걸쳐서 전개한 문맹퇴치 운동이야. 브나로드는 '민중 속으로' 라는 뜻을 지닌 러시아 말이란다. 러시아의 지식인들이 이상적인 사회를 건설하려면 민중을 깨우쳐야 한다는 취지로 만든 구호였지. 러시아 인들은 이 구호를 앞세워 농촌 계몽 운동을 벌였어. 우리도 이 운동에 영향을 받아 1920년 대 초 서울의 학생들과 문화 단체, 동경 유학생들을 중심으로 문맹 퇴치 운동을 하여 한글 보급에 힘 썼어. 이들은 야학을 열어 한글을 교육하는 한편, 음악과 연극 등을 가르치면서 농촌 계몽 운동과 문화 운동을 함께 벌여 나갔어.

사발통문

주모자가 드러나지 않도록 사발을 가운데 놓고 가담자의 이름을 둥글게 둘러 적은 통문

통문은 여러 사람의 이름을 적어서 차례로 돌려 보는 통지문을 말해. 사발통문을 만들 때는 넓은 종이 한 가운데에 사발을 뒤집어 놓고 그를 따라 세로로 이름을 써 넣었는데, 이렇게 하면 이름의 순서가 정해지지 않아 누가 주모자인지 알 수가 없지. 사발통문은 조선 후기에 많이 이용되었는데, 특히 동학 농민 운동 때 서명된 문서가 관에 들어갔을 경우에도 주모자가 드러나지 않도록 하기 위해 이런 방법을 사용했지.

사사오입 개헌

1954년 자유당이 불법으로 통과시킨 2차 헌법 개정

헌법상 대통령의 3선 제한을 철폐하기 위해, 집권당인 자유당이 사사오입의 논리를 적용하여 정족수가 미달된 헌법 개정안을 불법으로 통과시킨 개헌을 말해. 당시 대한민국 헌법에 따르면 대통령의 임기는 4년이고 1차에 한하여 중임할 수 있었어. 즉 최대 두 번까지 할 수 있었던 거지. 그런데 1954년 자유당 정권은 이승만의 장기집권을 위해 '초대 대통령에 한해 중임 제한을 없앤다'는 것을 주요 골자로 한 헌법 개정안을 제출했어. 국회 표결 결과 재적의원 203명 중 2/3가 찬성해야 한다는 원칙에 따라 헌법이 통과되기 위해서는 136명의 찬성표가 필요했

지. 하지만 결과는 찬성 135표, 반대 60표, 기권 7표였어. 헌법 개정안은 부결되었지. 하지만 이틀 후 자유당과 이승만은 사사오입의 논리를 내세워 헌법 개정안이 통과되었다고 선포했어. 원래 국회의원 203명의 2/3는 135.33…명이나 0.33명이란 있을 수 없으므로 136명이 되어야 해. 하지만 자유당은 사사오입의 논리를 이용하여 135.33에서 0.33을 버리면 2/3는 135명이 맞다고 주장했어. 사사오입이란 0.5 이상은 올리고 그 미만은 버리는 것이 수학적으로 맞다는 논리였지. 이를 근거로 하여 헌법안은 가결되었고 이승만은 1948년, 1952년에 이어 1956년 3대 대통령으로 선출되었단다.

4·3 사건

1948년 남한 단독 정부 수립에 반대하는 좌익 세력(사회주의 세력)의 봉기를 진압하는 과정에서 제주도민들이 희생당한 사건

1948년 남한만의 단독 정부 수립을 위한 총선거가 결정되자 제주도의 좌익 세력이 단독 선거를 막기 위해 4월 3일 무장 봉기를 일으켰어. 이들은 경찰서를 습격하고 극우 단체인 서북청년회를 공격하여 제주에서는 총선거가 제대로 실시되지 못했지. 8월 15일 대한민국 정부가 수립된 후 이승만 정부는 4·3 사건을 정권에 대한 도전으로 인식하여 10월 제주도에 계엄령을 내리고 무장 봉기를 주도한 세력을 소탕하기로 했어. 이 과정에서 주도 세력뿐만 아니라 부녀자와 어린이들까지도 무차별 집단 학살을 하는 만행을 저질렀지. 4·3 사건으로 희생된 주민은 2만 5천여 명이 넘었고 가옥과 재산 피해도 엄청났지. 한편 4·3 사건을 진압하라는 명령을 받은 여수 지역 군인들이 출동을 거부하고 반

란을 일으켜 한때 여수와 순천 일대를 장악하는 사건이 일어나기도 했어.(여수 순천 10·19 사건) 이 사건에서도 국군과 경찰은 반란군 진압을 명분으로 무고한 시민을 학살했어. 이 사건에 참여했던 세력 일부는 지리산에 들어가 6.25전쟁 때까지 빨치산으로 활동했지. 1980년대 이후 4.3 사건의 진상을 규명하려는 각계의 노력이 시작되었어. 2000년에는 4.3 특별법이 공포되어 진상 조사에 착수하였고 2003년 진상 조사 위원회의 의견에 따라 정부는 진압 과정이 잘못되었음을 인정하고 유족과 제주도민에게 공식 사과문을 발표했어.

4·19 혁명
1960년 4월 19일 학생과 시민이 중심이 되어 일으킨 반독재 민주주의 혁명

이승만 정부는 1948년부터 1960년까지 발췌 개헌, 사사오입 개헌 등을 실시하여 12년간 장기 집권을 했어. 1960년 3월 15일의 정·부통령 선거에서 자유당은 대대적인 부정 선거를 저지르며 정권을 연장하려고 했지. 당시 민주당 대통령 후보인 조병옥이 갑자기 세상을 뜨자 이승만 후보는 당선이 확실시 되었어. 문제는 부통령 선거였어. 부통령 후보에 현직 부통령인 장면과 이승만이 지지하는 이기붕이 대립하고 있었거든. 많은 공무원들과 경찰들이 후보자 등록, 홍보 활동, 투표 과정에 동원되어 자유당 후보를 노골적으로 지원하고 투표 통계를 조작했어. 선거 결과 이승만과 이기붕이 각각 대통령과 부통령에 당선되었지. 민주당은 이 선거가 불법적이므로 무효라고 주장했어. 그때부터 전국에서 학생들과 시민들의 반정부 시위가 일어나기 시작했어. 3월 15일에는 마산에서 시위가 벌어졌는데, 당국의 강제 진압으로 다수의 사상자

가 발생했단다. 그런데 4월 11일에 마산 시위에서 실종되었던 마산상고 학생 김주열 군이 눈에 최루탄이 박힌 모습의 시체로 발견되었어. 분노한 시민들이 다시 궐기하면서 시위는 더 확산되었지. 4월 18일에는 국회의사당까지 행진한 고려대학교 학생들이 반공 청년 단원들에게 폭행을 당했어. 4월 19일이 되자 전국의 시민과 학생들은 이승만 하야와 독재 정권 타도를 외치기 시작했어. 정부는 계엄령을 선포하고 총칼을 앞세워 무력으로 진압하려고 했지만 민주화를 원하는 시민들의 요구를 잠재우지 못했어. 1960년 4월 26일, 이승만 대통령은 대통령직에서 물러났지. 공권력을 앞세운 독재 정권이 결국 시민들에게 굴복했던 거야.

산미 증식 계획
1920~1934년까지 일제가 실시한 농업 정책

제 1차 세계대전 이후 일본은 공업화, 도시화가 진행됨에 따라 식량 부족 사태가 일어났어. 이에 일제는 부족한 식량을 공급받기 위해 조선을 식량 공급 기지로 삼을 계획을 세웠지. 품종 개량과 수리 시설 확충 등을 통해 조선의 쌀의 생산량을 늘려 쌀 수입 물량을 늘린다는 것이지. 산미 증식 계획은 1기(1920~1925년)와 2기(1926년~1934년)로 나누어 실시되었어. 이 일로 일본의 식량 문제는 해결되었지만 문제는 조선이었단다. 일본이 증산량보다 더 많은 양을 수탈해가기 시작했거든. 증산량이 목표에 미치지 못했는데도 수탈해가는 양은 계속 증가하여 조선의 식량 사정이 악화된 거야. 종자 개량과 수리 시설 개선 비용 등 각종 세금과 소작료에 시달리던 농민들은 몰락하여 결국 화전민이 되거나 만주 등

해외로 이주하게 되었단다.

삼국 간섭
청 · 일 전쟁 후 맺은 시모노세키 조약의 내용에 대한 러시아, 프랑스, 독일 3국의 간섭

청 · 일 전쟁(1894~1895년)에서 승리한 일본은 시모노세키 조약을 맺고 청나라로부터 랴오뚱 반도, 타이완, 펑후 섬을 얻었어. 그러자 일본의 만주 진출에 위협을 느낀 러시아는 일본의 랴오뚱 반도 영유가 청에 위협이 될 뿐 아니라 동양의 평화를 어지럽힌다고 호소하여 프랑스, 독일과 함께 일본에 압력을 넣었어. 결국 일본은 시모노세키 조약으로 얻은 랴오뚱 반도를 청국에 반환했지. 이 일에 대한 보상으로 러시아는 청나라에 여러 가지 이권을 요구하여 1896년에는 만주 철도 부설권, 1898년에는 뤼순, 따롄의 조차권을 얻어냈지. 이밖에 독일은 1897년 쟈오조우 만을, 프랑스는 1898년 꽝저우 만을 조차(한 나라가 다른 나라의 영토 일부분을 빌려서 일정한 기간 동안 통치하는 것) 할 수 있었단다.

삼군부
조선 말기 군사 업무를 관장하던 관청

원래는 조선 초기에 군사 업무를 다루는 관청이었던 것을 고종 2년에 흥선 대원군이 부활시킨 기구야. 조선 중기에 국경지역의 군사 문제를 처리하기 위해 조정에서는 비변사를 설치했는데 임진왜란 이

후에는 군사 문제뿐만 아니라 정치, 외교, 재정 등 국정 전반에 대한 문제를 다루는 국가 정책 수립의 최고 기관으로 커졌단다. 이에 따라 최고 정무 기관인 의정부가 거의 제 기능을 다 하지 못하게 되었어. 특히 세도정치가 이루어지던 시기에 비변사는 막강한 권력을 누리는 기관이 되어버렸지. 이에 1865년(고종 2년)에 흥선 대원군은 정치, 군사의 막강한 권력을 장악한 비변사를 폐지하고, 정치 업무는 의정부에 맡기고, 군사 업무는 삼군부를 부활시켜 맡도록 한 거야.

3선 개헌

1969년 박정희 정권이 대통령의 3선 연임을 허용하기 위해 실시한 제6차 개헌

1969년 박정희 정권이 추진한 개헌으로 ① 대통령의 3선 연임의 허용, ② 대통령에 대한 탄핵소추결의 요건 강화, ③ 국회의원의 국무총리와 행정부 장·차관의 겸직 허용, ④ 국회의원 정수 증가 등을 주요 골자로 한 개헌이야. 1962년에 만든 제3공화국 헌법은 대통령의 임기 4년에, 1차에 한하여 중임을 허용하고 있었어. 박정희 정권은 이를 바꾸어 장기 집권의 발판을 마련하려고 한 거야. 야당인 신민당의 반대에도 불구하고 10월 17일 국민투표에서 유권자의 77.1% 참여에 65.1% 찬성을 얻어 통과했지. 이 개헌으로 박정희는 1971년 4월 제7대 대통령 선거에 출마하여 또 다시 대통령에 당선되었어.

삼원보

일제 강점기에 신민회가 중심이 되어 서간도에 세운 독립 운동 기지

1910년 일본에게 국권을 빼앗긴 후 신민회를 비롯한 독립 운동 단체들은 한반도 밖에 독립 운동 기지를 건설하여 무관을 양성하고 전쟁에 대비했어. 삼원보는 이러한 배경에서 설립된 독립운동 기지의 이름이야. 이시영, 이상룡 등이 산업을 일으켜 민족의 경제적 토대를 마련하고 독립군 양성소인 신흥강습소(이후 신흥무관학교로 개칭)를 세우고 청소년들을 모아 근대적 교육을 하고 군사훈련을 시켰지. 삼원보는 3·1 운동 이후 무력 항쟁을 펼칠 수 있는 토대를 마련했단다.

3·15 부정 선거

1960년 3월 15일 실시한 정·부통령 선거

대한민국 역사상 최악의 부정 선거로 기록된 선거야. 돈을 주고 표를 찍게 하거나 세 명씩 조를 짜서 서로 감시하며 찍게 하고, 대통령 후보인 이승만과 부통령 후보 이기붕의 지지표를 미리 투표함에 넣어 두는 등 온갖 부정을 저질렀지. 개표 결과, 총 투표수가 전체 투표 인원을 넘어서는 결과가 나오자 투표 결과를 하향 조정해서 발표하기도 했어. 선거 이후 마산 등지에서 부정 선거에 항의하는 시위가 발생하여 4·19 혁명이 일어나는 계기가 되었어.

3·1 운동
1919년 3월 1일을 시작으로 일제에 저항하여 일어난 항일 독립 운동

일제는 국권 침탈 이후 무단 통치를 실시하면서 폭력적인 방법으로 가혹한 통치를 했지. 헌병 경찰 제도를 앞세워 독립 운동가들을 탄압했고 언론, 출판, 집회, 결사의 자유를 빼앗았지. 그뿐만이 아니야. 조선태형령을 내려 신체적 처벌을 가함으로써 인권을 유린했어. 또한 토지 조사 사업으로 토지를 약탈하고 회사령을 통해 민족 산업 발달을 억압했단다. 민중들의 생활이 점점 악화되었고, 이에 따라 일본의 식민지 지배에 대한 분노와 저항 의지도 높아졌지. 당시 손병희, 이승훈, 한용운 등 종교계를 중심으로 한 민족 지도자들은 1차 세계 대전의 진행 과정을 보면서 세계 정세의 변화에 주목하고 있었어. 1918년 1월 미국의 윌슨 대통령이 주장한 '민족자결 주의'는 약소 민족인 우리에게는 독립에 대한 열망을 일으켜 주었고 1919년 2월 8일 도쿄에 있는 유학생들이 독립을 선언한 것은 만세 운동의 직접적인 계기가 되었지. 민족 지도자들은 우리 민족의 완전한 자주 독립 의지를 국내외에 분명히 밝힐 필요가 있다고 보고 독립 선언서를 작성하여 전국에 비밀리에 배포하면서 만세 운동을 준비했어. 1919년 3월 1일 손병희를 비롯한 민족 대표 33인은 정오에 태화관에서 독립 선언식을 했고, 같은 시간에 학생과 시민들은 탑골 공원에 모여 독립 선언서를 낭독하고 태극기를 흔들면서 독립 만세 시위를 벌였단다. 시위는 지방에서도 일어났는데 시간이 지날수록 전국 방방곡곡으로 확산되어 참여 인원과 계층이 늘어났지. 일제는 3·1 운동을 무력을 동원하여 무자비하게 진압했어. 시위를 벌이다 체포된 사람들은 가혹한 고문을 당했어. 이때 충남 천안에서

시위를 하던 유관순은 구속되어 옥중에서 순국했지. 일제는 또 화성 제암리 주민들을 교회에 가두고 불을 지르고 총을 쏴서 몰살시켜 버린 일도 있었어. 3·1 운동은 우리 민족이 하나가 되어 각계각층의 민중들이 폭넓게 참여한 최대 규모의 독립 운동이었어.

이뿐만 아니라 우리 민족의 목표가 완전한 자주 독립이라는 것과 우리의 독립 의지를 세계 만방에 떨친 사건이었지. 또한 중국의 5·4 운동과 인도의 독립 운동 등 아시아의 민족 운동에도 큰 영향을 끼쳤단다. 일제는 폭력적인 방법만으로 우리 민족의 저항의지를 막을 수 없다고 판단하고 식민지 통치 방식을 무단 통치에서 문화 통치로 바꾸었어. 3·1 운동 이후 독립 운동은 대중적 기반을 넓혀 더욱 체계화되고 조직화되었어. 보다 조직적으로 독립 운동을 추진하기 위해 중국 상하이에 대한민국 임시 정부를 수립했고 무장 투쟁과 실력 양성 운동도 본격화되었단다.

새마을 운동
1970년부터 시작된 정부 주도의 지역 사회 개발 운동

1970년 자조·자립 정신을 바탕으로 한 농촌 재건 운동의 일환으로 전개된 운동이야. 1960년대의 경제 개발이 도시를 중심으로 이루어지면서 도시와 농촌 간에 소득 격차가 벌어졌어. 박정희 정부는 이러한 불평등을 해소하기 위해 농촌 개발 사업을 계획하게 된 거야. 1960년대 경제 개발이 도시의 근대화 전략이었다면, 새마을 운동은 농촌의 근대화 전략이라고 할 수 있어. 새마을 운동은 농어촌 환경 정비 사업에 착수하여 초가집을 슬레이트 지붕으로 개량하고, 마을 진입로와 하천을 정

비하거나 전기를 놓고 농지를 반듯하게 정리하는 등의 일을 했지. 또한 새마을 지도자를 발굴하여 농어촌의 소득 증대를 위해 많은 노력을 했어. 이처럼 처음에는 농촌 개발 사업으로 시작된 새마을 운동은 많은 성과를 거두면서 국민들에게 경제적 자립과 선진국에의 진입이라는 희망을 심어주어 점차 국민 의식 개혁 운동으로 발전해갔단다. 이러한 새마을 운동에는 정치적 의미도 있었어. 박정희 정부가 국민적 저항을 돌파하기 위해 농민과 서민 대중의 지지 기반을 확대하는 데 새마을 운동이 일정한 역할을 했다는 것도 부정할 수 없는 사실이란다.

서로 군정서
1919년 3·1 운동 직후 만주에서 조직된 항일 독립군 부대

비밀 결사 조직 신민회가 만주에 독립 운동 기지인 삼원보를 건설하고 1911년에는 항일 독립 운동 단체 경학사를 조직했지. 경학사는 독립군 양성에 힘썼지만 이후 운영의 어려움 때문에 해체되어 1912년 부민단으로 개편되었고 1919년 3·1 운동 직후 한족회로 다시 개편되었어. 한족회는 산하에 군사 조직으로 군정부를 두고 있었는데, 1919년 5월 상하이 대한민국 임시 정부의 제의에 따라 서로군정서로 개편했단다. 서로군정서는 일제 기관과 친일 단체를 파괴하는 일, 친일파 등 민족 반역자를 처단하는 활동을 했어. 또 1920년에는 홍범도의 대한 독립군, 김좌진의 북로 군정서군, 최진동의 군무도독부 등과 연합하여 청산리 전투에서 대승을 거두었어. 1919년 7월에는 국내에 진입하여 일제 식민 통치 기관을 공격하기도 하고 1921년 만주의 친일 단체인 보민회를 공격해 해체시키는 등의 활약을 했지. 1922년 2월 효과적인 항일 투쟁을 전개하기 위

해 통합 운동이 벌어지면서 대한 통군부로 통합되었단다.

서울 진공 작전
1908년 항일 의병들이 서울에 주둔한 일본군을 몰아내기 위해 진격한 작전

1907년 일제의 군대 해산 후 일어난 정미의병은 해산된 군인들의 참여로 무기와 전투력이 증강되었어. 전국의 1만여 명의 의병들은 이인영을 중심으로 연합 부대를 결성하여 일본을 몰아내기 위한 작전을 계획했어. 이들은 서울로 진격하기 위해 경기도 양주에 집결한 후 선발대가 동대문 일대까지 진입했지만 일본군의 반격이 심해 실패하고 말았어. 그 후 1910년 한일 병합으로 국내에서 의병 활동을 할 수 없게 되자 만주 지역으로 옮겨가 항일 투쟁을 계속 했단다.

서유견문
1895년(고종 32년)에 유길준이 펴낸 기행문

1883년 보빙사(미국에 파견된 사절단)의 일원으로 미국에 간 유길준은 조선 정부의 지원으로 미국에서 유학 생활을 하게 되었어. 하지만 1884년 갑신정변이 일어나 고종이 개화파에 등을 돌리게 되자 유길준의 유학 비용도 끊겼지. 유길준은 미국을 떠나 귀국길에 올라 유럽을 돌면서 견문을 넓힌 후 동남아시아와 일본을 거쳐 1885년에 귀국하게 된단다. 그 후 유길준은 유학 생활과 유럽 탐방을 통해 보고 들은 내용을 담아 국한문 혼용체로 서유견문을 펴냈지. 그는 조선이 중국 중심의 세계관에서 벗어나기를 바랐어. 그래서 한글을 더 보급하기 위해 국한문 혼용

체로 글을 썼다고 해. 서유견문은 단순한 서양 기행문이 아니야. 그가 보고 들은 것을 기초로 하여 정치, 경제, 법률, 교육, 문화 등 각 분야에서 근대 국가 건설의 방법론을 체계적으로 제시했어. 이 책은 갑오개혁의 사상적 배경이 되었고 계몽사상 형성에도 영향을 주었어.

소작 쟁의
소작민이 소작 조건을 개선하기 위해 전개한 농민 운동

일제 강점기에 일제의 토지 수탈로 인해 농민의 80%는 소작인이 되었고 소작 조건도 나빠졌어. 이전에는 소작인들은 자기 소유의 땅은 없어도 경작권이 있어서 안정적으로 농사를 지을 수 있었는데, 이제 경작권마저 박탈당하여 계약에 의한 소작만 가능하게 된 거야. 소작인들은 언제 소작지를 잃을지도 모르는 불안한 상태에서 소작료로 수확량의 반과 함께 온갖 세금과 비료값까지 부담해야 했지. 나중에는 소작료가 70~80%까지 이르자 일본인 지주를 상대로 소작 쟁의가 일어나기 시작했어.

소작 쟁의는 1919년에 처음 발생하였는데 주로 소작료가 너무 높은 지주의 땅에서는 농사짓지 말자는 동맹을 맺거나 소작료를 내지 않는 동맹을 맺는 형태로 전개되었어. 생존을 위한 투쟁으로 시작된 소작 쟁의는 1930년대를 넘어가면서 점차 항일 민족 운동의 성격을 띠면서 점점 격렬해졌어. 시위나 농성을 하기도 하고 경찰서, 수리 조합 등을 습격하는 집단 폭동 형태를 띠기도 했단다. 그 중 대표적인 소작 쟁의로 황해도 재령에서 일어난 동양 척식 주식 회사 농장의 소작 쟁의를 들 수 있어.

수신사
강화도 조약 이후 조선에서 일본에 파견한 외교 사절

　　조선 시대에 일본에 파견하던 외교 사절단을 통신사라고 했는데, 강화도 조약을 맺은 후 조선과 일본 두 나라가 동등한 입장에서 사신을 교환한다는 뜻으로 사절단의 이름을 수신사로 이름을 바꾸었어. 강화도 조약을 맺은 1876년(고종 13년)에 일본의 요청에 따라 1차 수신사를 파견했지. 김기수를 대표로 하여 모두 75명이 일본에 건너가 일본의 관아, 군관학교, 병영, 병기창, 학교, 조선소 등 근대화된 시설들을 시찰하고 돌아왔어. 1980년(고종 17년)에는 2차로 김홍집 일행이 파견되었어. 일본의 문물을 둘러보고 돌아온 수신사들은 조선도 일본의 제도를 받아들여 개혁할 것을 주장했어. 하지만 청나라를 시찰하고 돌아온 김윤식 등 영선사 일행은 생각이 달랐어. 이후 수신사 일행은 대개 개화파에 속하게 되고, 영선사 일행은 거의 수구파가 되었단다.

시일야방성대곡
을사조약 이후 〈황성 신문〉에 실린 장지연의 논설 제목

　　1905년 11월 17일 일본이 을사조약을 맺어 조선의 외교권을 박탈하자 〈황성 신문〉의 사장이자 주필이었던 장지연이 11월 20일자 〈황성 신문〉에 을사조약의 부당성을 비판하는 글을 실었어. '시일야방성대곡'은 '오늘, 소리 내어 크게 통곡한다'라는 뜻으로 일본이 대한제국의 외교권을 박탈하기 위해 대신들에게 압력을 행사하여 강제로 맺은 을사조약의 부당성을 알리고, 을사조약 체결에 찬성하거나 적극적으로 막지

못한 대신들을 비판하는 내용을 담고 있어. 장지연은 대신들을 가리켜 '개, 돼지만도 못하다'는 표현을 써가며 자신의 이익과 영달을 위해 나라를 팔아먹었다고 비난하면서 2천만 동포의 각성을 촉구하기도 했지. 또한 〈황성 신문〉은 평소에 3천부를 찍던 것을 1만부로 늘려 발행하여 많은 독자들에게 을사조약의 부당성을 알리려고 했단다. 이를 안 일제는 신문사를 급습하여 배포되지 않은 신문을 압수하고 장지연과 직원 10여 명을 경무청으로 압송했어. 그리고 〈황성 신문〉에 무기한 정간 명령을 내렸단다. 장지연은 구속되었다가 1906년 1월 24일에 석방되었고 〈황성 신문〉도 2월부터 다시 복간되었지.

신간회
1927년 좌우익 세력이 합작하여 결성된 대표적인 항일 단체

1927년 민족주의 계열과 사회주의 계열의 독립 운동가들이 연합하여 만든 정치, 사회 단체로 일제의 민족 분열 정책에 맞서 좌우익이 함께 독립의 목표를 달성하기 위해 제휴한 단체야. 신간회는 일제의 식민지 지배 기관을 철폐할 것과 한국인에 대한 차별 교육을 금지할 것 등을 주장하고 한국어 교육과 함께 학문 연구의 자유를 주장했어. 특히 1929년 광주 학생 항일 운동이 일어났을 때 이를 조사하는 과정에서 일본 경찰이 한국인 학생들에게 가한 부당한 대우에 항의하는 한편, 이 운동이 전국적으로 확산되도록 하는 데 활약이 컸지. 신간회의 활동이 활발해지자 일제는 갖은 방법을 동원하여 활동을 방해했어. 신간회 간부가 체포된 가운데 활동 방향을 둘러싸고 내분이 일어났어. 표면적으로 좌우익 세력이 합작하여 만든 단체였지만, 민족주의 진영에게 주도권을 빼

앗긴 데 대해 사회주의 진영의 불만이 높았던 거야. 결국 신간회는 발족한 지 4년만인 1931년 해산되고 말았단다.

신미양요

1871년(고종 8년) 미국이 1866년의 제너럴 셔먼호 사건을 이유로 조선을 침략한 사건

1866년 7월 미국 상선인 제너럴 셔먼호가 대동강 근처에 나타나 통상을 요구했어. 평안도 관찰사 박규수가 거절했지만 이들은 돌아가지 않고 조선 관리를 배에 가두고 총까지 쏘았어. 그러자 분노한 백성들은 화약을 가득 실은 배를 떠내려 보내 제너럴 셔먼호를 불태워 침몰시켜 버렸어. 이를 제너럴 셔먼호 사건이라고 해. 미국은 5년 후인 1871년 이 사건을 빌미로 개항을 요구하며 조선을 침략했어. 군함 5척과 1200여 명의 군대를 보내 강화도를 공격했지. 조선은 어재연 장군을 중심으로 광성보와 초지진에서 결사 항전으로 미국 군대에 맞서 미군을 몰아냈어. 하지만 이 전투에서 어재연 장군은 전사했단다. 병인양요와 신미양요를 통해 서양 세력을 물리친 흥선 대원군은 한양과 전국의 주요 지역에 서양 오랑캐와 화해하지 말라고 경고하는 비석을 세웠는데 이 비석을 척화비라고 해. 비석에는 "서양 오랑캐가 침범하였을 때 싸우지 않는 것은 화해하는 것이요, 화해를 주장하는 것은 나라를 파는 것이다."라고 쓰여 있어.

신민부

북만주 지역에서 활동하던 항일 운동 단체들이 효과적인 항일 투쟁을 위해 통합한 단체

1925년 3월 대한 독립 군단, 대한 독립군정서를 주축으로 하여 북만주 지역에서 활동하던 독립 운동 단체들이 효과적인 항일 투쟁을 하기 위하여 통합한 단체야. 기관지로 《신민보》를 발행하기도 했어. 500여 명의 별동대와 보안대를 조직하여 김좌진의 통솔 아래 활동하게 했지. 또 독립군 양성을 위해 성동 사관 학교를 설립하여 500여 명의 독립군 간부를 배출했단다. 이들은 만주에 거주하는 동포들의 자치 활동을 돕고 북만주에 거주하는 친일파와 조선 총독 암살을 계획하기도 했어. 1927년 조직 내의 군정파와 민정파의 분열이 일어나서 1928년 말 해체된 군정파는 한족 총연합회의 중심 세력이 되었고, 1929년 3월에 해체된 민정파는 국민부에 참여하면서 신민부는 와해되었어.

신민회

1907년 안창호를 중심으로 만든 항일 비밀 조직

1907년 무렵 일제가 보안법, 신문지법 등을 만들어 애국 계몽 운동을 탄압하기 시작하자 국권 회복 운동을 위해 비밀리에 조직한 단체야. 안창호, 이승훈, 양기탁 등이 중심이 되어 민족의 자주독립을 확립할 수 있는 국민 역량을 키우고 공화제를 채택하여 국민 국가를 건설하는 것을 목표로 활동했어. 신민회는 비밀을 철저히 유지하면서 조직을 운영했기 때문에 1910년 무렵에는 회원수가 800명에 이를 정도

의 강력한 단체로 성장했어. 주요 활동은 문화적, 경제적, 군사적 실력 양성 운동에 집중되었지. 먼저 민족 교육을 추진하기 위해 안창호가 평양에 대성학교를 세웠고, 이승훈은 정주에 오산학교를 설립했어. 또 민족 산업을 육성하기 위해 자기 회사를 세우고 태극 서관을 운영했지. 대한 매일 신보나 강연회를 통해 국민을 계몽하는 일에도 앞장섰단다. 만주에 독립 운동 기지와 한인들의 집단 거주 지역인 삼원보를 건설하고 군사 학교를 설립한 것은 1920년대 만주 독립군 활동의 밑거름이되었지. 1911년이 되자 일제는 신민회의 항일 운동을 탄압하려고 데라우치 총독 암살 음모를 조작하여 105인 사건을 일으켰어. 이 일로 수백 명의 민족 지도자들이 투옥되고 중심 인물 105인이 재판에 회부되면서 신민회는 해체되고 말았단다.

신사 참배
일본의 신사(神社)에 참배하는 종교 의식

신사는 일본의 민간 종교인 신도의 사원이야. 일본인들을 왕실의 조상신이나 국가 유공자를 신도에 모셔 놓고 참배하는 종교 의식을 행한단다. 그런데 일제가 민족 말살 정책을 실시하면서 황국 신민화를 위해 조선인에게도 신사 참배를 강요한 거지. 일본은 한·일 병합 후 서울에 조선 신궁을 세우고 지방에는 신사를 세웠어. 조선인에게도 신사 참배를 강요한 것은 민족 말살 정책을 실시한 1935년경부터였어. 우선 학교학생들에게 신사 참배를 강요했어. 기독교계 학교에서 참배를 거부하자평양 숭실학교, 숭의학교를 폐교시켜 버렸지. 하지만 학생, 선교사, 목사들의 반대 운동이 계속되었고 주기철 목사는 신사 참배를 거부하여 투옥

되었다가 옥중에서 순교했단다.

최근 신사 참배와 관련하여 외교적으로 문제가 된 것은 야스쿠니 신사 참배란다. 2001년 당시 일본 총리였던 고이즈미 준이치로가 8월 13일 야스쿠니 신사에 공식적으로 참배한 일이 있었어. 야스쿠니는 도쿄에 있는 일본 최대의 신사로, 이곳에는 일본을 위해 싸우다 죽은 호국 영령이 모셔져 있단다. 그런데 그 가운데 제 2차 세계 대전의 전사자들과 태평양 전쟁의 A급 전범들이 포함되어 있어서 문제가 된 거야. 이 때문에 주변국인 한국, 중국 등은 신사 참배를 반대해 왔지만, 고이즈미가 신사 참배를 거행해 국제적으로 비난을 산 것이란다.

신사 유람단

1881년(고종 18년)에 새로운 문물과 제도를 견학하기 위해 일본에 파견한 시찰단

1876년 강화도 조약 체결 후 수신사로 일본에 다녀온 김기수와 김홍집 등은 일본의 발전된 모습을 보고 일본의 근대 문물과 제도를 수용해야 한다고 건의했어. 이에 정부에서는 박정양, 어윤중, 홍영식 등으로 신사 유람단을 조직하여 일본에 파견했지. 이들은 약 4개월 간 일본에 머무르면서 근대 시설과 산업 시설, 새로운 제도 등을 두루 살피고 돌아와 보고들은 것을 소개했단다.

신유박해

1801년(순조 1년)에 천주교도를 박해한 사건

신유사옥이라고도 해. 중국에서 들어온 천주교는 성리학적 지배 원리의 한계를 느끼고 있던 실학자들과 봉건 제도의 낡은 틀에 반발하는 백성들을 중심으로 널리 퍼져가기 시작하여 18세기 말에는 교세가 크게 확장되었어. 하지만 평등 사상을 강조하고 제사를 거부하는 천주교의 확대는 유교 사회에 대한 도전이자 신분 질서를 위협하는 것으로 인식되었지. 1801년 정조가 죽고 나이 어린 순조가 즉위하자 섭정을 하게 된 정순왕후는 서학을 탄압하기 시작했어. 천주교를 사학(邪學)으로 규정하고 천주교 금지령을 내려 감시와 박해를 시작했어. 이 사건으로 교도 100여 명이 처형되고 약 400여 명이 유배를 갔지. 중국인 신부 주문모를 비롯해 이승훈, 정약종, 이가환 등이 처형당하고 정약용도 유배를 갔단다. 신유박해는 단순히 종교 탄압이라기보다는 이를 구실로 정조가 키운 남인 세력에 대하여 노론 세력이 정치적으로 타격을 주기 위해 이루어진 측면도 강했어.

신흥 무관 학교

1911년 중국 지린성 삼원보에 세운 독립군 양성 학교

1911년 이회영, 이시영, 이동녕, 이상룡 등이 중국 지린성에 독립 운동을 위한 근거지로 삼원보를 세우고 부설 교육 기관으로 신흥 강습소를 설립했어. 이 신흥 강습소가 후에 신흥 무관 학교로 개칭한 거야. 처음에는 중학반과 군사반을 두었다가 나중에는 고등

군사반을 따로 설치하여 고급장교를 양성했는데 총 2,100명의 독립군을 배출했어. 3·1 운동 후 지청천, 이범석 등이 합류하여 청산리 전투에서 활약했지. 지원생이 많아 한때는 분교를 설치하기도 했으나 일제의 탄압과 잇단 사고로 1920년 7월에 폐교되었어. 신흥 무관 학교가 폐교되자 지청천은 생도 300여 명을 이끌고 백두산 지역에서 홍범도 부대와 연합하였다가 후에 김좌진 부대를 뒤따라 대한 독립군단 결성에 참여했어.

실력 양성 운동

경제, 교육, 문화 등의 분야에서 민족의 실력을 키워 독립을 이루자는 운동

구체적으로는 민족 산업을 발전시키자는 물산 장려 운동, 우리 민족의 힘으로 대학을 세우자는 민립 대학 설립 운동, 문맹 퇴치 운동을 포함한 농촌 계몽 운동 등이 여기에 속하지. 1920년대 이후 일본 기업의 조선 진출이 본격화되면서 국산품 애용과 자급 자족을 통한 민족의 산업을 보호하고 민족 자본을 육성하려는 물산 장려 운동(1923년)이 전개되었어. 또 일제의 식민지 교육에 맞서 우리 민족의 힘으로 고등 교육 기관인 대학을 세우려는 민립 대학 설립 운동(1923년)도 일어났지. 이상재, 이승훈 등이 전국적인 모금운동을 벌였지만 일제의 방해와 탄압으로 실패하고 말았단다. 문맹 퇴치를 위한 농촌 계몽 운동에는 언론 기관들이 앞장섰어. 조선일보는 문자 보급 운동(1929년)을, 동아일보는 브나로드 운동(1931년)을 벌여 문맹 퇴치에 힘썼으나 1935년 일제의 탄압으로 활동이 중단되어 큰 결실을 보지는 못했어.

13도 창의군

1907년 12월 서울 진공 작전을 수행하기 위해 전국적으로 결성된 의병 단체

    1907년 정미 7조약에 의해 군대가 해산되자, 일부 군인들이 의병에 가담했어. 그 때문에 의병의 무기와 전투력이 크게 향상되었지. 이를 계기로 전국 각지의 의병장들이 이인영을 총대장으로 하는 13도 창의군을 결성하게 된 거야. 이인영은 1908년 1월 각국의 공사관에 정식으로 공문을 보내고, 서울 진공 작전을 계획했지만 선발대의 공격이 동대문 밖에서 일본군에 의해 저지되고, 자신도 아버지 사망 소식을 듣고 부대를 떠나면서 해체되고 말았어.

12·12 사태

1979년 전두환이 중심이 되어 일으킨 신군부의 군사 쿠데타

    1979년 10월 26일 박정희 대통령이 암살되자 정승화 육군 참모총장이 계엄 사령관으로 임명되었어. 당시 합동 수사 본부장을 맡고 있던 전두환을 중심으로 한 신군부 세력은 군사 주도권을 장악하기 위해 지휘 계통을 무시하고 정승화를 체포하려는 계획을 세웠어. 정승화가 박정희 대통령 시해범인 김재규로부터 돈을 받았다는 이유였지. 그리고 수사에 소극적이고 비협조적이라는 이유로 정승화를 강제 연행하기로 하고 12월 12일 저녁, 정승화 계엄 사령관을 체포하였는데, 그 과정에서 충돌이 발생하고 총격전까지 벌어진 거야. 이 사건으로 전두환은 최규하를 중심으로 하는 임시 정부를 유명무실하게 하고 정치적 실권을 장악했지.

10·26 사태
1979년 10월 26일, 박정희 대통령이 중앙정보부장 김재규에 의해 살해된 사건

　　박정희 대통령이 김재규 중앙정보부장이 마련한 만찬에 참석하였다가 김재규가 쏜 총탄에 맞아 서거했어. 그 과정에서 차지철 경호실장을 포함한 5명이 사망했지. 사건 직후 전두환 보완 사령관은 김재규를 대통령 살해범으로 체포했고, 대통령 권한 대행이었던 최규하는 전국에 비상 계엄을 선포했어. 이 사건으로 김재규, 박흥주, 박선호에게 내란 목적 살인 및 내란 미수의 혐의로 사형이 집행되었단다. 이로써 1961년 5·16 군사 정변으로 집권한 박 대통령의 장기 집권은 끝이 났지. 김재규의 암살 동기는 우발적 행위, 내란 음모설, 미국 중앙정보부의 사주설 등 분분했지만 발생 원인이 아직 정확히 밝혀지지 않았단다.

아관 파천
1896년 명성 황후 시해 사건 후 고종이 러시아 공사관으로 거처를 옮긴 사건

　　을미사변으로 명성 황후가 시해되자 신변의 위협을 느낀 고종은 러시아 공사관 베베르와 상의 끝에 처소를 러시아 공사관으로 옮겼어. 그러자 러시아는 조선의 보호국임을 자처하면서 재정과 군사 고

문을 보내 조선의 내정을 간섭했지. 또 광산 채굴권과 산림 채벌권 등 이권을 챙기기 시작했어. 이에 서양 열강들도 철도 부설권 등 이권을 앞 다투어 요구해왔지. 이는 독립 국가인 조선의 위신을 떨어뜨리는 일이었어. 이에 독립 협회를 중심으로 나라의 자주 독립을 주장하는 백성들의 목소리가 높아지고 고종의 환궁을 원하는 백성들의 요구가 거세지자 고종은 1년만에 경운궁(덕수궁)으로 환궁하여 황제 즉위식을 거행하면서 대한제국의 성립을 선포했어. 또한 연호를 광무로 정하고 광무개혁을 실시하면서 자주 독립 국가의 위엄을 찾기 위해 노력했단다.

연통제

대한민국 임시 정부가 국내와 긴밀하게 연결하기 위해 설치한 비밀 행정 조직

1919년에 상하이에 설치된 대한민국 임시 정부의 비밀 행정 조직으로 국내외의 독립 운동을 지휘하고 감독하기 위하여 설치한 연락 기구야. 서울에 총판을 두고 각 도에는 독판, 군에는 군감을 두었지.

영선사(領選使)

1881년(고종 18년)에 청나라에 파견된 사절단

청나라의 근대식 병기 제조와 사용법을 배우기 위하여 유학생을 파견하였는데, 영선사는 그들을 인솔한 사신이야. 당시 김윤식을 영선사로 삼아 청소년들을 함께 파견하였지. 이들은 청나라 톈진의 각 병기 공장에서 신식 무기 제조법과 손질법을 배우던 중에 임오군란이 일어나 우리나라로 돌아왔어. 이를 계기로 서울에 우리나라 최초의 신식 무

기 제조창인 기기창이라는 관청이 설치되었지.

영선사(營繕司)

청나라에 파견했던 사절단과 같은 명칭이지만 의미가 다른 관청으로 1895년 (고종 32년)에 왕실의 토목과 건축 관련 일을 관장함

을미개혁 때 궁내부에 설치된 관청으로 왕실의 토목과 건축, 영선(건물을 새로 짓거나 수리하는 일)에 관한 일을 관장하였지.

오산 학교

일제 강점기 계몽 운동가 이승훈이 민족의 역량 강화를 목적으로 세운 학교

1907년, 이승훈이 우리의 민족 정신을 높이고 독립 운동의 인재를 양성하기 위하여 평안북도 정주에 설립한 학교야. 광복 후에는 서울의 오산 중고등 학교가 되었지.

5·10 총선거

1948년 5월 10일, 우리나라 최초의 제헌 국회 구성을 위한 국회의원 총선거

우리나라 역사에서 처음으로 실시된 국회의원 총선거로 21세 이상의 모든 국민이 투표권을 행사하여 국회의원을 선출한 선거야. 이 선거는 민주주의 선거 원칙인 만 21세 이상의 모든 국민이 선거권을 갖는 보통 선거와 1인 1표를 행사하는 평등 선거, 비밀 선거, 직접 선거의 원칙에 따라 이루어졌어.

5·10 총선거에서 선출된 국회의원으로 구성된 제헌 국회는 우리나라의 국호를 대한민국으로 정하고 1948년 7월 17일에 헌법을 제정하여 공포하였지. 그리고 우리나라가 대한민국 임시 정부의 독립 정신을 이은 민주 공화국임을 선포했단다.

5·16 군사 정변

1961년 5월 16일, 박정희를 중심으로 한 군부 세력들이 정변을 일으켜 권력을 장악한 사건

4·19 혁명 이후 선거로 새로운 정부가 들어선 지 1년도 지나지 않아 박정희를 중심으로 한 군부 세력이 사회 혼란을 빌미로 일으킨 정변이야. 5·16 군사 정변을 일으킨 이들은 장면 내각을 붕괴시켰고 이로 인해 윤보선 대통령이 사임하게 되었어. 그리고 이들은 국가 재건 최고 회의를 만들어 군정을 실시하였으며 대통령 중심제를 토대로 한 새로운 헌법을 제정하였지. 새로운 헌법에 따라 실시된 선거에서 박정희가 대통령에 당선되었고 이후 박정희는 18년 동안 집권하였어.

5·18 민주화 운동

1980년 5월 18일, 전두환을 중심으로 한 군부 세력의 정권 장악을 막기 위해 광주 시민들이 일으킨 민주화 운동

10·26 사태로 유신 체제가 끝난 뒤 1979년 12월 12일 전두환, 노태우 등을 중심으로 한 신군부 세력이 쿠데타를 일으켜 정권을 잡았어. 이를 12·12 사태라고 해. 이에 대해 1980년 5월 15일에 서울에서 유신 세력

의 척결과 신군부의 권력 장악을 막기 위한 대규모 시위가 벌어졌단다. 이들은 새로운 헌법을 만들어 민주 정부를 수립해야 한다고 외쳤어. 하지만 신군부 세력은 이를 막기 위해 전국에 계엄령과 휴교령을 내리며 모든 정치 활동과 시위를 금지하고, 신문과 방송 등 언론을 통제하며 민주 인사들을 체포하는 등 민주주의와 반대되는 정책을 실시했어. 이런 가운데 광주에 투입된 계엄군은 시위에 참가한 대학생들과 시민들을 무자비한 방법으로 진압했고 이에 분노한 시민들은 대대적으로 시민군을 조직하여 계엄군과 맞서 끝까지 싸웠단다. 이 사건으로 인해 수많은 광주 시민들이 희생되었고 이 유혈 사태는 열흘만에 막을 내렸지. 당시 민주화를 외치던 무고한 광주 시민들의 희생은 한동안 폭도들이 일으킨 반란으로 불리다가 1997년이 되어서야 국가 기념일로 지정되었어. 그리고 이후 신군부 세력의 핵심 인물이었던 전두환은 유신 헌법에 따라 대통령에 당선되었는데 그 후 곧바로 헌법을 개정하였단다. 그리고 1981년 전두환은 개정 헌법에 따라 선거인단 선출 제도를 통해 7년 단임의 대통령으로 다시 당선되었지.

오적 암살단
을사조약 체결에 앞장섰던 '을사오적' 을 처단하기 위해 결성한 단체

을사조약 체결 당시 일본 입장에 서서 조약에 서명한 이완용·이근택·박제순·이지용·권중현 등 친일파 다섯 명을 암살하기 위해 1906~1907년에 조직한 단체야.

오적 암살단은 이철, 나철, 홍필주, 오기호, 강원상이 주축이 되었으며 을사오적의 저택을 불사르거나 습격하는 등 끊임없는 암살 시도가 이어

졌으나 큰 성과를 거두지는 못했어. 하지만 이들의 활동은 친일파들로 하여금 두려움에 떨게 하였고 일제 강점기 민족 해방 운동의 주축으로 성장했단다.

오페르트 도굴 사건
1868년(고종 5년)에 에른스트 오페르트라는 독일인 상인이 남연군의 묘를 도굴하려 실패한 사건

1866년(고종 3년)에 독일 상인은 두 차례나 조선에 통상을 요구했지만 거절당하면서 남연군 묘를 도굴하려 했어. 하지만 도굴 도중에 날이 밝아 오페르트 일당은 그곳 주민들에게 발각되었고 결국 실패했지. 남연군은 흥선 대원군의 아버지인데 오페르트는 조선인이 시신을 소중히 여긴다는 사실을 알고 이를 빌미로 조선과의 통상을 시도하려고 했던 거야. 하지만 이 사건은 조상 숭배를 전통 윤리로 여기던 조선인들에게 커다란 충격이었어. 이때 오페르트는 통역을 위해 프랑스 선교사와 한국인 천주교도를 대동하였는데, 이로 인해 흥선 대원군은 천주교 탄압령을 내리게 되었어. 그리고 조상의 무덤까지 파헤치며 통상을 요구하는 서양의 열강을 보며 흥선 대원군의 경계심은 더욱 높아졌고, 이는 대원군으로 하여금 대외 강경책을 더욱 고수하게 만드는 계기가 되었어.

왜양 일체론

일본이 사실상 서양 오랑캐와 다르지 않으므로 문호를 개방해서는 안 된다는 주장

최익현을 중심으로 한 위정 척사파들이 조선 말기에 외국과의 통상을 반대하며 내세운 주장이야. 이들은 문호를 개방하여 통상이 이루어지면 얼마 안 가 온 나라에 사악한 학문이 퍼지게 될 것이라며 반대했지.

온건 개화파

임진왜란 이후 청나라를 모델로 한 개화 운동을 주장한 무리나 당파

조선 후기에 청나라의 지원을 받아 점진적으로 개화 운동을 펼치자고 주장한 당파로 사대수구당 또는 수구당이라고도 해. 온건 개화파는 유교 질서를 지키고 서양의 과학 기술만을 받아들이자고 주장하며 친청 정책을 바탕으로 개화운동을 추진하였지. 이들은 개화파와는 다른 방식의 개화 운동을 내세웠기 때문에 동도서기파로도 불렸단다. 동도서기파는 말 그대로 동양의 도를 따르면서 필요한 기술만 서양의 것을 받아들이자는 의미가 담겨 있어. 온건 개화파의 대표적인 인물로는 김홍집, 어윤중, 김윤식 등이 있지.

우금치 전투

1894년(고종 31년) 갑오 농민 전쟁(동학 농민 운동) 때 농민군이 일본군과 조선 정부 연합군에 맞서 공주 우금치를 지키기 위해 싸운 최대 규모의 전투

전주 화약을 맺은 후 군을 철수하지 않은 상태에서 청·일 전쟁을 일으

켜 침략 의도를 노골적으로 드러내는 일본군에 맞서기 위해 농민들이 전국 각지에서 봉기하였단다. 하지만 농민군의 주력 부대는 공주 우금치에서 일본군의 최신 무기를 당해내지 못하고 수차례의 공방전 끝에 결국 패배하고 말았지. 우금치 전투의 패배로 인해 농민군의 지도자였던 전봉준을 비롯한 지도자들이 체포되고 처형당하면서 동학 농민 운동은 좌절되고 말았단다.

운요호 사건

1875년(고종 12년) 일본의 군함 운요호가 조선의 강화도 해협을 불법으로 침입하여 충돌한 사건

일본 군함 운요호는 의도적으로 강화도 앞바다에 나타나 포격을 하고 영종도에 상륙하여 충돌을 일으켰단다. 이 사건을 일으킨 일본은 배상과 함께 조선 정부에 무력으로 수교를 강요하였지. 당시 조선에서는 왜양 일체론을 내세워 개항에 반대하는 이들의 목소리가 컸지만 정부는 이듬해에 일본과 강화도 조약을 체결하면서 문호를 개방하게 되었어. 강화도 조약은 우리나라 최초의 근대적 조약이었지만 일본에게 조선의 해안 측량권과 치외 법권 등을 인정한 불평등 조약이었지.

이후 강화도 조약에 이어 다른 부속 조약들이 체결되면서 개항장에서는 일본 화폐의 사용이 허용되고 우리 곡식이 일본으로 무제한 유출되었어. 그리고 일본의 수출입 상품에 대해서는 무관세의 원칙이 적용되면서 조선에 대한 일본의 경제적 침탈이 시작되었단다.

원납전

조선 후기 흥선 대원군이 경복궁의 중건 비용 마련을 위해 거둔 기부금

1865년(고종 2년) 흥선 대원군은 왕실의 권위를 높이기 위해 임진왜란 때 불타버린 경복궁을 중건하였단다. 이때 재정 문제를 해결하기 위해 왕족들에서부터 지방 수령에 이르기까지 각자의 능력에 따라 돈을 납부하게 했어. 당시 원납전은 표면적으로는 강제 징수를 금했지만 실제로는 기부를 강요했고, 징수하는 과정에서 온갖 부정이 속출했다고 해. 그래서 당시 원납전을 내야 했던 이들 사이에서는 원납전이 기부하는 돈이 아니라 원성을 납부하는 원납(怨納)이라고 했단다. 물론 당시 대원군이 원납전을 징수한 데는 지배 계층의 경제적 기반을 약화시키려 했던 의도도 있었어. 하지만 원납전과 당백전의 발행으로 인해 대원군은 많은 이들에게 큰 원성을 사게 되었고, 이는 대원군 정권이 몰락하게 만든 중요 원인이 되기도 했지.

원산 학사

고종 20년에 함경도 원산에 설립된 우리나라 최초의 근대식 학교

1883년에 함덕원 부사 정현석이 교육에 관심 있는 개화파 관리와 지방관, 지역 주민들의 힘을 모아 함경도 원산에 세운 우리나라 최초의 근대식 사립 학교야. 처음에는 '원산 학사' 또는 '학사'로 불리다가 1904년(광무 8년) 이후부터는 원산 학교로 불리며 1945년까지 존속되었지. 미국의 목사 아펜젤러가 서울에 세운 우리나라 최초의 근대식 중등 교육 기관인 배재 학당보다 2년 먼저 건립되었단다.

위정척사 운동

성리학적 전통 질서를 지키고 사악한 서양 문물을 배척하자는 운동

개항 이후 조선 정부가 추진하는 개화 정책에 반대하며 일어난 사회 운동 가운데 하나로 보수적인 유생들 사이에서 활발하게 일어난 운동이야. 조선의 유생들은 조선 사회의 정치 기반이었던 성리학 이외의 모든 사상이나 종교를 사학, 즉 사악한 학문으로 보았어. 위정 척사 운동은 말 그대로 사학을 배격하는(척사) 운동으로 일본과 서양을 배척하고 유교적 전통 문화와 질서를 지키자는 자주적 민족 운동이었단다. 이 같은 운동을 하는 정치 세력을 일컬어 위정 척사파라 불렀는데 이들은 유교의 한 학파이기도 해. 처음에는 외국과의 통상에 반대하는 운동으로 시작했지만 나중에는 점차 항일 의병 운동으로 바뀌었지.

위정척사 운동은 외세의 침략을 막자는 반외세적이며 반침략적 자주 운동이었지만, 지나치게 전통적 성리학적 질서를 고수하는 바람에 국제 정세의 흐름에 뒤쳐지는 모습을 보여 근대적 개혁의 장애가 되기도 했어.

유신 체제

박정희 대통령이 유신 헌법에 따라 나라를 다스리던 정치 체제

유신은 오래된 구제도를 새롭게 고친다는 의미를 담고 있으며 혁명과 달리 집권자가 바뀌지는 않아. 우리나라의 유신 체제는 박정희 대통령이 집권하던 시기의 정치 체제로 박정희 대통령이 장기 집권을 위해 단행한 초헌법적인 비상 조치를 말해. 1972년 10월 17일 박정희 대통령은 평화 통일과 지속적인 경제 성장을 달성한다는 명분으로 10월

유신을 단행했어. 이는 대통령의 절대 권력과 독재 체제를 뒷받침하는 내용을 주요 골자로 하고 있지. 결국 10월 유신으로 모든 권한이 대통령에게 집중되는 유신 정권이 탄생하게 되었단다.

6월 민주 항쟁

1987년 6월 경찰의 고문때문에 사망한 대학생 박종철의 죽음이 계기가 되어 전국적으로 확산된 민주화 운동

1987년 6월 서울대생이었던 박종철 군이 경찰의 물고문으로 사망한 사건이 있었어. 이 사실을 은폐하기 위한 전두환 정권은 박종철 군의 사망 원인을 '책상을 탁! 치니, 억! 하고 쓰러졌다' 고 발표하였단다. 이에 분노한 학생과 시민들은 전국적으로 반독재를 외치며 시위에 나섰어. 이 시위는 1987년 6월 10일에 시작되어 6월 29일까지 이어졌단다. 시위 과정에서 이한열 군이 최루탄에 부상을 당하고 결국 세상을 떠났어. 이 사건이 도화선이 되어 전국적 시위가 벌어졌고 전국에서 무려 4백여만 명의 시민이 참가하여 전두환 정권의 퇴진을 요구했지. 6월 민주 항쟁으로 전두환 정부는 민주 헌법을 만들자는 시민의 요구를 받아들이게 되었어. 이로써 당시 여당의 대통령 후보였던 노태우의 수습안이 발표되었고 대통령 직선제로의 개헌이 이루어졌단다.

6·10 만세 운동

1926년 6월 10일 순종의 장례식(인산일)에 맞춰 일어난 항일 독립 운동

6·10 만세 운동은 3·1 운동에 이은 전국적이며 전 민중적인 항일

운동으로 병인 만세 운동 또는 제2차 만세 사건이라고도 해.

　1919년(기미년) 3·1 운동 이후 일본은 문화 정치를 내세우며 식민 통치를 더욱 강화했어. 경제적 수탈은 물론이고, 치안 유지법을 실시하여 우리 민족의 해방을 위한 활동 등을 노골적으로 통제하고 억압했어. 하지만 3·1 운동 이후 각종 청년 단체와 함께 청년 운동은 한층 활발해졌고 이런 가운데 1926년 4월 26일 대한제국의 마지막 황제 순종이 세상을 떠나자 반일 감정은 더욱 악화되었지. 결국 학생들은 순종의 장례식에 맞춰 독립 만세 운동을 벌였고, 시민들도 여기에 합세하였어. 일제의 무자비한 탄압으로 제압당하고 말았지만 6·10 만세 운동 이후 학생들은 비밀 결사나 독서회 등을 만들어 학내 문제를 비롯한 일제의 식민 지배 정책을 비판하면서 동맹 휴학 운동 등을 활발하게 벌여 나갔단다.

육영 공원

1886년에 서양의 제도와 문물을 가르치기 위해 세운 우리나라 최초의 근대식 공립 학교

　1886년(고종 23년)에 서양 학문을 가르치기 위해 정부에서 설립한 학교로 미국인 교사를 초빙하여 영어와 수학, 지리학, 정치, 경제학 등을 가르쳤어. 육영 공원은 정부의 고관이나 그 자제들만을 수용하는 학교여서 신분적인 한계와 정부의 재정 부족 때문에 1894년에 폐교되어 영어 학교로 바뀌었단다.

6·29 민주화 선언

6월 민주 항쟁에서 시민들이 요구한 대통령 직선제 개헌 요구를 담아 노태우가 발표한 특별 선언

1987년 6월 민주 항쟁 이후 정부는 시민의 요구를 받아들이기로 했어. 이때 대통령 후보자였던 노태우가 직선제 개헌 요구를 받아들이면서 발표한 특별 선언을 6·29 민주화 선언 또는 직선 개헌 선언이라고 해.

6·25 전쟁

1950년 6월 25일 북한에서 인민군이 북위 38°선을 넘어 남한을 무력 침공하여 일어난 남북한의 전쟁

1945년 8월 15일 우리나라는 일제로부터 해방되었지만 38도선을 경계로 남과 북에 따로따로 국가가 세워지게 되었어. 남과 북은 같은 민족이면서 서로 다른 길을 걷게 되었던 거야. 이때부터 남북은 서로를 같은 민족이라기보다 적으로 생각하기 시작했어.

이런 가운데 1950년 6월 25일 새벽 4시를 기하여 북한은 38도선을 넘어 남한에 총공격을 가하기 시작했어. 북한군과의 전투가 시작된 지 사흘만에 서울은 북한군에게 함락되었지. 다급해진 이승만 정부가 미국에 도움을 요청하여 남한에 미군이 개입했고 뒤를 이어 유엔군도 남한에 들어와 북한군과 맞서 싸우게 되었어. 미군이 개입한 뒤에도 남한군은 북한군에게 계속 밀려 낙동강까지 밀렸단다. 그러다 미군이 '인천 상륙 작전'에 성공하면서 서울을 되찾게 되었어. 남한군은 여기서 기세를 몰아 북진을 시도했어. 하지만 압록강까지 밀린 북한군이 중국에 도움을

요청하면서 전세는 다시 역전되었지. 엎치락 뒤치락 밀고 밀리는 전투가 계속되던 이 전쟁은 1950년에 시작되어 1953년 7월 27일 휴전 협정이 이루어질 때까지 계속되었어. 이 전쟁을 6·25 사변 또는 한국 전쟁이라고도 하지.

6·15 남북 공동 선언

2000년 6월 15일 남과 북의 정상들이 평양에서 만나 합의하고 서명한 공동 선언

대한민국의 김대중 대통령과 조선 민주주의 인민공화국의 김정일 국방위원장이 2000년 6월 15일 평양에서 열린 남북 정상회담에서 발표한 공동 선언을 말해. 이 선언은 남과 북의 정상이 만나 남과 북의 관계를 개선하고 평화 통일에 대해 노력하자고 약속한 선언문이야. 남과 북이 분단된 이후 처음으로 각국의 정상들이 직접 만나서 함께 서명했다는 점에서 역사적인 의의가 큰 사건이지.

6·15 남북 공동 선언 5개항

(1) 남과 북은 나라의 통일 문제를 그 주인인 우리 민족끼리 서로 힘을 합쳐 자주적으로 해결한다.

(2) 남과 북은 남측의 연합 제안과 북측의 낮은 단계의 연방제 안이 서로 공통성이 있다고 인정한다.

(3) 남과 북은 2000년 8월 15일에 즈음하여 흩어진 가족, 친척 방문단을 교환하며 비전향 장기수 문제를 해결하는 등 인도적 문제를 조속히 풀어 나가기로 합의한다.

(4) 남과 북은 경제 협력을 통하여 민족 경제를 균형적으로 발전시키고 사회, 문화,

체육, 보건, 환경 등 제반 분야의 협력과 교류를 활성화하여 서로 신뢰를 도모한다.

(5) 위의 네 개 항의 합의 사항을 구체적으로 이행하기 위해 남과 북의 당국이 빠른 시일 안에 관련 부서들의 후속 대화를 규정하여 합의 내용의 조속한 이행을 약속한다.

6자 회담

한반도 주변의 6개국이 참여하여 북한의 핵문제 해결 방안을 논의하려는 회담

북한의 핵 문제 해결과 한반도의 비핵화 실현을 위해 주요 관련 국가인 한국과 북한, 미국과 중국, 러시아, 일본 등 6개 나라가 참가하는 회담을 말해. 이 회담은 북한의 핵 문제를 평화적으로 해결하는 동시에 한반도의 평화 체제 구축을 위해 제안된 것이야.

육전 조례

1867년(고종 4년) 각 관아에서 시행해오던 조례와 관사의 시행 규정을 모아 간행한 법령집

1865년에 편찬된 〈대전회통〉에서 빠진 부분과 1865년 12월부터 1866년 사이에 시행되던 각 관아의 모든 조례와 여러 관사의 규정을 모아 편찬한 법령집이야. 육전으로 분류하여 편집한 것으로 모두 10권 10책으로 되어 있어.

을미개혁

1895년 을미년에 추진된 조선의 제도 개혁

을미사변 명성 황후 시해 사건 직후인 1895년 8월에서 1896년 2월에 걸쳐 추진된 조선의 제도 개혁으로 제3차 갑오개혁이라고도 해. 친일적인 성향이 짙은 개혁으로 단발령과 같은 개혁 내용이 담겨 있어 을미의병의 배경이 되기도 했어.

〈을미개혁 내용〉

- 태양력 사용
- '건양' 이라는 연호 사용
- 종두법 실시
- 우체사 설치
- 소학교 설치
- 군제 개혁(친위대와 진위대 설치)
- 단발령 실시

을미사변

1895년(고종 32년)에 일본 자객들이 경복궁을 습격하여 명성 황후를 시해한 사건

청·일 전쟁에서 승리한 일본은 랴오둥 반도를 넘어 대륙으로 진출하려는 꿈을 꾸었어. 하지만 이를 눈치챈 러시아가 프랑스와 독일을 끌어들여 일본에 간섭하고 압력을 행사하여 랴오둥 반도를 청나라에 돌려주도록 요구하였단다. 이 때문에 일본의 랴오둥 반도 진출은 좌절되고 말았지. 이를 삼국 간섭이라고 해. 삼국 간섭으로 인해 러시아의 영향력이 커지자 조선 정부는 친러 인사들을 주요 직책에 앉히고 일본의 간섭에서 벗어나려 했어.

이때 일본은 명성 황후를 반일 정책을 주도하는 인물로 보았고 조선에서 러시아 세력을 몰아내기 위해서는 명성 황후를 제거해야 한다고 생각했지. 이런 이유로 일본이 명성 황후를 죽인 사건이 바로 을미사변이야.

을미의병
을미사변과 을미개혁에 대한 반발로 일어난 항일 의병

명성 황후 시해 사건으로 국민들의 반일 감정이 극에 달해가는 상황에서 친일파의 주도로 추진된 을미개혁은 조선 백성과 유생들을 격분하게 만들었어. 특히 을미개혁을 단행하면서 친일파가 전국에 내린 단발령은 반일 감정을 전국적으로 확산시키고 말았지. 을미의병은 이같이 격분한 유생들을 중심으로 친일파와 일본 세력을 몰아내는 것을 목표로 일어난 항일 의병이야.

을사조약
일본이 우리나라의 외교권을 빼앗기 위하여 강제로 체결한 조약

1905년 청·일 전쟁과 러·일 전쟁에서 모두 승리한 일제가 우리나라의 외교권을 빼앗은 조약이야. 을사조약은 을사늑약이라고도 하는데 일본과 우리나라가 동등한 위치에서 맺은 조약이 아니라 '강제로 맺은 조약'이라는 의미가 담겨있어. 고종 황제의 거부에도 불구하고 이완용·이근택·박제순·이지용·권중현 등 친일파에 의해 강제로 맺어졌단다. 일본의 입장에서 나라를 배신하고 을사조약에 서명한 이들을 을사오적이라고 해.

을사조약의 주요 내용은 '한국의 외교에 관한 모든 사무를 지휘하고 감독한다.'는 내용과 '한국 정부는 일본 정부를 통하지 않고서는 외국과 조약을 맺지 못한다.'는 내용으로 되어 있어. 이는 곧 조선이 맺는 모든 협정이나 조약을 일본이 대신한다는 의미야. 조선을 스스로 아무 것도 할 수 없는 그야말로 무능한 허수아비같은 나라로 만든 셈이지.

이양선

조선 말기에 우리나라 연해를 드나들며 통상을 요구하던 서양의 배

이양선은 우리나라의 선박과 모양이 다른 배라는 의미로 붙여진 이름이야. 조선 말기에 영국과 프랑스, 독일, 러시아 등 서양의 여러 열강에서 보낸 배들로 이단선 또는 황당선이라고도 해. 18세기 영조가 다스리던 시기부터 이양선에 대한 기록이 남아있는데 순조 이후로는 더 급증하였단다.

이들 중에는 풍랑을 만나 표류하게 되거나 일본이나 중국으로 가려던 중 잘못해서 들르게 된 배들도 있었어. 그런가 하면 우리나라의 해안을 측량하고 통상을 요구하기 위해 의도적으로 접근한 배들도 있었지. 특히 18세기 후반에 영국과 프랑스 군함들이 제주 해안이며 동해안과 서해안 등을 불법으로 측량 탐사하기도 했어. 중국이 아편전쟁(1840년)과 베이징조약(1860년)으로 문호를 개방한 뒤부터는 조선에 대한 이들의 통상 압력도 더 높아졌고 이양선의 출몰도 훨씬 잦아졌지.

그러나 당시 집권자였던 흥선 대원군은 서양 열강들의 통상 요구를 거절하고 통상 수교 거부 정책을 실시하였단다. 그로 인해 통상을 요구해오던 외국 선박과 조선 사이에 무력 충돌이 생겼는데 제너럴 셔먼

호 사건(1866년), 병인양요(1866년), 신미양요(1871년) 등이 대표적인 충돌 사건이란다.

2·8 독립 선언

1919년 2월 8일 일본 유학생들을 중심으로 독립을 선언한 운동

도쿄 조선 청년 독립단이 주동한 운동으로 3·1 운동의 직접적인 계기가 된 민족 해방 운동이야. 일본에 유학 중이던 유학생들에 의해 일제의 심장부라 할 수 있는 도쿄에서 일어난 이 사건은 미국의 윌슨 대통령이 주장한 민족 자결주의에 자극을 받아 일어났단다. 이날 도쿄 조선 기독교 청년 회관에는 우리나라 남녀 유학생 6백여 명이 모였는데 조선 청년 독립단의 최팔용이 이광수가 작성한 선언서와 결의문을 대표로 낭독했어. 이들은 만장일치로 가결하여 일본 의회에 청원서를 제출하려 했지만 일본 경찰의 제지로 인해 실패하고 말았지. 이 사건은 실패로 끝났지만 곧바로 국내의 민족 지도자들과 학생들에게 알려져 3·1 운동의 도화선이 되었단다.

이화 학당

조선 시대에 기독교 선교사 스크랜턴이 설립한 사립 여자 교육 기관

1886년(고종 23년)에 해외 여성 선교회에서 파견된 메리 F. 스크랜튼이 설립한 이 학당은 우리나라 최초의 사립 여성 교육 기관으로 여성 교육의 효시이자 여성 지도자를 많이 배출한 배움의 요람이란다.

1887년 2월에 고종 황제로부터 '이화 학당'이라는 교명과 현판을 하

사받았는데, 이화라는 교명에는 '배꽃처럼 순결하고 아름다우며 향기로운 열매를 맺으라'는 의미가 담겨 있단다. 이화 학당은 조선의 사액 서원과 견줄만한 기관으로 국가로부터 공식적인 인정을 받은 최초의 근대식 여학교이기도 하지.

인내천
동학의 제3대 교주인 손병희가 내세운 천도교의 중심 교리

인내천은 '사람이 곧 하늘'이라는 의미로 해석할 수 있어. 이는 동학의 창시자인 최제우의 시천주(侍天主) 사상을 새롭게 해석한 거라고 볼 수 있지. '사람이 곧 하늘이며 만물이 모두 하늘'이라는 말의 중심에는 인간에 대한 평등 사상이 담겨 있어.

인천 상륙 작전
6·25 전쟁 때 맥아더의 지휘 아래 국제 연합군이 인천에 상륙하여 전세를 뒤바꾼 작전

6·25 전쟁이 일어난 후 계속해서 남진을 하던 조선 인민군은 국제 연합군의 참전으로 낙동강에서 교착 상태를 맞게 되었단다. 이에 국제 연합군은 조선 인민군의 허리를 절단하여 섬멸하려는 작전을 세웠는데 첫 작전으로 인천 상륙 작전을 감행하게 되었지. 인천 상륙 작전은 우리 국국과 유엔군이 전쟁 초기의 수세에서 벗어나 반격을 가하는 결정적인 계기가 되었어.

1950년 9월 15일 제1단계로 한·미 해병대가 월미도에 상륙하여 작전

을 개시한 지 2시간만에 점령이 끝났단다. 2단계 공격에서 인천 반도를 완전히 수중에 넣었고, 마지막 제3단계에서 주력 부대가 한강을 건너 중앙청에 태극기를 게양함으로써 작전이 끝났지.

일·선 동조론
일제가 조선의 식민지 지배를 합리화시키기 위해 내세운 이론

'일·한동조론' 또는 '동조동근론'이라고도 하지. 일본인과 한국인(조선인)이 같은 뿌리에서 나왔다는 이론이야. 일본과 조선은 같은 조상을 가진 한 민족이기 때문에 정치 체제도 한 사람이 통치하는 단일 국가로 나아가야 한다는 식민지 이론이지. 일본의 역사학자를 비롯한 우리나라의 식민사관을 가진 역사 학자들이 만들어낸 억지 논리로 한국인의 민족 정신을 근원적으로 말살하려는 이론이야. 일본이 형이며 조선이 동생이라는 일본 우위적 사상으로 3·1 운동 이후 일제의 문화 통치가 이루어지면서 내선일체라는 구호를 통해 정책적으로 더욱 심화되었어. 만주사변 이후에 우리 국민에게 강요한 창씨 개명과 같은 황국 신민화 정책과 민족 말살 정책도 일·선 동조론에서 비롯되었다고 할 수 있지. 이 뿐만 아니라 일제의 침략이 만주와 중국 대륙까지 뻗치게 되면서 만주와 몽골을 동쪽으로 끌어들인 '대아시아주의'는 만주와 중국 침략을 정당화하는 '대동아공영권'의 근거가 되기도 했어.

1·4 후퇴

한국 전쟁 중 중공군의 투입으로 국제 연합군의 주력 부대가 서울에서 물러나고 공산 진영이 서울을 재점령한 사건

1950년 12월 말에서 1951년 1월 초 사이에 공산 진영이 서울을 재점령한 사건이야. 북한의 공산 정권을 구출하기 위하여 개입한 중국 공산군의 공격으로 국군과 유엔군은 압록강과 두만강 선에서 후퇴를 하게 되었어. 이어 서부 전선에서는 임진강 선까지 밀렸으며, 동부 전선에서는 흥남에서 철수를 단행하게 되었지.

결국 중공군의 인해 전술과 북한 공산군의 중동부 전선 돌파로 인해 서울 방어가 어렵게 되었어. 우리 정부는 부산으로 철수를 시작하였으며 급기야 1월 4일에는 서울이 중공군에게 함락되고 말았지. 하지만 그로부터 2개월 뒤인 3월 중순에 국군과 유엔군은 서울을 되찾았단다.

임술 농민 봉기

1862년(철종 13년) 경상남도 진주 지역에서 일어난 농민 봉기

임술 민란 또는 진주 민란이라고도 하는 이 항쟁은 삼남(충청도, 전라도, 경상도) 의 약 71개 지역에서 일어났단다. 조선 후기 사회 모순이 전면화되는 과정에서 일어났지. 당시 조선 사회는 농업 생산력이 향상되고 상품 화폐 경제가 발달하면서 자영농의 몰락이 심화되었어. 한편 삼정의 문란이라 할 만큼 조세의 폐단도 심각하였지. 삼정 가운데서도 특히 환곡을 둘러싼 갖가지 수탈은 민란의 중요한 계기가 되었어.

당시 유계춘·이귀재 등은 가혹한 조세 수탈에 맞서 관가에 문서로 항의를 했지만 받아들여지지 않았단다. 급기야 이들은 많은 농민들과 함께 반란을 일으켜 진주성을 점령했어. 진주 농민들이 일으킨 민란은 곧 진압되었지만 충청도와 전라도·경상도로 급속도로 퍼져 나갔으며, 멀리 함경도와 제주도에까지 영향을 주었지. 민란은 비록 실패로 끝났지만 이같은 대규모 민란을 통해 농민들은 점차 사회 개혁에 대한 의지를 키웠고, 이를 계기로 성장한 농민층은 1894년 동학 농민 운동의 초석이 되었지.

임오군란

1882년(고종 19년), 일본식 군제 도입과 민씨 정권에 대한 반항으로 구식 군인들이 일으킨 군변

강화도 조약 체결 이후 임오년 6월에 일본식 군제 도입과 민씨 정권에 대한 반항으로 구식 군인들이 일으킨 난이야. 일본의 후원으로 조직한 신식 군대 별기군과 구식 군인에 대한 차별 대우가 가장 큰 원인이 된 사건이지. 옛 훈련도감 소속의 구식 군인들에 대한 봉급미 연체와 불량미 지급은 구식 군인들로 하여금 불만과 분노를 일으켰고, 그들의 분노는 곧 군란으로 이어졌어. 처음에는 우발적인 면도 있었지만, 나중에는 흥선 대원군의 지시로 민씨 정권에 대항하면서 일본 세력에 대한 배척 운동으로까지 확대되었단다.

자유시 참변

1921년, 러시아의 자유시(알렉세예브스크)에서 한국 독립군 부대와 러시아의 붉은 군대가 교전을 벌인 사건

자유시는 러시아 제야 강변에 위치한 알렉세예브스크라는 마을로 현재는 스바보드니로 불리는 곳이야. 러시아어로 스바보다가 '자유'를 뜻해서 '자유시'라고 불려. 자유시 참변은 제야 강이 흘러 흑룡강과 합류하는 지점에 있는 중국의 국경 도시 흑하의 지명을 따서 '흑하 사변'이라고도 해. 자유시 참변이 일어날 무렵 조선의 분산된 독립군들이 모두 자유시에 집결하였는데, 이 사건을 계기로 조선의 독립군 세력이 사실상 모두 무너지고 파괴되었다고 할 수 있어. 독립군 960명이 전사하였고, 약 1,800여 명이 실종되거나 포로가 되었지. 자유시 참변은 우리나라의 독립 운동 역사상 최대의 비극으로 불리고 있어.

자혜 의원

1909년, 일제 강점기에 가난한 백성들을 치료하기 위해 각 도에 세운 근대식 병원

자혜 의원은 러·일 전쟁 당시 우리나라에 주둔해 있던 일본군이 소지하고 있던 의약·의료 기구 등을 기반으로 세워졌어. 자혜 의원은 일제의 식민 통치 사업의 하나였기 때문에 일본 통감부에서 관장하다가, 한·일 합병 이후에는 조선 총독부가 직접 운영했지. 그러다가 3·1 운동이 일어나 일제의 정책이 바뀌면서 이름도 도자혜 의원으로 바뀌었고, 8·

15 해방 이후에는 많은 도자혜 의원이 도립 병원으로 바뀌었단다.

전주 화약

1894년(고종 31년) 갑오 농민 전쟁 당시 농민군이 전주를 점령하고 정부와 맺은 휴전 조약

1894년 갑오 농민 전쟁(동학 농민 운동) 당시 전주를 점령한 농민군은 청나라와 일본의 개입으로 인해 정부와 화해를 결정하고 조약을 맺었어. 농민군은 폐정 개혁안을 제시하여 정부와 화약을 체결한 뒤 해산하였단다. 전주 화약에서 농민군이 제시한 폐정 개혁안에는 신분제 폐지를 비롯한 삼정의 개혁 등에 대한 개혁안이 들어 있었어.

해산한 농민들은 농민군의 자치 기구인 집강소를 각 지방에 설치하여 개혁을 추진하였지. 하지만 정부는 농민군과의 약속을 지키지 않았어. 그리고 일본이 궁궐을 침범하고 청·일 전쟁이 일어나자 농민들은 일본군의 타도를 외치며 다시 봉기를 하였지. 하지만 공주 우금치 전투와 태인 전투에서 농민군이 패배하면서 농민군의 지도자였던 전봉준이 체포되었고, 결국 동학 농민 운동도 좌절되고 말았단다.

전환국

1883년(고종 20년) 7월 화폐 발행을 위해 설치한 관청

당시 조선의 전통 화폐는 화폐의 가치 변동이 불안정한데다 운반이 불편하였어. 게다가 통화량이 부족하여 선진 제국과의 통상 거래에 어려움과 경제적인 손실이 있었지. 이에 정부가 개화 정책의 하나로 근대

화폐를 주조할 상설 조폐 기관의 필요성을 느껴 전환국을 설치한 거야. 전환국은 조선 사회에 근대적인 화폐 제도를 들여오는데 선구적인 역할을 하였지만, 1904년에 일본인 재정 고문이었던 메가타 다네타로에 의해 폐지되고 말았어.

전의감

궁중에서 쓰는 의약의 공급과 의학 교육을 관장하던 조선 시대 관청

조선 시대에 궁궐 안에서 사용하는 약재를 공급하고 국민에게 필요한 금품이나 물건 등을 내려 주는 일을 담당하던 관청으로 의학 교육 등에 관한 일도 담당했어. 1932년에 설치된 이 관청은 1894년 갑오개혁 때, 태의원이라는 명칭으로 바뀌었으며, 서양의 근대 의학이 들어오기 시작하면서 역할이 점점 줄어들었지.

전황

조선 후기에 화폐 경제가 발전하면서 나타난 동전 유통량의 부족을 뜻하는 말

전황 현상은 18세기 초반부터 19세기 초반까지 거의 만성적으로 계속되었지. 상공업이 발전해 화폐의 유통량보다 상품의 유통량이 많아지면서 생긴 현상으로 상업 자본의 원시적 축적을 보여주는 현상이기도 해.

조선 건국 준비 위원회

1945년 8 · 15 광복 후 여운형을 중심으로 조직된 최초의 건국 준비 단체

독립 운동가 여운형이 건국 준비를 위해 '건국 동맹' 을 중심으로 발족한 예비 기관으로 줄여서 '건준' 이라고도 해. 우리 민족의 총역량을 모아 우리 스스로의 힘으로 과도기의 국내 질서를 유지하려는 목적에서 설립하였단다.

조선 의용군

조선 의용대를 개편한 무장 조직으로 의군부 산하 독립군 부대

국내의 3·1 운동에 자극을 받아 중국에서 활동하던 민족 주의자들이 만든 무장 독립 운동 단체인 의군부 산하의 무장 세력이야.

이 단체는 주로 김청봉과 허승완 등이 중심이 되어 조직하였으며 독립 전쟁을 진두 지휘하였지. 이들은 주로 현지 일본 여러 기관을 파괴하는 데 앞장섰으며 일본인과 친일파에게 치명적인 위협을 가했어.

조선 총독부

일제가 한반도의 식민 통치와 수탈을 위해 설치한 기관

1910년부터 1945년까지 35년 동안 일제가 우리나라를 효율적으로 지배하기 위해 설치한 기관으로 관료 체제와 헌병, 군대, 경찰 등 치안 기구를 아우르는 무단 통치의 총사령부였어.

조선 총독부의 식민 통치는 시기에 따라 무단 통치(1910~1919년), 문

화 통치(1919~1931년), 민족 말살 통치(1931~1945년)로 구분할 수 있어. 한일 병합 이후 식민 통치 초반에 일제는 헌병 경찰 제도를 통해 우리나라를 강압적으로 통치했단다. 하지만 1919년 3·1 운동 이후에는 우리 민중을 회유하기 위해 헌병 경찰 제도를 보통 경찰 제도로 바꾸어 문화 통치를 실시했지. 그러다가 1931년 만주사변을 일으켜 중국 침략을 본격화하면서부터는 우리나라를 병참 기지화하여 물적·인적 자원을 약탈하며 민족 말살 정책을 실시했어. 이 시기에는 조선어 교육을 금지하고 내선일체와 창씨 개명, 신사 참배 등을 강요했단다.

조선 혁명군
1929년 조직되어 1930년대 남만주에서 활약한 독립군

항일 독립운동 단체인 조선혁명당 산하 무장 독립군으로 만주를 중심으로 광복을 위해 활약한 군사 조직이야. 독자적인 조직을 유지하며 활약했으며 항일 무장 독립운동과 반일 민족 자치운동을 벌였지. 일본군과의 단독 전투는 물론 중국군과의 연합 전투에서도 치열한 전투를 벌여 우리나라 무장 독립 투쟁사에 큰 공헌을 한 부대란다.

조선어 학회
우리말과 글을 연구하기 위해 조직한 민간 학술 단체

오늘날 한글 학회의 전신으로 1921년 처음 조직할 당시에는 '조선어 연구회'라는 이름으로 출발했단다. 이들은 장지영·최현배·이병기 등을 회원으로 하여 우리 말과 글에 대한 연구 발표회와 강연

회를 열고 한글의 우수성을 선전하는 일을 했어. 1927년 2월부터는 〈한글〉이라는 기관지를 발간했고, 1929년에는 〈조선어 사전〉 편찬 사업을 시작했지만 일제의 탄압으로 출판하지 못했지. 그러다가 1931년에 조선어 학회로 학회 이름을 바꾸었어. 1933년에는 〈한글 맞춤법 통일안〉을 발표했는데 이때 발표한 맞춤법 통일안이 지금까지도 한글 표기의 기준이 되고 있지.

1942년 10월에는 일제가 조선어 학회 회원 30여 명을 탄압하고 투옥하는 사건이 일어났단다. 당시 민족 말살 정책을 펼치던 일제는 조선어 학회 회원들이 민족 의식을 고양시켰다는 죄목으로 이들을 검거해 재판에 회부했는데 이 사건을 '조선어 학회 사건'이라고 해.

해방 이후 1949년에 조선어 학회는 '한글 학회'라는 이름으로 바뀌어 지금에 이르고 있어. 한글 학회는 1957년에 일제의 탄압으로 출판이 중단되었던 〈조선어 사전〉 편찬 사업을 이어 6권의 〈큰사전〉을 완간했단다.

조선 책략

개항기 조선의 국제적 지위와 청나라, 조선, 일본 세 나라가 취해야 할 외교 정책에 대해 청나라 황준헌이 저술한 책

이 책은 1880년(고종 17년)에 일본에 수신사로 파견된 김홍집이 고종에게 바친 책이란다.

이 책은 러시아를 방어하기 위해서는 조선이 중국과 가까이 지내고 일본, 미국과 조약을 맺어 결합해야 한다고 주장하고 있어. 이 책은 조선에 들어와 보수 유생들을 중심으로 전국적인 위정척사 운동이 일어나게 만든 계기가 되었어.

이 책에서는 탐욕스러운 러시아가 유럽에서 아시아 정벌에 힘쓰다 조선까지 탐낸다고 주장하고 있단다. 이런 러시아를 막기 위해서는 조선이 친중국, 결일본, 연미국하여야 한다고 내세운단다.

여기서 조선이 중국과 친해야 하는 이유로 내세우는 이론은 중국이 물질과 형국에서 러시아를 앞서고, 오랫동안 중국의 변방으로 지내왔으니 양국이 우호를 증대하면 러시아가 감히 조선을 넘보지 못할 것이라는 것이 주요 내용이야.

그리고 일본은 조선과 중국 다음으로 가장 가까운 나라이고, 과거부터 통교해왔기 때문에 두 나라 중 어느 한쪽이 땅을 잃으면 두 나라 모두 온전하게 유지하기 어려운 형세라고 하고 있어.

미국은 조선과 멀리 떨어져 있기는 하지만 남의 토지나 인민을 탐내지 않고, 남의 나라에 대해서도 간여하지 않는 민주 국가로 오히려 약소국을 돕고자 한다며 미국을 우방으로 두면 화를 면할 수 있다고 기록하고 있단다.

종두법
사람에게 우두를 접종시키는 일종의 천연두 예방 접종법

종두는 천연두를 심는다는 의미로 천연두에 걸린 송아지의 고름을 채취해 사람의 몸에 접종하는 예방 접종법이야.

천연두는 천연두 바이러스로 인해 발생하는 악성 전염병으로 두창 또는 포창이라고도 하며 민간에서는 마마 또는 손님이라고도 하였지. 고열과 온몸에 발진이 나타나고 전염성이 매우 강해서 생명을 잃기도 하는 무서운 전염병으로 생명을 구하더라도 피부가 얽어 곰보 자국이 남게 되었어.

이런 천연두를 예방하는 접종법이 바로 종두법인데 1796년 영국 의사에드워드 제너가 개발하였지. 우리나라에서는 1879년 지석영 선생이 일본에서 종두법을 배워와 실시하였고, 1894년 이후부터는 국가에서 종두소를 설치하여 적극적으로 종두법을 시행하였어.

좌우 합작 운동

좌익 세력과 우익 세력이 합작하여 연대를 추진한 운동

1946년 통일된 임시 정부 수립을 목표로 좌익 세력과 우익 세력이 서로 합작하여 연대를 추진한 운동이야. 1945년에 열린 모스크바 삼상 회의에서 신탁 통치 문제를 두고 좌익과 우익 세력 간의 대립이 격화되었단다. 이 운동은 분열된 좌익 세력과 우익 세력을 모아 통일 정부를 수립하고 좌파 중심의 정부를 수립하기 위해 추진되었지. 중도 좌파 여운형과 중도 우파 김규식 등 좌익과 우익의 중도파 인사들이 중심이 되어 전개된 이 운동은 혼란스러운 정치 상황 속에서 좌우 합작 7원칙을 세우는 데는 성공했지만, 좌익 세력과 우익 세력 양측의 반발과 여운형의 암살, 미군정의 지원 중단 때문에 무산되고 말았단다.

집강소

동학 농민군이 전주 화약을 계기로 전라도 각 고을의 관아에 설치한 자치 기구

1894년(고종 31년) 갑오 농민 전쟁(동학 농민 운동) 당시 각 고을에 설치된 집강소에는 농민군 가운데 한 명을 집강으로 두었어. 집강은 지방의 치안과 행정을 담당하게 하고 몇 명의 의사원이 행정 사무를 맡아 보았지. 농민군이 집강소를 설치한 이유는 폐정 개혁을 자신들의 힘으로

하기 위해서였는데, 처음에 집강소는 억울한 일을 해소하던 성격의 기관이었다가 점차 새로운 질서를 수립하기 위한 행정기관의 성격으로 강화되어 갔어.

차관 정치

을사조약 이후 일제가 우리나라에 설치한 통감부에서 일본인 차관이 직접 통치하던 정치 형태

1907년부터 일제는 우리나라에 설치한 통감부 행정 각 부의 차관으로 일본인을 임명하였어. 이때 일본인 차관이 조선을 직접 통치하던 정치 형태가 차관 정치야. 차관 정치는 국권 강탈의 전 단계로 일본이 대한제국의 실권을 장악하여 장관을 허수아비로 만드는 과정이라고 볼 수 있어. 일본인 실무진과 차관 선에서 모든 일이 결정되고 집행되는 정치였단다.

참의부

1923년에 조직된 항일 무장 독립 운동 단체

만주에 있는 한국인 독립 운동가들이 조직한 군단이야. 대한민국 임시 정부 산하의 군단으로 대한민국 임시 정부 육군주만참의부가 정식 명칭이야.

참의부는 한국과 만주의 국경지대에 가까워서 만주의 독립군 정부 가운데 가장 활발한 항일 전쟁과 국내 진공 작전을 전개했지. 그러다 1928년 12월에 신민부·정의부와의 3부 통합 문제로 내부 분열이 일어났어. 그런 과정에서 참의부는 해체의 조짐을 보이다가 이후 1929년 10월 참의부 고수 세력의 지도자였던 김소하가 일제에 체포되면서 완전히 와해되고 말았지.

창가
갑오개혁 이후에 발생한 개화기의 시가 형식 가운데 하나

서양 악곡의 형식에 큰 영향을 받았으며, 애국과 개화에 대한 주장이 강하게 담긴 경우가 많아. 애국가나 독립가, 개화가사에서 변화. 발전된 형식으로 독립과 개화의 의지를 높이기 위해서 부르던 노래야. 창가라는 명칭은 개항과 함께 들어온 서양 악곡에 맞추어 제작된 노래 가사라는 의미를 담고 있지.

척화비
1871년(고종 8년), 흥선 대원군이 서양 제국주의의 침략을 경계하기 위해 전국 각지에 세운 비석

척화비에는 '서양과 화합할 수 없다'는 내용이 적혀 있어. 1866년, 병인양요가 일어나자, 흥선 대원군은 "서양 오랑캐가 침입해 오는데 화친을 주장하는 것은 나라를 팔아먹는 것이며, 그들과 교역하면 나라가 망한다."는 내용의 글을 반포하여 쇄국 의지를 강하게 내세웠어. 그 뒤 1871년에 신미양요가 일어나자 흥선 대원군은 쇄국 정책을 더욱 강하게 추진하였

고 서울 종로 네거리 등 전국 각지에 척화비를 세웠단다.

천리마 운동
북한에서 사회 개혁과 생산력 증대를 목적으로 벌인 최초의 공산주의적 운동

북한에서 경제와 문화, 사상, 도덕 등 사회 전반에 걸쳐 뒤쳐진 부분을 개혁하기 위해 벌인 운동이야. '천리마를 탄 기세로 달리자' 는 구호를 내건 이 운동은 노동 생산성을 높여 경제적 성과를 올리는 것만이 목표가 아니었어. 이 운동은 공산주의 사상에 대한 혁명적 열성을 높이려는 정치적 목적도 컸단다. 북한 사회 전체, 전 부문으로 확산되었으며 강제적 집단주의를 토대로 한 대중운동으로 굳어지게 되었어.

천마산대
1919년 3·1 운동 직후에 군인들이 조직한 단체

평안북도 의주의 천마산에 본거지를 두었으며 천마별영 또는 철마별영이라고도 해. 천마산대는 화승총과 일본 경찰에게서 빼앗은 총검 등으로 무장하고 유격전을 벌였는데, 당시 수십 곳의 일제 행정 기관을 파괴하고 경찰과 밀정들을 사살하는 등 눈부신 활약을 보였어. 1920년에는 일본 경찰대의 공격을 피하여 근거지를 삭주군 두룡산·초산, 강계군 재룡현 등지로 옮겼으며 만주로 건너가 광복군 사령부에 흡수되었지.

청구학회

일제 강점기에 한국과 만주를 중심으로 극동 문화 연구를 목적으로 설립한
학술 연구 단체

경성 제국 대학 법문학부와 조선 총독부의 조선사 편수회에 속한 학자
들로 구성되어 있었지. 이들 가운데 조선인 회원도 다수 포함되어 있었는
데 최남선·이능화·이병도·신석호 등이 대표적 인물들이야. 청구학회
는 일제의 침략을 정당화 할 수 있는 근거를 마련해 주는 데 큰 기
여를 했던 식민주의 역사학(식민사관)적인 관점에서 조선과 만주
의 역사와 문화를 연구했지. 그러면서 기관지인 〈청구학총〉을 발간하
고 강연회와 강습회를 개최하는 등 학술 연구 여행과 연구자료 출판 사업
등을 주요 연구 사업으로 추진해 나갔어.

청산리 전투

1920년 9월, 김좌진 장군이 이끄는 북로 군정서군이 일본군을 대파한 전투

김좌진 장군이 이끄는 북로 군정서군은 일본군을 만주 허룽현, 청산
리 백운평, 천수평, 마록구 등지의 3차에 걸친 전투에서 대파했어. 청산
리 전투의 승리는 일본이 1920년부터 계획해왔던 독립군 전체에 대한 토
벌과 초토화 작전을 무산시켜 버렸어. 청산리 전투는 우리나라의 무
장 독립 운동 사상 가장 빛나는 전과를 올린 전투로 독립 전사에
기록되어 있단다. 이 전투에서 치욕적으로 참패를 당한 일본군은 이에
대한 보복으로 만주 전역에 거주하는 우리 동포에게 무자비한 만행을 자
행하여 간도 동포 참살 사건(간도 학살 사건 또는 경신참변)을 일으켰지.

청·일 전쟁

조선에 대한 지배를 둘러싸고 중국(청)과 일본이 벌인 전쟁

1894년 6월부터 1895년 4월까지 청나라와 일본 두 나라가 서로 조선의 지배권을 차지하기 위해 일으킨 전쟁이야. 당시 일본은 메이지 유신으로 급속한 근대화를 이루며 제국주의적 대외 진출을 모색하고 있었어. 청나라 역시 조선에 대한 종주권을 포기하지 않았지. 아시아의 패권을 두고 청나라와 일본 양국 간의 분쟁이 계속되는 상황에서 일본은 조선과 강화도 조약을 맺어 조선이 자주국임을 명시하였어. 이는 조선 침략을 위해 청나라로부터 조선이 독립국임을 강조하는 것으로 이로 인해 두 나라 사이의 대립은 더욱 심화되었지.

청·일 전쟁은 청나라와 일본 두 나라의 군사적 대결이었지만, 한반도 안에서 일어난 전쟁이란다. 동학 농민 운동이 일어났던 당시 청나라와 일본은 조선에 군대를 파견하였는데, 이때 일본군이 청군을 기습 공격하면서 청·일 전쟁이 일어난 거야. 청·일 전쟁의 승리로 일본은 청나라와 시모노세키 조약을 맺어 청나라로부터 랴오둥 반도와 타이완을 할양받았어. 하지만 얼마 지나지 않아 일본은 러시아를 비롯한 삼국 간섭으로 랴오둥 반도를 반환하게 되었고, 이는 일본이 1905년 러·일 전쟁을 일으키는 원인이 되었단다.

최혜국 대우

한 국가가 다른 나라에 부여하는 가장 유리한 대우를 상대국에도 부여하는 것

통상 조약이나 항해 조약 등을 맺을 때 한 나라가 다른 나라에

부여하고 있는 가장 유리한 대우로 상대국을 대우하는 것을 말해. 최혜국 대우는 원래 양국 사이에 체결된 상호 협정을 여러 나라에 확대 적용하여 나라와 나라 사이 무역의 기회를 평등하게 보장하려는 제도야.

치안 유지법

일제가 반체제와 반정부 운동을 억압하기 위하여 제정한 법

1925년부터 1945년까지 일제가 조선과 대만에 적용한 법이야. 무정부주의나 공산주의 운동과 같은 사회 운동을 조직하고 선전하는 이들과 일제의 통치를 부정하는 이들에게 중벌을 가하게 한 법이지. 이때 제정된 치안 유지법은 당시 민족 해방 운동을 탄압하는 데 적극적으로 활용되었단다.

치외 법권

외국인이 다른 나라의 영토에 체류하면서도 그 나라의 법에 따라 재판받지 않을 수 있는 국제법상의 권리

외국인이 자신이 체류하고 있는 나라의 재판을 받지 않고 본국의 법에 따라 주권을 행사할 수 있는 권리를 말해. 일반적으로 외국의 원수나 외교 사절 또는 군대·군함·군용 항공기, 국제 연합 등의 대표자가 주재국의 법률을 적용받지 않는 특권이야. 1876년 조선과 일본이 맺은 강화도 조약에서 일본인들의 치외 법권을 인정한 것은 이 조약이 불평등 조약임을 드러내는 중요한 부분이란다.

7·4 남북 공동 성명
1972년 7월 4일 분단 이후 남북한이 최초로 통일과 관련하여 합의한 공동 성명

남한과 북한이 통일의 원칙과 관련하여 자주·평화·민족 대단결이라는 3대 원칙을 공식적으로 밝힌 성명이야. 이 성명은 서울과 평양에서 동시에 발표되었는데 다른 나라의 힘에 의존하지 않고, 자주적으로 풀어가려 한다는 점과 무력 대결이 아닌 평화적인 통일의 원칙을 만들어냈다는 의의가 있단다.

ㅋ

카이로 회담
제2차 세계 대전 당시 이집트의 카이로에서 열린 회담

1943년 11월에 미국·영국·중국의 연합국 지도자들이 이집트 카이로에 모여 개최한 회담으로 두 차례에 걸쳐 이루어졌어. 루스벨트와 처칠, 장제스가 참여해 전후 일본이 차지한 섬의 반환 문제와 한국의 독립 문제 등에 대한 논의가 이루어졌지. 한국에 대한 특별 조항이 담겨 있어서 처음으로 한국의 독립이 국제적인 보장을 받은 회담이었어.

톈진 조약

1884년 갑신정변 이후 청나라와 일본 사이에 맺어진 조약

조선의 급진 개화파들이 일으킨 갑신정변은 조선에 대한 청나라와 일본의 간섭을 심화시키는 계기가 된 사건이야. 갑신정변으로 맺어진 톈진 조약으로 청나라는 조선에 대한 정치적 주도권을 장악하고, 일본은 조선에 대한 경제적 영향력을 행사하게 되었단다. 이 조약에는 조선에서 "청나라와 일본 양국의 군대는 동시에 철수하고, 조선에 군대를 보낼 때는 미리 상대국에게 통보할 것을 약속한다는 내용이 담겨 있어. 이 조약은 나중에 청·일 전쟁의 빌미가 되었지. 1894년 동학 농민 운동이 일어나자 조선 정부는 청나라에 원군을 요청하였는데, 이를 눈치챈 일본 정부는 청나라가 톈진 조약을 위반했다며 자신들도 조선에 군대를 파병했어. 이를 계기로 일본은 청·일 전쟁을 일으켜 갑신정변 이후 청나라에 빼앗긴 조선에 대한 정치적 주도권을 되찾았단다.

토지 조사 사업

1910년대에 일제가 우리나라 토지 수탈을 목적으로 벌인 대규모 조사 사업

1910~1918년 사이 일제가 우리나라의 식민지적 토지 소유 관계를 확고하게 다지기 위하여 실시한 대규모 국토 조사 사업이야. 일제가 식민 통치의 기초 작업으로 벌인 사업으로 조선 토지 조사 사업이라고도 해. 우리나라 전역에서 실시된 이 사업은 일제가 조선의 토지를 근대적으로 파악하고 정리한다는 명분을 내세워 토지의 소유자와 경

계, 토지의 용도 등을 조사했어. 하지만 정해진 기간 안에 신고를 해야만 소유권을 인정받을 수 있고, 토지 소유자가 마을이나 가문 등의 공동체인 경우에는 소유권을 인정받을 수도 없었어. 게다가 신고 절차가 워낙 복잡하고 홍보도 제대로 되지 않은 탓에 우리 국토의 약 40%가 일제와 친일파의 소유로 넘어가고 말았단다. 이 사업으로 인해 토지에 대한 권리를 잃은 조선인들은 살기 위해 간도나 만주 등지로 떠나게 되었어.

반면에 이 사업으로 조선 총독부는 우리 국토의 40%를 소유한 대지주가 되었어. 이렇게 조선인에게 빼앗은 토지를 동양 척식 주식회사를 통해 다시 일본 토지 회사나 일본인들에게 무상으로 주기도 하고 싼값으로 팔아 일본인 대지주가 출현하게 되었단다.

통감부

1906년 일제가 대한제국의 안녕과 평화 유지를 명분으로 우리나라에 설치한 식민지 통치 기구

을사조약 체결 이후 일제가 대한제국의 정치와 외교권을 행사하기 위해 설치한 식민 통치 기관이야. 초대 통감으로 이토 히로부미가 임명되었으며 대한제국의 국정 전반을 장악했지. 1909년에는 대한제국의 사법권과 경찰권까지 빼앗았단다. 1910년 본격적인 식민 통치가 시작된 경술국치(한·일 병합 조약) 이후 조선 총독부의 설치로 통감부는 폐지되었지.

통리기무아문

1880년(고종 17년) 군국기무와 일반 정치를 총괄하던 관청

통리는 모두 관리한다는 의미, 기무는 각종 사무, 아문은 관청을 의미하는 것으로 고종이 급변하는 국내외 정세에 대응하고 각종 개혁을 추진하기 위해 설치한 정부 최고의 기관이야. 청나라의 제도를 모방하여 만든 기관으로 모두 12개의 산하 기관을 두어 사무를 분담하게 하고, 각 부서의 장관을 총리 대신이라 했지. 하지만 임오군란 이후 1년만에 폐지되어 통리군국사무아문과 통리교섭통상사무아문으로 나뉘었단다.

통상 개화론

나라의 문호를 개방하여 외국과 통상을 하자는 주장

조선 후기 실학자들이 내세운 통상 개국론을 계승한 주장으로 외국에 문호를 열어 우리보다 앞선 서양 문물을 받아들이자는 주장이야. 개화 사상의 원류라고 볼 수 있으며 대표적인 인물로 박규수, 오경석, 유홍기 등을 들 수 있어. 이들은 나중에 김옥균을 비롯한 박영효, 서광범, 홍영식 등의 개화 사상가들에게 영향을 주었지.

파리 강화 회의
제1차 세계 대전의 전후 문제를 처리하기 위해 개최한 강화 회의

 1919년 제1차 세계 대전 이후 전후 문제 처리를 위해 승전국들이 프랑스 파리에서 마련한 강화 회의야. 이 회의에서는 미국과 영국, 프랑스 세 나라가 주도권을 장악하고 독일과 베르사유 조약을 체결하였지.

 이 강화 회의에서 미국의 윌슨 대통령은 '민족 자결주의' 원칙을 통해 어떤 민족이든 자기 민족의 정치적 운명은 스스로 결정할 권리가 있으며 다른 민족이 간섭해서는 안 된다고 주장했단다. 윌슨 대통령의 민족자결주의는 일제의 식민지였던 우리 민족에게도 많은 영향을 미쳤으며 3·1 운동의 원동력이 되기도 했어. 그러나 파리 강화 회의의 가장 중요한 원칙은 승전국의 권리 확보와 패전국에 대한 철저한 응징이었지. 당시 일본은 승전국이었기 때문에, 우리 민족의 독립은 실현될 수 없었어. 때문에 이 회의에 우리나라 임시 정부에서도 김규식을 대표로 파견했지만 성과를 거두지 못했지.

폐정 개혁안
동학 농민 운동 당시 농민군이 화약의 조건으로 제시한 12개 조의 개혁안

 동학 농민군이 호남 지방을 점령한 후 정부와 전주 화약을 맺으면서 제시한 개혁안이야. 이 개혁안은 동학 농민 운동이 전개되는 전 기간에 걸쳐 농민군이 제시했던 것으로 그 주요 내용은 신분제 철폐와 과부

의 재혼 허용, 부패한 관리에 대한 처벌, 세금 제도의 개선, 토지 제도 개혁 등으로 이루어져 있지. 조선 말기의 문란한 정치 질서와 사회 모순을 타개하고자 하는 농민들의 강한 개혁 의지가 드러나 있어. 또한 이 개혁안은 피지배층이 작성한 개혁안으로 기존에 지배층에서 제시해 온 다른 개혁안과는 달리 토지 제도의 개혁에 대한 내용이 담겨있다는 점이 특징이야. 이 가운데 일부는 갑오개혁을 통해 추진되기도 했단다.

포츠담 회담

1945년 7월 26일 제2차 세계 대전 종결 직전에 연합국인 미국 · 영국 · 중국 세 나라가 독일 포츠담에서 개최한 회담

이 회담에서는 제2차 세계 대전에서 항복한 독일과 패망을 앞둔 일제에 대한 처리가 주된 내용으로 다루어졌어. 이 회담에서는 일본의 무조건 항복과 한국의 독립에 대한 내용을 담은 포츠담 선언이 발표되었는데 일본은 이를 거부했단다. 결국 일본은 히로시마와 나가사키에 원자 폭탄이 투하된 후에야 무조건 항복을 선언하였지.

호포제

고종 때 흥선 대원군이 가구(호) 단위로 포(옷감)를 징수하던 세금 제도

조선 후기 흥선 대원군이 실시한 군역 제도로 가구(호)를 단위로 군포를 걷게 한 제도야. 당시 백성들은 전세와 군포, 환곡 즉 삼정의 문란으로 몹시 힘들어 하였는데 이 가운데 군포와 관련된 정책이 호포제란다. 기존의 군포는 양인 남성에게만 부과되고 양반에게는 부과되지 않았는데, 호포제는 양반에게도 군역의 의무를 확대한 것이야. 호포제는 서원 폐지, 원납전과 함께 양반들의 심한 반대로 완벽하게 시행되지는 못했어.

학병제

전시 상황이나 국가가 위기에 처했을 때 학생들을 병사로 징발하는 제도

전쟁이 일어났을 때 국가에서 군력을 보충하기 위한 방법으로 16세 이상의 학생들을 군사로 무장시켜 전쟁에 파병하는 제도야.

한국 광복군

대한민국 임시 정부에서 조직한 군대

1940년 대한민국 임시 정부가 중국 충칭에서 조직한 부대야. 광복을 위해서는 일본과의 전면전을 벌이는 길이 최선이라고 판단한 끝에 조직한 부대로 중국 각지에서 흩어져 독립 전쟁을 펼치던 독

립군을 바탕으로 조직하였지. 그리고 1941년 태평양 전쟁 때는 연합국의 일원으로 일제와 독일에 선전 포고를 하고, 중국 각지에서 중국군과 힘을 합쳐 일본군에 맞서 싸웠단다. 1943년에는 영국군에 파견되어 인도·미얀마 전선까지 나아가 대일 전쟁에 참여하였어. 그 후 당시 임시 정부의 구미 외교위원회 부위원장이었던 이승만을 통해 미국 OSS의 특별 훈련을 받으며 국내 상륙 작전을 준비하였지만, 아쉽게도 일본의 항복으로 인해 한국 광복군은 계획했던 바를 실행조차 해보지 못하고 말았지.

한국 독립 운동 지혈사

사학자인 박은식이 1920년에 순한문으로 지은 항일 독립 운동에 관한 역사서

독립 운동가이자 사학자인 박은식은 일제의 조선 침략 과정을 모두 경험하였단다. 일본의 침략이 진행되고 있던 조선 말기에 언론계에 종사하기도 했던 박은식은 애국 계몽 운동을 전개하며 우리 민족의 독립 정신을 고취시켰지. 박은식은 독립 운동의 한 수단으로 우리 역사 연구에 몰두하였는데 이 책은 3·1 운동을 중심으로 1884년의 갑신정변, 1920년의 독립군 전투까지 일제의 침략에 대항한 우리 민족의 독립 투쟁사를 서술한 근대사의 고전이라고 할 수 있단다. 이 책은 우리 민족으로 하여금 민족 의식과 독립 투쟁 결의를 드높이게 한 역사서로 실천과 행동을 강력하게 요구하고 있지.

한성 순보

1883년(고종 20년)에 창간된 우리나라 최초의 근대 신문

1883년~1884년까지 열흘 간격으로 발행하던 순간 신문으로 통리
아문 박문국에서 한문으로 발행한 신문이야. 일본에 수신사로 가있던 박영효
일행의 제안으로 간행되었으며 관보의 성격을 띠었지. 주로 민중의 계몽을
위한 서양의 신문화와 국내의 사정을 소개하는 내용이 실렸단다.

한성 정부

1919년 4월 각지에 세워진 임시 정부 가운데 하나로 서울에 세워진 임시 정부

3·1 운동을 계기로 국내외 각지에서 여러 임시 정부가 결성되었는데,
그 가운데 대표적인 것이 바로 한성 정부야. 한성 정부는 만세 시위가 전
개되는 도중에 13도의 대표가 서울에 모여 독립 운동을 체계적으로 전개
하기 위해 수립한 거야. 그런데 곳곳에 흩어져 있는 독립 운동의 역량을
한곳으로 모아야 한다는 여론이 일면서 1919년 9월에는 한성 임시 정부
와 상하이 임시 정부, 러시아 블라디보스토크의 노령 임시 정부가 한데
합쳐져 중국 상하이에서 대한민국 임시 정부로 재탄생했지.

한성 조약

갑신정변의 사후 문제를 처리하기 위하여 일본과 맺은 조약

1885년 1월 갑신정변 이후 한·일 간에 체결된 조약으로 일본 공
사관의 습격과 일본인 살해에 대한 배상금이 주요 내용이야.

박영효·김옥균 등의 개화파가 일으킨 갑신정변은 청나라 군대의 개입으로 실패했어. 개화파들은 일본으로 망명을 하고 이에 흥분한 민중은 일본 공사관을 불태우고 일본 거류민들을 살해했단다. 이에 일본은 무력으로 조선과 한성 조약을 체결하고 조선에서 청나라와 대등한 세력을 유지하는데 성공할 수 있었지. 이 조약은 일본이 조선을 침략하는 토대가 되는 조약이 되었단다.

한인 애국단
1931년 대한민국 임시 정부가 중국 상하이에서 조직한 비밀 독립 운동 조직

일본의 주요 인물을 암살하려는 목적으로 임시 정부에서 조직한 단체야. 김구가 중심이 되어 조직을 운영하고 윤봉길, 이덕주, 이봉창, 최흥식 등이 단원이 되어 참여하였지. 당시 한인 애국단은 독립 운동의 새로운 활로가 되어 주었는데, 일본의 주요 인물을 암살하여 일본의 대외 침략을 좌절시키려 했어. 이들의 주요 활동으로는 이봉창의 일본 천황 암살 미수 사건과 윤봉길의 상하이 홍커우 공원 폭탄 투척 사건 등이 있지.

한·일 신협약
1907년 일본이 한국을 강제로 점령하기 위해 강행한 7개 조항의 조약

일본이 한국을 강점하기 위해 강제로 체결한 불평등 조약으로 정미년에 체결된 조약이어서 '정미 7조약' 이라고도 해. 일제는 헤이그 특사 사건을 빌미로 고종 황제를 퇴위시키고 이에 대한 보복

으로 이 조약의 체결을 강요했단다.

일본인 통감이 대한제국의 법령을 제정하고 주요 정책을 결정한다는 내용과 정부 주요 부서에 일본인 차관을 임명하도록 한 것이 주요 내용이야. 그리고 이 조약으로 대한제국의 경찰권이 일본으로 넘어가고 군대가 해산되었어. 이때 해산된 많은 군인들은 의병에 가담하기도 했지. 이를 차관 정치라고 하는데 이 조약으로 대한제국의 주권은 사실상 일본으로 넘어간 것이나 다름없게 되었지.

한·일 협정

1965년 6월 22일 도쿄에서 체결된 한국과 일본 간의 국교 관계에 관한 조약

해방 이후 일본과 우리나라의 외교는 단절되어 있었어. 5·16 군사 정변으로 정권을 잡은 박정희 정부는 1965년 6월 22일 한국과 일본 두 나라 사이의 조약(기본 조약)을 적극 추진하여 두 나라의 외교를 정상화했지. 하지만 당시 일본은 식민지 수탈에 대해 공식 시인도 하지 않았고 이와 관련된 어떠한 보상도 하지 않았어. 이 때문에 협정 체결을 앞두고 우리나라에서 대규모 시위가 일어났는데 시위가 점점 커져서 6월 3일에는 전국에 비상 계엄령이 선포되었단다. 이를 6·3 사태라고 해.

헌병 경찰제

일제 강점기 헌병이 군사와 경찰 업무를 비롯한 일반 치안 유지 업무까지 담당하게 한 제도

1910년대 일제 때 조선 총독부의 무단 정치를 뒷받침해 주는 수단으로 군인인 헌병이 일반 경찰의 업무까지를 모두 수반하여 담당한 특수 경찰 제도를 말해. 당시 일본의 수많은 헌병 경찰들이 우리나라 전국 각지에 배치되어 강압적인 무단 식민 통치가 이루어졌지. 헌병 경찰제를 통한 무단 통치는 우리 민족의 자유뿐만 아니라 생존까지도 위협하였단다.

헌정 연구회

1905년 이준·양한묵 등이 중심이 되어 만든 애국 계몽 운동 단체

일제에 의해 보안회가 강제 해체된 후 이준·양한묵·윤효정 등이 주축이 되어 결성한 정치적 계몽 단체야. 민중의 계몽과 민족의 독립 정신을 높이고자 하였으며 친일 단체인 일진회와 대항하여 싸웠지. 일제의 방해로 해체되었지만 1906년 장지연·윤효정 등에 의해 대한 자강회로 그 명맥을 이어갔단다.

헤이그 특사 사건

1907년 고종이 을사조약의 부당함을 알리기 위해 네덜란드 헤이그에서 열린 만국 평화 회의에 특사단을 파견한 사건

1905년 러·일 전쟁에서 승리한 일제는 고종에게 을사조약의 체결을 강요했단다. 을사조약은 우리나라의 내정 간섭과 외교권을 박탈한다는 것이 주요 내용이었지. 이에 고종은 이준·이위종·이상설을 헤이그에 파견하여 을사조약의 부당함을 알리려 했어. 하지만 이들은 일

제의 방해로 회의장에 들어가지도 못했으며 이에 격분한 이준은 헤이그에서 자결하고 말았지. 이후 일제는 이 사건의 책임을 물어 우리나라의 군대를 해산했으며 고종을 강제로 퇴위시키고 순종을 즉위시켰단다.

호포제
고종 때 흥선 대원군이 가구(호) 단위로 포(옷감)를 징수하던 세금 제도

조선 후기 흥선 대원군이 실시한 군역 제도로 가구(호)를 단위로 군포를 걷게 한 제도야. 당시 백성들은 전세와 군포, 환곡, 즉 삼정의 문란으로 몹시 힘들어 하였는데 이 가운데 군포와 관련된 정책이 호포제란다. 기존의 군포는 양인 남성에게만 부과되고 양반에게는 부과되지 않았는데, 호포제는 양반에게도 군역의 의무를 확대한 것이야. 호포제는 서원 폐지, 원납전과 함께 양반들의 심한 반대로 완벽하게 시행되지는 못했어.

홍범 14조
우리나라 최초의 근대적 헌법으로 갑오개혁 이후 정부가 발표한 개혁안

1895년 갑오개혁 이후 정부에서 만들어 반포한 개혁안이야. '홍범'은 큰 법을 뜻하는 말로 기준이 되는 법이라는 뜻을 담고 있어. 1894년 조선이 청·일 전쟁에서 승리한 일제의 영향력이 커지는 것에 대한 대응책으로 만든 법이지. 갑오개혁에서 내세운 정치, 사회, 경제 등 여러 분야의 개혁 내용을 종합하여 명문화한 것으로 정치 제도의 근대화와 함께 자주 독립국가로서의 정신을 담은 내용으로 구성되어 있어. 총 14개 조항으로 되어 있으며 대략의 내용은 청나라의 간섭을 배제하고 왕

권을 강화하여 외척을 견제한다는 내용, 세금 제도를 개선하고 훌륭한 인재의 유학을 장려하며 군사 제도를 개선한다는 내용, 능력에 따라 인재를 등용한다는 내용이야.

황무지 개척권

조선 말 일본 공사 하야시가 조선 영토의 1/4을 차지하는 전국의 황무지 개척권을 요구한 일

러·일 전쟁을 벌인 일본은 본격적으로 우리나라의 국권을 침탈하고자 했어. 그 일환으로 요구한 것이 바로 황무지 개척권이야. 일본공사 하야시는 황무지, 즉 버려둔 땅을 직접 개간할 수 있는 황무지 개척권을 요구했어. 황무지 개척권을 요구한 이유는 일본이 우리나라를 식민지로 만들려고 많은 일본 농민을 한국에 이주시키기 위함이었어. 또한 우리나라의 농지를 개방해 원료와 식량의 공급 기지로 삼으려했던 거지. 이처럼 황무지 개척권 요구는 일본의 침략 의도가 다분했단다. 이에 우리나라 백성들은 일본의 횡포를 저지하기 위해 항일 저항 운동을 벌였고 이를 '황무지 개척권 반대 운동'이라고 불러.

황성 신문

1898년에 장지연, 박은식, 남궁억 등이 일제의 침략을 널리 알리고, 국민을 계몽하려는 목적으로 발행한 일간 신문(국한문 혼용)

19세기 말 최초의 근대 신문인 〈한성 순보〉가 발행된 이후 우리나라의 많은 지식인들은 신문의 중요성을 인식하게 되었어. 이에 1898년 장지

연, 박은식, 남궁억, 나수연 등은 한글과 한문을 섞어 일간 신문을 간행했어. 이 신문이 바로 〈황성 신문〉이야. 이들은 일본의 침략을 널리 알리고 국민을 계몽해 나라를 지키기 위한 목적으로 신문을 발행했어. 따라서 신문에 애국적 논설을 많이 실었지. 가장 유명한 글은 바로 창간 멤버인 장지연이 쓴 '시일야방성대곡'이야. 이 글은 1905년 일제에 의해 강제로 을사조약이 이루어지자 을사조약의 부당함을 지적하기 위한 글이었어. 이 때문에 장지연은 구금되었고 〈황성 신문〉은 한때 정지당했단다. 이후 몇 달 뒤에 다시 신문을 발행할 수 있었지만 1910년 일제가 우리나라의 국권을 강제로 빼앗은 뒤에는 결국 폐간되고 말아.

황토현 전투
동학 농민군이 관군인 전라 감영군과 황토재에서 벌인 전투

조선 정부의 부정부패와 탐관오리들의 횡포에 대항하여 전라도 고부에서 반란을 일으킨 사건이 바로 '동학 농민 운동'이야. 전봉준을 중심으로 농민군들은 고부 관아를 점령한 뒤 금주, 부안, 고창 등에서 집결해 농민군의 세력을 확장했지. 이 소식을 들은 전라감사 김문현은 이 사실을 의정부에 보고하고, 감영군을 보내 농민군의 진출을 막았어. 이에 전라 감영군과 동학 농민군이 정읍의 황토재에서 충돌하게 되었지. 이 싸움이 바로 황토재 전투야. 부안 관아를 점령해 무장을 강화한 농민군은 전라 감영군 1만 대군을 맞았지만 크게 승리할 수 있었어. 이 전투는 농민군이 관군과의 전투에서 최초로 승리한 전투로 농민군의 사기가 높이 올라갔어. 또한 이후 세력을 크게 확장시켜 전주로 진격할 수 있는 가능성을 열어주었단다. 즉, 황토현 전투는 동학 농민군이 초

기에 거둔 승리로 혁명을 확대할 수 있는 중요한 계기가 되었어.

회사령
1911년 일제가 한국인이 기업을 설립하려면 조선 총독의 허가를 받아야 한다는 내용으로 발표한 법령

1910년 한·일 합방 이후 한국 민족 자본의 성장을 억제하기 위해 발표한 법령이야. 즉, 한국인이 회사를 설립하려면 조선 총독의 허가를 받아야 한다는 회사 설립 허가제가 바로 '회사령'이야. 이 법령에서 일본은 회사가 조선 총독이 내리는 명령이나 허가 조건을 위반하거나 공공질서, 선량한 풍속에 반대되는 행위를 할 때 조선 총독은 사업 정지, 지점 폐쇄, 회사 해산을 명령할 수 있다고 정했어. 일제는 이 법으로 조선의 경제적 침투를 더욱 수월하게 했으며 우리나라 산업의 성장을 가로막았단다.

후천 개벽 사상
인내천과 함께 동학의 중심을 이룬 사상 중 하나

하늘이 운이 다해 이 세상이 망하고 백성들이 바라는 새 세상이 열린다는 사상이야. 후천 개벽 사상은 주로 왕조 말기의 혼란기에 크게 번성했어. 후삼국 시대의 궁예가 주장한 미륵 사상도 미륵불이 세상에 나타나 백성을 구원해 준다는 사상으로 후천 개벽 사상이라고 할 수 있지. 조선 후기에 잦은 전쟁, 흉년, 세도 정치로 인한 탐관오리의 횡포 등으로 삶이 어려워진 조선의 백성들은 현실에서 벗어나 새로운 세계가 열리기를

소망했고, 자연스럽게 후천 개벽 사상을 받아들이게 되었지. 특히 이 사상은 인내천과 함께 동학의 중심을 이룬 사상이 되었단다.

휴전 회담

6·25 전쟁을 평화적으로 해결하기 위해 유엔군 대표와 공산군 대표가 판문점에서 협상을 해 전쟁을 정전으로 매듭지은 군사 회담

6·25 전쟁을 평화적으로 해결하기 위해 유엔군 대표와 공산군 대표는 1951년 7월 10일부터 1953년 7월 27일까지 약 2년 동안 개성, 판문점에서 협상을 벌였어. 이러한 협상 끝에 결국 1953년 7월 27일 휴전 협정을 맺게 되었고, 휴전 협정을 위해 한 회담을 '휴전회담'이라고 해.

원래 6·25 전쟁을 평화적으로 마무리하기 위한 노력은 휴전 회담이 시작된 1951년 7월 10일 전부터 유엔을 중심으로 여러 차례 시도되었다고 해. 중공군이 개입한 1950년 12월, 미국의 트루먼 대통령과 영국의 애틀리 수상은 워싱턴에서 6·25 전쟁을 평화적으로 마무리할 것을 합의했고, 이를 계기로 12월 14일 유엔 총회에서도 이를 동의했으나 북한의 반대로 실현되지 못했어. 그 뒤 서양 여러 나라들의 끈질긴 노력으로 1951년 정전 결의안이 다시 유엔에 상정되었지. 하지만 이때도 중국에서 다른 주장을 내세워 결국 정전을 위한 노력은 물거품이 되었단다. 이후 전세가 역전돼 중공군의 세력이 약해지고 유엔군이 작전을 주도하면서 북한, 즉 공산측은 더 이상의 전투가 무의미함을 느꼈고 오랜 기간의 휴전 회담을 통해 휴전 협상을 하게 되었단다.